Funktion und praktische Auswirkungen der richterlichen Vorlagen an den Gerichtshof der Europäischen Gemeinschaften

STUDIEN ZUM INTERNATIONALEN, EUROPÄISCHEN UND ÖFFENTLICHEN RECHT

Herausgegeben von Eibe Riedel

Band 9

PETER LANG

Frankfurt am Main · Berlin · Bern · Bruxelles · New York · Oxford · Wien

Thorsten Wagner

Funktion und praktische Auswirkungen der richterlichen Vorlagen an den Gerichtshof der Europäischen Gemeinschaften

dargestellt an Beispielen aus der Rechtsprechung zur Anwendung und Auslegung der Richtlinie 77/187/EWG und deren Einfluss auf das deutsche Recht

PETER LANG
Europäischer Verlag der Wissenschaften

Die Deutsche Bibliothek - CIP-Einheitsaufnahme

Wagner, Thorsten:

Funktion und praktische Auswirkungen der richterlichen Vorlagen an den Gerichtshof der Europäischen Gemeinschaften : dargesellt an Beispielen aus der Rechtsprechung zur Anwendung und Auslegung der Richtlinie 77/187/EWG und deren Einfluss auf das deutsche Recht / Thorsten Wagner. - Frankfurt am Main ; Berlin ; Bern ; Bruxelles ; New York ; Oxford ; Wien : Lang, 2001
(Studien zum Internationalen, Europäischen und öffentlichen Recht ; Bd. 9)
Zugl.: Mannheim, Univ., Diss., 2000
ISBN 3-631-37791-6

D 180
ISSN 1430-5380
ISBN 3-631-37791-6

www.peterlang.de

Vorwort

Die vorliegende Arbeit wurde von der Fakultät für Rechtswissenschaft der Universität Mannheim im Wintersemester 2000/01 als Dissertation angenommen. Für die Veröffentlichung konnten Rechtsprechung und Literatur noch bis zum Dezember 2000 Berücksichtigung finden.

Mein ganz besonderer Dank gilt meinem Doktorvater, Herrn Prof. Dr. Eibe Riedel. Er hat mir bei der Themenwahl völlige Freiheit gelassen und die Arbeit während der gesamten Zeit ihres Entstehens intensiv betreut. Die fachliche, aber auch die persönliche Unterstützung, die er mir während meiner gesamten juristischen Ausbildung zuteil werden ließ, haben die Zeit an der Universität und der Promotion zu einer meiner bisher wertvollsten und schönsten Erfahrungen gemacht. Nicht zuletzt seiner Befürwortung habe ich es zu verdanken, dass mich die Friedrich-Naumann-Stiftung nach der Studienförderung auch in die Graduiertenförderung aufnahm und diese Arbeit bis zu meinem Eintritt in die Berufstätigkeit finanziell unterstützt hat. Des weiteren danke ich Herrn Prof. Dr. Hans-Wolfgang Arndt für die äußerst rasche Erstellung des Zweitgutachtens.

Meinen Dank möchte ich auch meiner Familie und meinen Freunden aussprechen, die das Vorankommen meiner Arbeit interessiert verfolgt und durch Rat und Tat begleitet haben. Ganz besonders danke ich meiner Freundin Judith Ehret für die Zuneigung, Geduld und Motivation, die ich durch sie in dieser Zeit erfahren durfte. Danken möchte ich ebenfalls der Sozietät Irschlinger, Dr. Nöll, Dr. Raff, die es mir ermöglicht hat bereits neben der Promotion erste Berufserfahrung zu sammeln. Besonderen Dank schulde ich Herrn Rechtsanwalt Jürgen Vogt, der viel Zeit für das Lesen des Manuskripts investiert hat und mir zahlreiche wertvolle Anregungen gegeben hat.

Ich widme die Arbeit meinen Eltern, auf deren Rückhalt und Unterstützung ich all die Jahre stets zählen konnte. Ohne sie wäre die Erstellung dieser Arbeit nicht möglich gewesen.

Mannheim, im Dezember 2000 — Thorsten Wagner

Inhaltsverzeichnis

Abkürzungsverzeichnis

a.A.	anderer Ansicht
a.E.	am Ende
a.F.	alte Fassung
ABl.	Amtsblatt der Europäischen Gemeinschaft
AFG	Arbeitsförderungsgesetz
AG	Aktiengesellschaft
AktG	Aktiengesetz
Alt.	Alternative
Anm.	Anmerkung
AP	Arbeitsrechtliche Praxis (ab 1954: Nachschlagewerk des BAG)
Art.	Artikel
AuR	Arbeit und Recht
BAG	Bundesarbeitsgericht
BB	Der Betriebs-Berater
Beschl.	Beschluss
Bd.	Band
BetrAVG	Gesetz zur Verbesserung der betrieblichen Altersversorgung
BetrVG	Betriebsverfassungsgesetz
BFH	Bundesfinanzhof
BGBl.	Bundesgesetzblatt
BGH	Bundesgerichtshof
bzw.	beziehungsweise
BVerfG	Bundesverfassungsgericht
DB	Der Betrieb
ders.	derselbe
d.h.	das heißt
dies.	dieselbe
DM	Deutsche Mark
DRiZ	Deutsche Richterzeitung
EG	Europäische Gemeinschaften bzw. EG-Vertrag neue Fassung
EGV	Vertrag über die Europäische Gemeinschaft alte Fassung
ELR	European Law Review
EU	Europäische Union bzw. Vertrag über die Europäische Union neue Fassung

EuG	Gericht erster Instanz der Europäischen Gemeinschaften
EuGH	Gerichtshof der Europäischen Gemeinschaften
EuR	Europarecht
EUV	Vertrag über die Europäische Union alte Fassung
EuZW	Europäische Zeitschrift für Wirtschaftsrecht
EWiR	Entscheidungen zum Wirtschaftrecht
f.	folgende
ff.	fortfolgende
FG	Finanzgericht
Fn.	Fußnote
GA	Generalanwalt
gem.	gemäß
GG	Grundgesetz
GmbH	Gesellschaft mit beschränkter Haftung
HS	Halbsatz
H.C.	High Court
HGB	Handelsgesetzbuch
h.M.	herrschende Meinung
Hrsg.	Herausgeber
InsO	Insolvenzordnung
i.H.v.	in Höhe von
i.S.	im Sinne
i.S.d.	im Sinne des/der
IRLR	Industrial Relations Law Report
JZ	Juristenzeitung
KG	Kommanditgesellschaft
KO	Konkursordnung
KSchG	Kündigungsschutzgesetz
LAG	Landesarbeitsgericht
LG	Landgericht
lit.	Buchstabe
m.w.N.	mit weiteren Nachweisen
n.F.	neue Fassung
NJW	Neue Juristische Wochenschrift
Nr.	Nummer
NZA	Neue Zeitschrift für Arbeitsrecht
OHG	Offene Handelsgesellschaft
OLG	Oberlandesgericht
RabelsZ	Zeitschrift für ausländisches und

	internationales Privatrecht, begründet von Ernst Rabel
RdA	Recht der Arbeit
RdW	Recht der Wirtschaft
RIW	Recht der Internationalen Wirtschaft
RL	Richtlinie
Rn.	Randnummer
Rs.	Rechtssache
Rspr.	Rechtsprechung
S	Seite, in Verbindung mit §§ „Satz“
SAE	Sammlung Arbeitsrechtlicher Entscheidungen
SGB	Sozialgesetzbuch
Slg.	Sammlung
s.o.	siehe oben
s.u.	siehe unten
sog.	sogenannt
TVG	Tarifvertragsgesetz
u.	und
u.a.	unter anderem (im Literaturverzeichnis: und andere)
Urt.	Urteil
v.	vom
vgl.	vergleiche
Vorbem.	Vorbemerkung
z.B.	zum Beispiel
ZfA	Zeitschrift für Arbeitsrecht
ZfZ	Zeitschrift für Zölle und Verbrauchssteuern
ZIP	Zeitschrift für Wirtschaftsrecht und Insolvenzpraxis
ZInsO	Zeitschrift für Insolvenzrecht
ZPO	Zivilprozessordnung
ZRP	Zeitschrift für Rechtspolitik
z.T.	zum Teil

Teil 1: Voraussetzungen und Wirkungsweise der richterlichen Vorlagen an den EuGH nach Art. 234 EG

I. Einführung

Im Wege des Vorabentscheidungsverfahrens nach Art. 234 EG[1] können die nationalen Gerichte den EuGH[2] mit Fragen über die Auslegung und Gültigkeit des Gemeinschaftsrechts befassen[3]. Das nationale Gericht setzt, wenn es im Rahmen eines bei ihm anhängigen Rechtsstreits Bestimmungen des Gemeinschaftsrechts anzuwenden hat, dieses Verfahren aus und legt dem EuGH die Frage vor, ob der von Gemeinschaftsorganen erlassene Rechtsakt gültig ist oder wie dieser Rechtsakt und die Gemeinschaftsverträge auszulegen sind. Auf diese Frage antwortet der EuGH in Form eines Urteils[4] und nicht etwa in Form eines Gutachtens, womit bereits die Bindungswirkung des Richterspruchs für das vorlegende Gericht und alle anderen Gerichte, die mit der betreffenden Streitsache befasst werden, zum Ausdruck gebracht wird[5].
Dem Vorabentscheidungsverfahren kommt für die gemeinschaftliche Rechtsordnung eine Schlüsselrolle zu, da es in erster Linie die einheitliche Anwendung und Geltung des Gemeinschaftsrechts gewährleistet[6]. Es hat als das für die Praxis bedeutsamste Verfahren vor dem EuGH[7] in letzter Zeit auch nachhaltig das Gebiet der Sozialpolitik[8] beeinflusst[9]. Die bisherigen Vorlageverfahren aus der bundesdeutschen Arbeitsgerichtsbarkeit betrafen insbesondere die Problematik

---

1 Ex-Art. 177 EGV.

2 Gem. Art. 225 Abs. 1 S. 2 EG (ex-Art. 168 a EGV) ist der EuGH für dieses Verfahren allein zuständig.

3 Zur Vorlage verpflichtet ist dabei jedes Gericht, dessen Entscheidung mit Rechtsmitteln nicht mehr angegriffen werden kann, siehe hierzu unten Teil 1, IV, 2.

4 Vgl. zu den eingeschränkten Möglichkeiten des EuGH durch Beschluss zu entscheiden unten Teil 4, I, 1 b.

5 Vgl. zu den Wirkungen der Vorabentscheidung, insbesondere der Präjudizwirkung für ähnliche Verfahren: Teil I, VIII.

6 Vgl. *Maschmann*, Vorabentscheidungsersuchen deutscher Arbeitsgerichte zum Europäischen Gerichtshof und Rechte der Parteien, NZA 1995, S. 920.

7 Siehe zur Bedeutung des Verfahrens ausführlich Teil I, II, 2.

8 Hierzu zählt nach dem Sprachgebrauch des Gemeinschaftsrecht auch das Arbeitsrecht.

9 Dies stellt eine neuere Entwicklung dar: Über Jahrzehnte hinweg haben auf diesem Gebiet die Möglichkeit von Vorlageverfahren nur eine geringe Rolle gespielt. So gab es im Zeitraum von 1961 bis 1984 1305 Vorlageverfahren aus allen Mitgliedsstaaten, davon betrafen lediglich 8 Verfahren den Bereich der Sozialpolitik der Art. 141 EG (ex-Art. 119 EGV). Vgl. *Bertelsmann*, Vorabentscheidungen der Arbeitsgerichtsbarkeit zum Europäischen Gerichtshof, NZA 1993, S. 778.

der Gleichbehandlung von Frauen und Männern[10] und den Betriebsübergang. Gerade im Betriebsübergangsrecht hat der EuGH in der Vergangenheit ganz wesentlich auf das deutsche Recht eingewirkt. Ausgangspunkt für die zahlreichen Vorabentscheidungsverfahren vor dem EuGH zu diesem Thema bildet die Richtlinie des Rates vom 14.2.1977 über die Wahrung von Ansprüchen der Arbeitnehmer beim Übergang von Unternehmen, Betrieben oder Betriebsteilen (77/187/EWG), die am 29.06.1998 durch die Richtlinie 98/50/EG geändert wurde[11]. Bis Dezember 1999 hat sich der EuGH in 30 Vorabentscheidungsverfahren mit dieser Richtlinie befassen müssen[12]. Dabei ist davon auszugehen, dass die Rechtsprechung des EuGH zum Betriebsübergang[13], auch bedingt durch die jüngsten Änderungen der Betriebsübergangsrichtlinie, zu den großen europarechtlichen Themen der nächsten Jahre gehören wird[14]. Die Entscheidungen haben teilweise heftige Kritik am EuGH hervorgerufen, die exemplarisch in dem Aufsatztitel von *Junker* „Der EuGH im Arbeitsrecht – Die schwarze Serie geht weiter"[15] ihren Ausdruck findet und in der dem EuGH immer wieder eine Überschreitung seiner Kompetenzen vorgeworfen wird[16]. Die vorliegende Untersuchung greift diese Kritik auf und behandelt sie im Kontext mit ihrem verfahrensrechtlichen Ausgangspunkt, dem Vorabentscheidungsverfahren.

Ziel der Arbeit ist es, anhand der zu diesem komplexen Themenbereich erlassenen Vorabentscheidungen erstens die Funktion und die Probleme des Verfahrens herauszuarbeiten sowie zweitens die weitreichenden praktischen Auswirkungen der Entscheidungen, insbesondere den erheblichen Einfluss auf das deutsche

---

10 Vgl. hierzu u.a. *Claasen*, Wie viele Wege führen zur Gleichberechtigung von Männern und Frauen? -Gemeinsamkeiten und Unterschiede von deutschem und europäischem Recht, JZ 1996, S. 921 ff., *Weth / Kerwer*, Der Einfluss des Europäischen Rechts auf das nationale Arbeitsrecht, JuS 2000, S. 428 f.

11 Vgl. zum Text der Richtlinie Anhang 2 und 3. Zu den Änderungen der Richtlinie 77/187/EWG durch die Richtlinie 98/50/EG vgl. unten Teil 3, II, 1.

12 Vgl. dazu näher Memorandum der Kommission zu den erworbenen Ansprüchen der Arbeitnehmer beim Übergang von Unternehmen vom 4.3.1997 - KOM (97) 85 endg.

13 Im folgenden wird verkürzend nur vom Betriebsübergang gesprochen, wenngleich immer alle vier Anwendungsfälle der Richtlinie 77/187/EWG (Unternehmens-, Betriebs- bzw. Unternehmensteil-, Betriebsteilübergang) gemeint sind.

14 Vgl. *Preis / Steffan,* Neue Konzepte des BAG zum Betriebsübergang nach § 613 a BGB, DB 1998, S. 315 ff. Zur Prognose inwiefern gerade die neu in der Richtlinie enthaltene Legaldefinition eines Betriebsübergangs, in die die Fortentwicklung der Rechtsprechung eingeflossen ist, nicht die erforderliche Rechtsklarheit erwarten lässt; vgl. dazu unten Teil 3, III, 2 d u. 3.

15 NJW 1994, 2527 ff.

16 Vgl. hierzu insbesondere die Ausführungen zur *Christel Schmidt* – Entscheidung: Teil 3, III

Recht, aufzuzeigen. Als ein Schwerpunkt der Arbeit erfolgt daher eine umfassende Darstellung und kritische Würdigung der wichtigsten Rechtsprechung des EuGH zur Anwendung und Auslegung der Richtlinie 77/187/EWG. Die Aussagekraft der gewonnenen Erkenntnisse konzentriert sich dabei nicht nur auf die Entscheidungen zu dieser Richtlinie, sondern wahrt die Kompatibilität der Ergebnisse auch für Vorabentscheidungsverfahren aus anderen Rechtsgebieten.

Zum Gang der Untersuchung: Nach dieser einführenden Problembeschreibung werden im ersten Teil die bestehenden rechtlichen Grundlagen des Vorabentscheidungsverfahrens dargestellt. Um die Stellung des Verfahrens im Rechtsschutzsystem vor dem EuGH zu ermitteln, wird der Rechtsprechungsauftrag des EuGH ebenso untersucht wie die Bedeutung der richterlichen Vorlagen innerhalb der Verfahrensarten vor dem EuGH. Entscheidendes Gewicht kommt den Grundgedanken und dem Ablauf des Vorabentscheidungsverfahrens zu, da auf diese Ausführungen die Überlegungen zur Verbesserung der Effizienz des Verfahrens de lege ferenda im vierten Teil aufbauen.

Daran anschließend werden im zweiten Teil die Grenzen der Auslegung im Vorabentscheidungsverfahren behandelt. Der EuGH geriet in Wahrnehmung seiner rechtsfortbildenden Funktion zunehmend in ein Spannungsverhältnis zum Gemeinschaftsgesetzgeber. Dies hat dem EuGH auch auf dem Gebiet der Anwendung und Auslegung der Richtlinie 77/187/EWG den Vorwurf eingebracht, seine Kompetenzen zu überschreiten. In Teil zwei soll daher zunächst eine exakte Bestimmung der dem EuGH vorgegebenen Grenzen erfolgen, um dann in Teil drei zu untersuchen, ob sich der EuGH tatsächlich über das Maß gesetzesimmanenter Rechtsfortbildung hinwegsetzt.

Der dritte Teil der Arbeit - die wichtigsten Vorabentscheidungen des EuGH zur Anwendung und Auslegung der Richtlinie 77/187/EWG - bildet den Ausgangspunkt für die Bewertung der praktischen Auswirkungen der Urteile und die daraus zu ziehenden verallgemeinerungsfähigen Prinzipien für die Praxis des Vorabentscheidungsverfahrens. Zum Einstieg in die Thematik erfolgt eine abstrakte Formulierung der zentralen Problembereiche, die Gegenstand bisheriger Entscheidungen des EuGH waren sowie eine kurz Erörterung der Entstehung und des Inhalts der Richtlinie 77/187/EWG. In diesem Zusammenhang werden zum Zwecke des späteren Vergleichs mit der aktuellen EuGH – Rechtsprechung die wichtigsten Änderungen der Richtlinie 77/187/EWG durch die Richtlinie 98/50/EG sowie deren Umsetzung ins deutsche Recht untersucht. Der EuGH hat durch seine zahlreichen Entscheidungen zur Richtlinie 77/187/EWG ergänzend zu ihrem Text ein umfangreiches Auslegungswerk geschaffen, welches bei der Anwendung des dem Vollzug der Richtlinie dienenden nationalen Rechts und beim Erlass künftigen nationalen Rechts zu beachten ist. Die damit verbundenen

Reaktionen der Gerichte[17] und des Schrifttums bieten einen interessanten und konfliktreichen Ansatzpunkt, um den Einfluss der richterlichen Vorlagen aufzuzeigen. In diesem Zusammenhang erfolgt eine Auseinandersetzung mit der aufgekommenen Kritik an der Rechtsprechung des EuGH und es wird untersucht, inwieweit die Entscheidungen weitere Folgerungen für die Rechtspraxis der richterlichen Vorlagen an den EuGH zulassen.
Im vierten Teil werden die ermittelten praktischen Problemfelder des Vorabentscheidungsverfahrens aufgegriffen und zu den Lösungsansätzen, die eine Verbesserung der Effizienz des Vorlageverfahrens de lege ferenda zum Ziel haben, in Bezug gesetzt.
Der letzte Teil der Arbeit beinhaltet eine Zusammenfassung der gewonnenen Erkenntnisse. Es wird ein Fazit gezogen und ein Ausblick gewagt.

II. Grundgedanken zur Struktur des Vorabentscheidungsverfahrens

1. Stellung des Vorabentscheidungsverfahrens im Rechtsschutzsystem vor dem EuGH

Den Ausgangspunkt für das Vorabentscheidungsverfahren bildet die integrierende Rechtsordnung des Europäischen Gemeinschaftsrechts, die dem nationalen Recht vorgeht[18]. Die Normen des Gemeinschaftsrechts durchdringen und beeinflussen aufgrund der fortschreitenden Einbindung des wirtschaftlichen, sozialen und politischen Lebens in das gemeinschaftliche Normgefüge das nationale Recht in zunehmendem Maße[19]. Zur Vereinheitlichung dieser komplexen Rechtsordnung und zur Sicherung des Rechtsschutzes des Einzelnen steht das in Art. 234 EG geregelte Vorabentscheidungsverfahren zur Verfügung:

---

17 Es wird sich im wesentlichen auf die Auswirkungen auf das deutsche Recht beschränkt, da die Darstellung der praktischen Auswirkungen in anderen Mitgliedstaaten den Rahmen der Untersuchung sprengen würde.

18 EuGH, Urt. v. 05.03.1978, Rs. 106/77 , Slg. 1978, 629 – *Simmenthal II*: Neben dem Vorrang des Gemeinschaftsrechts gilt dieses darüber hinaus in den nationalen Rechtsordnungen unmittelbar. Damit beruht die Geltungskraft des Gemeinschaftsrechts nicht auf innerstaatlichen Zustimmungsgesetzen, da in diesem Fall „im Ratifikationsakt entweder eine nur teilweise Annahme des Vertrages oder ein Mittel, dem Vertrag für die einzelnen Mitgliedstaaten unterschiedliche rechtliche Wirkungen beizumessen ... erblickt werden“ könnten. Diese Sichtweise würde aber nach Ansicht des EuGH die „Gemeinschaft jeder Substanz“ berauben.

19 Schätzungen zufolge gehen inzwischen die Hälfte der nationalen Gesetze direkt oder indirekt auf gemeinschaftsrechtlichen Vorgaben zurück; vgl. *Dauses*, in: *Dauses* (Hrsg.), Handbuch des EU-Wirtschaftsrechts, Band 2, Das Vorabentscheidungsverfahren, Rn. 15 .

Da die Anwendung des Gemeinschaftsrechts grundsätzlich dem nationalen Richter obliegt[20], dient das Verfahren in erster Linie der Koordinierung der Rechtsprechung der nationalen Gerichte auf dem Gebiet des Gemeinschaftsrechts. Dadurch soll sichergestellt werden, dass „das vom Vertrag geschaffene Recht wirklich gemeinsames Recht bleibt ... (und) dass dieses Recht in allen Mitgliedstaaten der Gemeinschaft immer die gleiche Wirkung hat"[21]. Diese Verzahnung[22] zwischen innerstaatlicher Gerichtsbarkeit und dem EuGH gewährleistet einerseits die Wahrung der Rechtseinheit sowie andererseits die Einbindung der nationalen Gerichte bei der Anwendung und Entwicklung des Gemeinschaftsrechts.

Neben der Wahrung der Rechtseinheit gewährleistet das Vorabentscheidungsverfahren auch individuellen Rechtsschutz. Einzelpersonen können incidenter die Gültigkeit sie betreffender Rechtssätze des Gemeinschaftsrechts durch den EuGH überprüfen lassen, gegen die eine Nichtigkeitsklage aufgrund der beschränkten Klagebefugnis natürlicher oder juristischer Personen nicht zur Verfügung steht. In dieser Variante des Verfahrens als Gültigkeitsprüfung stellt es somit einen Ausgleich für die unbefriedigende Einschränkung des Rechtsschutzes nach Art. 230 EG[23] dar[24]. Zur besseren Einordnung des Vorabentscheidungsverfahrens wird zunächst kurz auf das Rechtsschutzsystem vor dem EuGH eingegangen.

a) Der Rechtsprechungsauftrag des EuGH

Dem EuGH obliegt als Organ der EG[25] gem. Art. 220 EG[26] „die Wahrung des Rechts bei der Auslegung und Anwendung" der Verträge. Diese generalklauselartige Zuständigkeitszuweisung besagt nicht, dass der EuGH umfassenden Rechtsschutz gewährt. Vielmehr verfügt er nur über enumerativ aufgeführte Einzelzuständigkeiten („compétences d`attributation"), die in ihrer Summe allerdings ein beachtliches Ausmaß an Rechtsschutzmöglichkeiten erreichen[27].

---

20 Zutreffend wird der nationale Richter daher als der primäre und generelle „europäische Richter" bezeichnet, vgl. statt vieler: *Zuleeg,* Die Rolle der Rechtsprechenden Gewalt in der europäischen Integration, JZ 1994, S. 1 ff.; *Hirsch,* Kompetenzverteilung zwischen EuGH und nationaler Gerichtsbarkeit, NVwZ 1998, S. 907 ff.

21 EuGH, Urt. v.26.01.1974, Rs. 166/77, Slg. 1974, 38.

22 Vgl. zur sog. „Verzahnungsfunktion" des Vorabentscheidungsverfahrens: *Oppermann*, Europarecht, S. 285.

23 Ex-Art. 173 EGV

24 Vgl. Schlussanträge des GA *Roemer*, Slg. 1964, 33.

25 Art. 7 Abs. 1 EG (ex-Art. 4 EGV).

26 Ex-Art. 164 EGV.

27 Vgl. *Oppermann*, Europarecht, S. 269.

Die zentrale Bedeutung des Art. 220 EG erschließt sich vor dem Hintergrund, dass die Europäische Gemeinschaft von Anfang an auch als Rechtsgemeinschaft konzipiert war. In Abkehr von traditionellen Völkerrechtsvorstellungen stellte der EuGH bereits 1963 fest, dass die Gemeinschaft nicht nur wechselseitige Verpflichtungen zwischen den Mitgliedsstaaten begründet, sondern „eine neue Rechtsordnung des Völkerrechts darstellt, zu deren Gunsten die Staaten, wenn auch in begrenztem Rahmen, ihre Souveränitätsrechte eingeschränkt haben, eine Rechtsordnung, deren Rechtssubjekte nicht nur die Mitgliedstaaten, sondern auch die einzelnen sind“[28].
Die Kompetenzen aus Artikel 220 EG umfassen zum einen die Kontrolle des Inhaltes von europäischen Gesetzeswerken wie Richtlinien und Verordnungen und die Rechtmäßigkeit des Verwaltungshandelns der EG-Organe gegenüber Dritten. Daneben unterfällt ihm zum anderen auch die Kontrolle des Verhältnisses zwischen der Gemeinschaft und den Mitgliedstaaten. Die wohl bedeutsamste Funktion kommt dem EuGH jedoch als Instanz zur Wahrung der Rechtseinheit in den Mitgliedsstaaten zu, die durch das Verfahren der Vorabentscheidung gewährleistet wird[29].
Daraus ergibt sich eine abgestufte Streitentscheidungsbefugnis des EuGH je nach Nähe der Beteiligten zur Gemeinschaftsrechtsordnung[30]: Im Verhältnis der EG-Organe untereinander oder zwischen diesen und den Mitgliedstaaten verfügt der EuGH über die stärkste Kontrollkompetenz. Für die Überprüfung des „Verwaltungshandelns“ der EG-Organe gegenüber Dritten, also Privaten innerhalb und außerhalb der Gemeinschaft, muss bereits eine „individuelle Betroffenheit" des Dritten vorliegen, während im Verhältnis Mitgliedstaaten und Private sowie Private untereinander der EuGH lediglich in nationalen Verfahren über das hier zu untersuchende Vorabentscheidungsverfahren einwirkt, allerdings mit sehr weitgehenden Rechtsfolgen[31].

---

28 EuGH, Urt. v. 05.02.1963, Rs. 26/62 , Slg. 1963, 25 – *Van Gend & Loos* = NJW 1963, 974.

29 Zur zahlenmäßigen Bedeutung des Verfahrens siehe unten: Teil 1, II, 2.

30 *Hakenberg / Stix-Hackel*, Handbuch zum Verfahren vor dem Europäischen Gerichtshof, S. 17.

31 Dies gilt insbesondere für das Verhältnis Mitgliedstaaten und Private, wie die Rechtsprechung des EuGH zur Haftung der Mitgliedstaaten bei fehlender Umsetzung und Anwendung des Gemeinschaftsrechts zeigt. Die jüngste Entscheidung des EuGH auf diesem Gebiet betrifft einen Fall zur mangelhaften Umsetzung der Pauschalreise-Richtlinie des Rates vom 13.Juni 1990 in Österreich auf Vorlage des Landesgerichtes Linz, EuGH, Urt. v. 15.06.1999 – Rs. C-140/97, EuZW 1999, 468 m. Anm.. *Tonner* = NJW 1999, 3181: In seiner ständigen Rechtsprechung (vgl. bereits zur Pauschalreiserichtlinie: EuGH, Urt. v. 08.10.1996, verb. Rs.-C –178/94 u.a., Slg. 1996, I-4845 = EuZW 1996, 654 = NJW 1996, 3141 - *Dillenkofer*) verlangt der EuGH für einen solchen Staatshaftungsanspruch gegenüber dem Bürger einen „hinreichend qualifizierten“

Im Rahmen seiner Funktion als rechtsprechendes Organ[32] nimmt der EuGH Aufgaben wahr, die in den Rechtsordnungen der Mitgliedstaaten auf verschiedene Gerichtszweige verteilt sind: Im Verhältnis der Organe der EG untereinander oder zwischen den Organen und den Mitgliedstaaten fungiert der EuGH als Verfassungsgericht, im Verhältnis der Organe gegenüber Dritten als Verwaltungsgericht[33] und im übrigen als Instanz zur Wahrung der Rechtseinheit für sämtliche nationale Gerichtsbarkeiten[34]. Aufgrund dieser vielschichtigen Funktionen kann der EuGH weder einer typischen nationalen noch einer internationalen Gerichtsart zugeordnet werden[35]. Im Gegensatz zu anderen internationalen Gerichten entfalten die Urteile des EuGH unbedingte Bindungswirkung auf nationaler Ebene.
Die Selbsteinschätzung des EuGH als Verfassungsgericht oder als zumindest verfassungsgerichtsnahem Organ beruht auf der verfassungsstaatsähnlichen Struktur der Gemeinschaft[36]. Diese findet ihren Ausdruck in der Präambel zum Vertrag über die Europäische Union, wenn dort auf die Bestätigung des „Bekenntnis (der Mitgliedstaaten) zu den Grundsätzen der Freiheit, der Demokratie und der Achtung der Menschenrechte und Grundfreiheiten und der Rechtsstaat-

---

Verstoß eines Mitgliedstaates gegen das Gemeinschaftsrecht. Auch wenn es im Kern „nur" um die unzureichende Umsetzung einer Richtlinie geht, muss nach dieser neusten Entscheidung davon ausgegangen werden, dass im Regelfall das Instrumentarium der Staatshaftung eingreift. Das Kriterium, ob es dem Mitgliedstaat in einem solchen Fall vorwerfbar ist, dass die Umsetzung nicht ordnungsgemäß erfolgte, hat danach an Bedeutung verloren und bleibt Ausnahmesituationen vorbehalten (vgl. etwa EuGH, Urt. v. 26.03.1996, Rs. C – 392/93, Slg. 1996, I-1631 = EuZW 1996, 274 – *British Telecommunications*).

32 Daneben betreibt der EuGH auch Rechtsberatung in Form der Erstellung verbindlicher Gutachten zu Übereinkommen, die die Union mit Drittstaaten oder internationalen Organisationen abschließen will. Die Funktion als rechtsprechendes Organ ist jedoch ungleich gewichtiger.

33 Gegen die in der Lit. überwiegende Einordnung als materielle Verwaltungsstreitigkeiten: *Ukrow*, Richterliche Rechtsfortbildung durch den EuGH, S. 87, der auch diese Streitigkeiten funktional als Verfassungsstreitigkeiten einstuft: Die gegenteilige Auffassung sei zu sehr traditionellen Verfassungsmodellen verhaftet, bei denen Verfassungsrecht im wesentlichen dem Staatsorganisationsrecht gleichgestellt werde.

34 Man kann hier weiter nach der unterschiedlichen Qualifikation der Vorlagefragen differenzieren: bei Fragen betreffend der Freizügigkeit und der sozialen Sicherheit der Arbeitnehmer entscheidet der EuGH als Arbeits- und Sozialgericht, bei Fragen betreffend die Gültigkeit und Auslegung der Bestimmungen der Richtlinie in Steuer- und Zollrecht als Finanzgericht usw. Allerdings steht die Funktion als Instanz zur Wahrung der Rechtseinheit eindeutig im Vordergrund.

35 Vgl. *Arndt*, Europarecht, S. 39.

36 Vgl. hierzu: *Pernice*, Die Dritte Gewalt im europäischen Verfassungsverbund, EuR 1996, S.31 f..

lichkeit" als Grundlage für den Beschluss zur Gründung einer Europäischen Union abgehoben wird[37]. Auch die Verträge weisen inhaltliche Gemeinsamkeiten mit einer Verfassung zumindest insoweit auf, als sie eine staatsähnliche Gemeinschaftsordnung mit einer Exekutive (vornehmlich Kommission, aber auch der Rat), einem Parlament und einem Gerichtshof einführen. Der EuGH selbst bezeichnet den EG Vertrag als „Verfassungsurkunde der Gemeinschaft"[38]. Eine Einordnung, die von der europarechtlichen Literatur überwiegend geteilt wird[39], sowie ferner in der Rechtsprechung des Bundesverfassungsgerichts[40] seinen Niederschlag gefunden hat.
Trotz der Stellung des Gerichtshofs als Garant eines „institutionellen Gleichgewichts“ zwischen den in Art. 7 EG[41] aufgeführten Gemeinschaftsrechtsorganen[42] kann er als Rechtsprechungsorgan nicht als dritte Gewalt im Sinne des innerstaatlichen Prinzips der Gewaltenteilung angesehen werden. Die Vorstellung einer strikten Aufgabenverteilung zwischen Gesetzgeber und Gerichtsbarkeit auf Grundlage der „herkömmlichen“ Kategorien der Gewaltenteilung, welches in einigen Mitgliedstaaten Gerichte auf die inhaltliche Kontrolle der erlassenen Rechtsakte beschränkt, lässt sich auf das zwischen den Mitgliedstaaten völkervertraglich vereinbarte Gemeinschaftsgefüge nur eingeschränkt übertragen. Die Behauptung, die Gemeinschaft sei primär eine Rechtssetzungsgemeinschaft, die Recht nur durch die dazu berufenen Organe Parlament, Rat und Kommission innerhalb der durch den EG-Vertrag gezogenen Grenzen erlassen dürfe[43], wird der unterschiedlichen Organisation der Verbandsgewalt der Gemeinschaften nicht gerecht. Die einzelnen Organe der Gemeinschaften stehen nicht in einem „checks and balances“ – Verhältnis zueinander, sondern sind auf eine effektive Funktionsordnung zur Erreichung der Verbandsziele hin ausgerichtet. Im Gegensatz zum herkömmlichen Prinzip der Gewaltenteilung erfüllt der vom EuGH

---

37 Von einer „Verfassung der EU“ kann allerdings in diesem Zusammenhang nicht gesprochen werden, da der EuGH für die Auslegung von spezifischen „Unionsrecht“ nach Artikel 11 EU (ex-Art. J.1 EUV) nicht zuständig ist.

38 EuGH, Urt. v. 23.04.1986, Rs. 294/83, Slg. 1986, S. 1365; vgl. auch EuGH, Gutachten 1/91, Gutachten gemäß Artikel 228 EWG – Vertrag, Slg. 1991, I-6079.

39 Vgl. *Pescatore,* Die Gemeinschaftsverträge als Verfassungsrecht – ein Kapitel Verfassungsgeschichte in der Perspektive des europäischen Gerichtshofs, systematisch geordnet, in: *Grewe*, u.a. (Hrsg.), Festschrift für Hans Kutscher, S. 319 ff.; *Oppermann*, Die dritte Gewalt in der Europäischen Union, DVBl 1994, S. 904; *Pernice*, Die Dritte Gewalt im europäischen Verfassungsverbund, EuR 1996, S.31 f. .

40 BVerfG, Beschl. v. 18.10.1967, Az. 1 BvR 248/63 und 216/67, BVerfGE 22, S. 259 ff (296).

41 Ex-Art. 4 EGV.

42 *König/Haratsch*, Europarecht, S. 62.

43 *von Danwitz*, Die Eigenverantwortung der Mitgliedstaaten für die Durchführung von Gemeinschaftsrecht, DVBl. 1998, S. 429

selbst entwickelte Grundsatz des „institutionellen Gleichgewichts" lediglich die Funktion einer gewissen Fixierung der horizontalen und vertikalen Kompetenzverteilung[44]. Im Rahmen dieser horizontalen Kompetenzverteilung, also der Kompetenzen zwischen den Organen der EU, erfolgt jedoch keine Fixierung einer Funktionenordnung im Sinne einer strikt ausgeprägten Trennung zwischen den einzelnen Organen. So teilen sich die Organe Rat, Europäisches Parlament und Kommission wichtige Legislativ- und Exekutivfunktionen[45]. Im Gegensatz dazu nimmt der EuGH jedoch die alleinige Judikativfunktion wahr[46].
Aus dem Auftrag, die Wahrung des Rechts zu sichern, folgt als weitere Aufgabe des EuGH die inhaltliche Ausgestaltung des Gemeinschaftsrechts soweit der Gesetzgeber der Union seiner originären Verpflichtung nicht oder nicht hinreichend nachkommt[47]. Dies gilt umso mehr, als das Gemeinschaftsrecht, anders als in den historisch gewachsenen nationalen Rechtsordnungen der Mitgliedsstaaten, nur unvollkommen und lückenhaft besteht und daher der EuGH die Maßstäbe dessen, was als Recht auf Gemeinschaftsebene gilt, teilweise selbst herausarbeiten muss[48].

b) Die Verfahrensarten vor dem EuGH

Gemäß den einzelnen Funktionen des EuGH nimmt dieser die „Wahrung des Rechts" durch verschiedene Verfahrensarten wahr[49]. Die wichtigsten vorgesehenen Verfahren sind im Überblick:
- Das Vertragsverletzungsverfahren stellt das typische Aufsichtsverfahren der Kommission gegenüber den Mitgliedstaaten dar und wird häufig wegen nicht, bzw. nicht korrekt erfolgter Umsetzung von Richtlinien eingesetzt. Private können dieses Verfahren, für das der EuGH die ausschließliche Zu-

44 *Pernice*, Die Dritte Gewalt im europäischen Verfassungsverbund, EuR, 1996, 27; *Hummer / Obwexer,* Vom „Gesetzesstaat zum Richterstaat" und wieder Retour?, Reflexionen über das britische Memorandum über den EuGH vom 23.07.1996 zur Frage der in „korrigierenden Kodifikation" von Richterrecht des EuGH, EuZW 1997, S.295.

45 Vgl. hierzu auch: ; *Pernice*, Die Dritte Gewalt im europäischen Verfassungsverbund, EuR 1996, S.27 ff..

46 *Hakenberg*, Rechtsstellung und Tätigkeit des Europäischen Gerichtshofes, Mitteilungen der deutschen Patentanwälte1997, S. 329.

47 So Borchardt, Richterrecht durch den Gerichtshof der Europäischen Gemeinschaften, in: *Randelzhofer / Scholz / Wilke* (Hrsg): Gedächtnisschrift für Eberhard Grabitz, 1995, S. 29 ff. a.A.: *Dänzer-Vanotti*, Unzulässige Rechtsfortbildung des europäischen Gerichtshofs, RIW 1992, S. 737.

48 Vgl. zu dem damit verbundenen Problem der Rechtsschöpfung bzw. Rechtsfortbildung ausführlich unten: Teil 2.

49 Vgl. zu den einzelnen Verfahrensarten näher: *Arndt*, Europarecht, S. 30 ff.

ständigkeit besitzt, nicht betreiben aber versuchen die Kommission zu einer Verfahrenseinleitung zu bewegen. Eine Verurteilung des Mitgliedstaates durch den EuGH kann auf der Ebene des nationalen Rechts unter Umständen einen Schadensersatzanspruch auslösen.

- Die bedeutsame Nichtigkeitsklage kann ihrer Funktion nach sowohl im Sinne einer verfassungsrechtlichen Klage von Organen und Mitgliedstaaten gegeneinander erhoben werden, als auch von Privaten im Sinne einer verwaltungsrechtlichen Klage[50]. Die Untätigkeitsklage entspricht der Nichtigkeitsklage für den Fall, in dem Handeln der Organe geboten gewesen wäre und hierauf ein Rechtsanspruch besteht (Art. 232 EG)[51].
- Die Schadensersatzklage wegen außergerichtlicher Haftung der Gemeinschaft (Art. 235, 288 EG)[52] entspricht ähnlichen Instrumenten auf nationaler Ebene mit der Besonderheit, dass die Gemeinschaft auch bei legislativem Unrecht, also einem Fehlverhalten des Gesetzgebers, haftet[53].
- Das Vorabentscheidungsverfahren bei Problemen über die Auslegung des Gemeinschaftsrechts oder die Gültigkeit von Gemeinschaftsakten (Art. 234 EG) ist neben der Nichtigkeitsklage die zentrale Verfahrensart vor dem EuGH[54]. Es stellt im Gegensatz zu den direkten Klagen vor dem EuGH kein selbständiges Streitverfahren sondern ein Zwischenverfahren („incident de procédure") in dem vor einem einzelstaatlichen Gericht anhängigen Rechtsstreit dar, welches eine Entscheidungshilfe vor Erlass dieses streitentscheidenden Urteils bezweckt[55].
- Ein praktisch identisches Verfahren zu dem Vorabentscheidungsverfahren bildet das Verfahren zur Auslegung des EuGVÜ[56], für welches ebenfalls der EuGH ausschließlich zuständig ist. Diese Zuständigkeit geht auf eine völkerrechtliche Vereinbarung zwischen den Mitgliedstaaten zurück. Nach dem Inkrafttreten des Amsterdamer Vertrages hat der EuGH auch ähnliche Zustän-

---

50 Für Private stellt damit die Nichtigkeitsklage die wichtigste Klageform dar, sie müssen allerdings zur Vermeidung von Popularklagen von dem angefochtenen Rechtsakt „unmittelbar und individuell betroffen" sein (Art. 230 Abs. 4 EG, ex-Art. 173 Abs.4 EGV). Die Nichtigkeitsklage entspricht in dieser Form einem Widerspruch oder einer Klage gegen einen Verwaltungsbescheid im nationalen Recht.

51 Ex-Art. 175 EGV.

52 Ex-Art 178, 215 EGV.

53 Zuständig ist überwiegend das EuG, vgl. hierzu näher *Kirschner / Klüpfel*, Das Gericht erster Instanz der Europäischen Gemeinschaften: Aufbau, Zuständigkeit, Verfahren.

54 Siehe zur Bedeutung des Verfahrens ausführlich, Teil 1, II, 2.

55 Vgl. *Dauses* in: *Dauses* (Hrsg.), Handbuch des EU-Wirtschaftsrechts, Band 2, Das Vorabentscheidungsverfahren, Rn. 5 ff.

56 Übereinkommen über die gerichtliche Zuständigkeit und die Vollstreckung von gerichtlichen Entscheidungen in Zivil- und Handelssachen v. 27.09.1968, BGBl. 1972 II, 774, vgl. hierzu auch Teil 4, II.

digkeiten für andere völkerrechtliche Verträge zwischen den Mitgliedstaaten[57] erhalten[58].

c) *Der Prüfungsmaßstab des EuGH*

Der Begriff des Rechts nach Art. 220 EG ist in einem umfassenden Sinne zu verstehen[59]. Der EuGH entscheidet somit auf der Grundlage des primären und sekundären Gemeinschaftsrechts, das neben den im EG-Vertrag aufgezählten Rechtsquellen auch ungeschriebenes Gemeinschaftsrecht wie die allgemeinen Rechtsgrundsätze, das gemeinschaftsrechtliche Gewohnheitsrecht und die frühere Rechtsprechung des EuGH umfasst. Dagegen judiziert der EuGH grundsätzlich nicht über das nationale Recht der Mitgliedstaaten und nur eingeschränkt über den EU-Vertrag[60]. Lediglich im Bereich der Änderungen des Unionsvertrages[61], dem Beitritt neuer Mietgliedstaaten[62] sowie schließlich nach Maßgabe des Art. 35 EU[63] für den Bereich der polizeilich-justiziellen Zusammenarbeit[64] verfügt der EuGH über begrenzte Zuständigkeiten. Für ein Vorabentscheidungsverfahren, das eindeutig darauf gerichtet war, eine Entscheidung über die Verpflichtungen des Art. 2 EU[65] zu erwirken, hat der EuGH dementsprechend seine Zuständigkeit verneint[66]. Ferner ist der EuGH auch befugt den Normenkonflikt

---

57 Z.B. im Bereich Justiz und Inneres das EUROPOL- Übereinkommen zum Schutz der finanziellen Interessen der Gemeinschaft.

58 Neben den hier nur im Überblick dargestellten Verfahren existiert noch das Gutachten zu geplanten völkerrechtlichen Verträgen auf Antrag von Organen oder Mitgliedstaaten (Art. 300 Abs. 6 EG, das Schiedsverfahren nach vereinbarter Zuständigkeit zwischen Organen und Privaten bzw. zwischen Mitgliedstaaten (Art. 238 ff. EG) Beamtenklagen der EG-Bediensteten (Art. 236 EG), Marken- und Sortenrechtsklagen sowie Verfahren des einstweiligen Rechtsschutzes (möglich bei allen Direktklagen Art. 242 ff. EG) und das Rechtsmittelverfahren gegen Entscheidungen des EuG, welches auf Rechtsüberprüfung beschränkt ist (Art. 225 EG), Vgl. ausführlich *König / Sander*, Einführung in das EG-Prozessrecht. Auf dem Gebiet der Sozialpolitik stehen nur zwei dieser Verfahrenstypen im Vordergrund, nämlich das Vertragsverletzungsverfahren nach Art. 226 EG und das Vorabentscheidungsverfahren nach Art. 234 EG.

59 *Borchardt* in Lenz, EG-Vertrag Kommentar, Art. 220 EG, Rn. 5.

60 Vgl. Art. 46 EU (ex-Art. L EUV).

61 Art. 48 EU, ex.Art. N EUV.

62 Art. 49 EU, Ex-Art. 0.

63 Ex-Art. K.7 EUV.

64 Titel VI EU.

65 Ex-Art. B EUV.

66 EuGH, Urt. v. 07.04.1995, Rs. C-167/96, Slg. 1995, I-1023, Rn. 6.

zwischen nationalem Recht und Gemeinschaftsrecht zu entscheiden[67]. In einem solchen Fall tangieren die Entscheidungen zwangsläufig zugleich den Anwendungsbereich des nationalen Rechts, da dann die Grenzen des Gemeinschaftsrechts zugleich die Grenzen des nationalen Rechts sind.

2. *Bedeutung des Vorabentscheidungsverfahrens*

Das Vorabentscheidungsverfahren hat sich seit dem Inkrafttreten des EWG-Vertrages im Jahre 1958 zu dem wichtigsten Instrumentarium entwickelt um die Entwicklung und Auslegung des Gemeinschaftsrechts voranzutreiben. Der EuGH und das EuG bezeichnen das Verfahren in seinem vom 28.05.1999 über die Zukunft des Gerichtssystems der Europäischen Union als „ein Kernelement für das ordnungsgemäße Funktionieren des Binnenmarktes“[68]. Die Häufigkeit mit der der EuGH um eine Vorabentscheidung ersucht wird, belegt eindrucksvoll die Annahme dieses Verfahrens durch die nationalen Gerichte. So verzeichnete der EuGH 1998 insgesamt 485 und das Gericht erster Instanz 238 neu eingegangene Rechtssachen. Die Zahl der Vorabentscheidungsersuchen stieg dabei besonders rasant an: Sie nahm 1999 gegenüber 1990 um über 85 % zu[69]. Die Vorabentscheidungsersuchen machen nunmehr mehr als die Hälfte aller Neueingänge beim EuGH aus (264 von 485 eingegangenen Rechtssachen)[70].

Eine weitere Zunahme der Vorlagen wird zwangsläufig durch die im Vertrag von Amsterdam vorgenommenen institutionellen Änderungen erfolgen[71]. Der EuGH verfügt danach über neue Zuständigkeiten in den Bereichen Visa, Asyl, Einwanderung und andere Politiken betreffend den freien Personenverkehr (Titel IV des EG-Vertrages) und der polizeilichen und justitiellen Zusammenarbeit nach Maßgabe des Titels VI des EU-Vertrages. Daneben erfolgt eine Ausweitung der Zuständigkeiten durch die Regelung über die dritte Stufe der WEU und durch Bestimmungen verschiedener Übereinkommen, die die Mitgliedstaaten

---

67 *Wohlfart* in: *Grabitz/Hilf*, Kommentar zur Europäischen Union, Art. 177 EGV, Rn. 7 m.w.N.

68 Dort S. 7.

69 Ausführliches Zahlenmaterial findet sich in dem Reflexionspapier des EuGH und des EuG, Die Zukunft des Gerichtssystems der Europäischen Union, S. 34 ff. und in den Jahresberichten des EuGH. Dabei sind die deutschen Gerichte im Vergleich zu den übrigen Mitgliedstaaten besonders vorlagefreudig. Von den 1999 insgesamt eingegangenen 255 Vorlagefragen kamen 49 aus Deutschland.

70 Vgl. *Oppermann*, Europarecht, S. 285.

71 Vgl. hierzu auch die Einschätzung des EuGH und des EuG in seinem Reflexionspapier über die Zukunft des Gerichtssystems der Europäischen Union, S. 7.

auf der Grundlage des Art. 31 EU-Vertrages[72] geschlossen haben.

III. Voraussetzungen des Vorabentscheidungsverfahrens

1. Vorlageberechtigung

Zulässig sind nur Vorlagefragen, die von einem „Gericht eines Mitgliedstaats" bzw. einem „einzelstaatlichen Gericht" i.S. von Art. 234 Abs. 2 bzw. Abs. 3 EG ausgehen. Eine Legaldefinition des Gerichtsbegriffs findet sich in den Gemeinschaftsverträgen nicht. Der EuGH qualifiziert daher eine Instanz unabhängig von seiner konkreten Bezeichnung als Gericht aufgrund der Funktion und Stellung im jeweiligen Rechtssystem. Anhaltspunkte, was unter „Gericht" i.S. von Art. 234 EG zu verstehen ist, sind die Zugehörigkeit des Spruchkörpers zur öffentlichen Gewalt, die ständige Einrichtung der Instanz als obligatorische Gerichtsbarkeit sowie die Durchführung eines streitigen Verfahrens mit einer Entscheidung nach Rechtsnormen[73]. Folglich scheiden vornehmlich private Schiedsgerichte als Gerichte i.S. von Art. 234 EG aus, da sie in der Regel keine obligatorische Gerichtsbarkeit ausüben[74]. Auch beratende Ausschüsse, deren Entscheidungen keinen Rechtsprechungscharakter aufweisen, fallen nicht unter diesen Gerichtsbegriff. Auf der anderen Seite legt der EuGH den Begriff des Gerichts sehr weit aus und subsumiert z. B. auch den Vergabeüberwachungsausschuss des Bundes hierunter[75]. Das Gerichtsverständnis des EuGH zeigt die Selbsteinschätzung des EuGH als Organ der gesamteuropäischen Rechtspflege, der sich als Teil einer Rechtstradition begreift. Er sieht somit nur die „echten" nationalen Gerichte als seine gleichwertigen Partner an und begreift sich nicht als Organ zur generellen Beantwortung von Auslegungsfragen.

2. Gegenstand des Vorabentscheidungsersuchens

Der EuGH entscheidet sowohl über Fragen der Auslegung als auch der Gültig-

---

72 Ex.-Art. K 3 EUV.

73 Vgl. EuGH, Urt. v. 30.06.1966, Rs. 61/65, Slg. 1966, 583 - *Vaasen-Göbbels*; nicht erforderlich ist es im übrigen, dass das Gericht mit gelehrten Richtern besetzt ist: So sind z.B. die französischen Arbeitsgerichte, die in erster Instanz normalerweise ohne Juristen entscheiden, vorlageberechtigt..

74 Anders freilich Vorlagen staatlicher Gerichte, die im Zusammenhang mit vertraglich vereinbarten Schiedsverfahren stehen.

75 EuGH, Urt. v. 17.09.1997, Rs. C – 54/97, Slg. 1997, I-4961 = EuZW 1997, 625 – *Dorsch Consult*

keit des Gemeinschaftsrechts. Während Gültigkeitsfragen sich nur auf Rechtshandlungen der Organe der Gemeinschaft bzw. der Europäischen Zentralbank beziehen können, sind Auslegungsfragen zu allen entscheidungserheblichen Rechtsakten der Gemeinschaft möglich. Kaum praktische Bedeutung kommt der in Art. 234 Abs. 1 c EG geregelten Prüfung der Auslegung von Satzungen der vom Rat geschaffenen Einrichtungen zu.

a) Die Auslegungsfrage

Der Gerichtshof entscheidet über die Auslegung des Vertrages (Art. 234 Abs.1 a EG) sowie über die Auslegung der Handlungen der Organe der Gemeinschaft und der Europäischen Zentralbank (Art. 234 Abs. 1 b EG). Unter den Begriff des Vertrages fällt das gesamte primäre Gemeinschaftsrecht, das neben den Bestimmungen des EG-Vertrages auch dessen Zusatzprotokolle sowie die allgemeinen Rechtsgrundsätze und sonstige ungeschriebene Rechtsprinzipien der Gemeinschaft, soweit sie im Rang den Verträgen gleichstehen[76], beinhaltet[77], während unter „Handlungen der Organe" das gesamte sekundäre Gemeinschaftsrecht zusammengefasst ist[78]. Der EuGH qualifiziert neben rechtsverbindlichen Maßnahmen[79] auch unverbindliche Maßnahmen wie Empfehlungen und Stellungnahmen als Handlungen i.S.d. § 234 Abs. 1 b EG, da auch sie die Mitgliedstaaten zu einem Handeln veranlassen und für die Auslegung und Anwendung des Gemeinschaftsrechts von Bedeutung sein können[80]. Auch die von der Gemeinschaft abgeschlossenen völkerrechtlichen Verträge zählen als integrierender Bestandteil der Gemeinschaftsrechtsordnung (Art. 300 Abs. 7 EG, ex-Art. 228 EGV) zu den Handlungen der Organe[81].

Nach der Zuständigkeitsverteilung zwischen dem Gerichtshof und nationalen Gerichten hat der EuGH allein die Befugnis zur Auslegung des Gemeinschafts-

---

76 Zulässig sind demnach Vorlagefragen nach Inhalt und Tragweite der vom EuGH anerkannten und ausgebildeten allgemeinen Rechtsgrundsätzen der Gemeinschaftsrechtsordnung.

77 Vgl. Art 311 EG (ex-Art. 239 EGV). Folglich sind auch Fragen nach der Auslegung des Art. 234 EG zulässig: vgl. EuGH, Urt. v. 17.07.1997, Rs. C-344/95, Slg. 1997, I-4517 – *Krüger*. Daneben können auch die in Art. 46 EU (ex-Art. L EUV) genannten Bestimmungen Gegenstand eines Auslegungsersuchens sein.

78 Vgl. *Borchardt* in *Lenz* (Hrsg.), EG-Vertrag Kommentar, Art. 234 EG, Rn. 7.

79 Verordnung, Richtlinie, Entscheidung (Art. 249 EG, ex.-Art. 189 EGV).

80 Vgl. EuGH, Urt. v.09.06.1977, Rs. 90/76, Slg. 1977, 1091 – *Van Ameyde*.

81 Vgl. EuGH, Urt. v. 30.09.1987, Rs. 12/86, Slg. 1987, 3719 – *Demirel*. Auch bei „gemischten Abkommen", soweit es um Teile geht, die nicht in die Gemeinschaftskompetenz fallen, bejaht der EuGH die Zulässigkeit einer Vorlage.

rechts, während dessen Anwendung in den Kompetenzbereich der mitgliedstaatlichen Gerichte gehört. Unzulässig sind demnach auch Fragen, die sich auf die Auslegung des nationalen Rechts beziehen oder auf Fragen ob eine Norm des nationalen Rechts vereinbar ist mit dem Gemeinschaftsrecht[82]. Gegenstand der Auslegung kann also nur Gemeinschaftsrecht sein. Dabei reicht auch indirekt anwendbares Gemeinschaftsrecht[83] oder die Anwendung von Gemeinschaftsrecht in einem fremden nationalen Recht[84] aus.
Als Konsequenz dieser strikten Aufgabenverteilung darf der EuGH die ihm vorgelegten Fragen nur abstrakt, d.h. losgelöst vom Einzelfall, nach Bedeutung und Tragweite europarechtlicher Normen und Begriffe beantworten. Der EuGH arbeitet dabei einen abstrakten Obersatz heraus, der allerdings die Merkmale des Vorlagefalls berücksichtigt. Ein Ausspruch bestimmter Rechtsfolgen durch den EuGH unterbleibt. Neben der Ausnahme, dass die vom EuGH vorgegebene Auslegung dem nationalen Gericht nur eine mögliche Entscheidung belässt, zeichnet mitunter die Auslegungspraxis des EuGH, insbesondere im Zoll- und Abgabenrecht[85], aber auch auf dem Gebiet der Sozialpolitik[86], den Ausgang des Rechtsstreits bereits weitgehend vor[87].

Der nationale Richter hat die beschriebene Zuständigkeitsverteilung bei der Formulierung der Vorlagefrage zu berücksichtigen, wobei der EuGH jedoch falsch oder unvollständig formulierte Fragen nicht als unzulässig zurückweist, sondern die Frage entsprechend umformuliert[88]. Die Abgrenzung zwischen

---

82 Sehr häufig steht jedoch gerade diese Frage eigentlich zur Entscheidung an. Für diesen Fall ist die Frage dahingehend zu formulieren, dass Gegenstand der Frage die Auslegung des Gemeinschaftsrechts ist. Richtigerweise lautet die Frage dann: Ist das Gemeinschaftsrecht so zu verstehen, dass eine bestimmte Norm des nationalen Rechts nicht anwendbar ist. Bei einer unzulässigen Formulierung wird jedoch eine Frage vom EuGH in ständiger Praxis nicht zurückgewiesen, sondern der EuGH formuliert die Frage aus eigenem Verständnis oder nach Rückfrage mit dem vorlegenden Gericht um. Diese sehr wohlwollende Aufnahme durch den EuGH folgt nicht zuletzt auch daraus, dass der EuGH die an sich unzulässige Frage, ob eine nationale Norm unvereinbar mit dem Gemeinschaftsrecht ist, in früheren Entscheidungen selbst so judiziert hat.

83 Vgl. für mittelbare Bezugnahme auf Gemeinschaftsrecht, vgl. EuGH, Urt. v. 08.11.1990, Rs. C-231/89, Slg. 1990, I-4003.

84 Vgl. EuGH, Urt. v. 23.11.1989, Rs. C-150/88, Slg. 1989, 3891 - *4711*. Die Vorabentscheidung ist gegeben, wenn die Anwendung fremden Rechts Vorfrage ist und sich zu dem fremden Recht Fragen des Gemeinschaftsrechts stellen.

85 Vgl. *Hirsch*, Wichtige Einflüsse der EuGH-Rechtsprechung auf das deutsche Steuerrecht, DStZ 1998, 489 ff.

86 Siehe dazu unten Teil 3.

87 Inwieweit der EuGH mit dieser Auslegungstechnik in die Kompetenzen der Mitgliedstaaten eingreift, wird in Teil 3 dieser Untersuchung behandelt.

88 Vgl. *Oppermann*, Europarecht, S 289.

Rechtsauslegung und Rechtsangleichung führt in der Praxis nicht selten zu Schwierigkeiten, da der EuGH auf der einen Seite strikt die Einhaltung seiner auf die Auslegung beschränkte Kompetenz Rechnung tragen muss, andererseits dem nationalen Richter eine echte Entscheidungshilfe bieten soll, um diesen zu einer gemeinschaftsrechtskonformen Auslegung zu befähigen. Dafür muss die Vorabentscheidung hinreichend die Besonderheiten des Ausgangsfalls berücksichtigen. Eine zu konkrete, rein fallspezifische Entscheidung führt jedoch, neben der Gefahr der Kompetenzüberschreitung, unter Umständen dazu, dass die getroffene Entscheidung für andere, nur geringfügig abweichende Fälle nicht zutrifft und damit das abstrakte Auslegungsproblem keiner Lösung zugeführt wird[89].

In der Praxis des europarechtlichen Gerichtsverfahrens kommt der Auslegung von Richtlinienbestimmungen eine besondere Bedeutung zu, um nationales Recht richtlinienkonform auslegen und anwenden zu können[90]. In diesem Zusammenhang stellt sich die bedeutsame Frage, ob eine Vorlage an den EuGH auch schon vor Ende der Umsetzungsfrist einer Richtlinie möglich ist. Die Beantwortung der Frage der Vorlageberechtigung der nationalen Gerichte vor Umsetzung einer Richtlinie steht im unmittelbaren Zusammenhang mit der Wirkung der Richtlinien vor Ablauf der Umsetzungsfrist. Richtlinien i.S.d. Art. 234 Abs. 3 EG sind grundsätzlich nicht unmittelbar anwendbar. Der EuGH hat jedoch entschieden, dass auch einzelne Bestimmungen einer Richtlinie in Ausnahmefällen unter ähnlichen Voraussetzungen wie Bestimmungen des Primärrechts unmittelbar anwendbar sein können, ohne dass es zuvor eines Umsetzungsaktes bedarf[91]. Dies kommt neben anderen Voraussetzungen nur dann in Betracht, wenn die Umsetzungsfrist abgelaufen ist und der Mitgliedstaat die Richtlinie nicht oder nicht richtig umgesetzt hat. Richtigerweise kommt auch eine richtlinienkonforme Auslegung durch den EuGH vor Ende der Umsetzungsfrist der Richtlinie nur dann in Betracht, wenn die betreffende Richtlinie bereits in nationales Recht umgesetzt worden ist[92]. Eine richtlinienkonforme Auslegung basiert in diesem

---

89 Vgl. zu dieser Problematik die in Teil 3 dargestellten Beispielsfälle.

90 Vgl. *Dauses*, in: *Dauses* (Hrsg.), Handbuch des EU-Wirtschaftsrechts, Band 2, Das Vorabentscheidungsverfahren, Rn. 15 .

91 St. Rspr. seit EuGH, Urt. v. 04.12.1974, Rs. 41/74, Slg. 1974, 1337 – *Van Duyn*.

92 So *Ehricke*, Die richtlinienkonforme Auslegung nationalen Rechts vor Ende der Umsetzungsfrist einer Richtlinie, EuZW 1999, S.553, 558 m.w.N. zum Streitstand. Vgl. hierzu auch *Weiß*, Wirkung von Richtlinien vor Ablauf der Umsetzungsfrist, DVBl. 1998, 568 ff. Der BGH hat allerdings in einem Urteil zur vergleichenden Werbung vom 05.02.1998 (I ZR 211/95), EuZW 1998, 474, eine Vorschrift des nationalen Rechts bereits vor dem Ablauf der Umsetzungsfrist der zu diesem Rechtsgebiet ergangenen Richtlinie (Richtlinie 97/55/EG des Europäischen Parlamentes und des Rates vom 06.10.1997 zur Änderung der Richtlinie 84/450/EWG über irreführende Werbung

Fall allerdings allein auf nationalem Recht. Damit bestimmt sich die Vorlageberechtigung der Gerichte bei Auslegungsfragen nach dem Zeitpunkt der Umsetzung durch die Legislative: Für den Fall der Umsetzung der Richtlinie bereits vor Ende der Frist in nationales Recht, darf ein nationales Gericht dem EuGH eine entsprechende Frage vorlegen, im übrigen besteht ein solche Möglichkeit allerdings erst nach Ablauf der Umsetzungsfrist. Nur dann können nämlich Zweifel bestehen, ob nationales Recht den Vorgaben der betreffenden Richtlinie entspricht. Eine Vorlagebefugnis zur Auslegung einer Richtlinie vor ihrer Umsetzung widerspräche zum einen dem in Art. 5 Abs. 1 EG niedergelegten Grundsatz, wonach die Gemeinschaft nur innerhalb der Grenzen der im Vertrag zugewiesenen Befugnisse und gesetzlichen Ziele tätig werden darf, zum anderen aber vor allem dem Wesen der Richtlinie. Denn die Kompetenz zur Umsetzung von Richtlinien nach Art. 249 Abs. 3 EG liegt ausschließlich bei den Mitgliedstaaten. Die Richtlinie ist für die Mitgliedstaaten nur hinsichtlich des zu erreichenden Ziels verbindlich, überlässt ihnen aber die Wahl der Form und der Mittel, um die gemeinschaftsrechtlich festgelegten Ziele im Rahmen der jeweiligen innerstaatlichen Rechtsordnung zu verwirklichen[93]. Die Einbindung der Mitgliedstaaten ermöglicht es diesen, bei der Verwirklichung der gemeinschaftsrechtlichen Vorgaben nationalen Besonderheiten Rechnung zu tragen. In diese Kompetenz der Mitgliedstaaten im Rechtsetzungsverfahren könnte der EuGH durch Vorabentscheidungen über die Auslegung der Richtlinie vor deren Umsetzung eingreifen, indem er, wenn auch nur mittelbar, Kriterien aufstellt, wie die Vorgaben der Richtlinie in den jeweiligen mitgliedstaatlichen Ordnungen zu verwirklichen sind[94]. Der Sinn und Zweck des Handlungsinstruments der Richtlinie gebietet es bei Auslegungsfragen erst das Ergebnis der Umsetzung der Richtlinie einer gerichtlichen „ex-post – Kontrolle“ zu unterziehen[95].

b) Die Gültigkeitsprüfung

Gegenstand der Gültigkeitsprüfung sind die „Handlungen der Organe der Ge-

---

zwecks Einbeziehung der vergleichenden Werbung) in das deutsche Recht richtlinienkonform ausgelegt. Vgl. zu einer Gültigkeitsfrage vor Umsetzung: *Seidel*, A Europeminded Action – a British one, Zum Vorabentscheidungsersuchen des High Court of Justice, EuZW 1999, S. 373.

93 Vgl. zum zweistufigen Rechtsetzungsverfahren bei der Richtlinie ausführlich: *Oppermann*, Europarecht, Rn. 555.

94 So: *Ehricke*, Die richtlinienkonforme Auslegung nationalen Rechts vor Ende der Umsetzungsfrist einer Richtlinie, EuZW 1999, S. 558.

95 Vgl. zu der ex-post-Kontrolle nach Art. 226: *Borchardt*, in: Dauses (Hrsg.), Handbuch des EU-Wirtschaftsrechts, Band 2, P I, Rn. 13.

meinschaft“ i.S.v. Art. 234 Abs. 1 b EG. Erfasst wird das gesamte sekundäre Gemeinschaftsrecht[96], die Überprüfung des primären Gemeinschaftsrechts ist dem EuGH notwendigerweise entzogen. Der Begriff der Gültigkeit entspricht dem Begriff der Rechtmäßigkeit. Er bestimmt sich nach den in Art. 230 Abs. 2 EG[97] genannten Nichtigkeitsgründen. Somit erstreckt sich die Prüfung des Vorlageersuchens auf das gesamte Gemeinschaftsrecht[98], soweit es dem in Frage stehenden Rechtsakt im Rang vorgeht, und unterliegt keiner Einschränkung in bezug auf den Kreis der klageberechtigten Personen sowie keiner Bindung an eine Frist. Auch die Möglichkeit der Erhebung einer Nichtigkeitsklage steht einem Vorabentscheidungsersuchen nicht entgegen[99]. Die funktionellen Unterschiede zwischen der Nichtigkeitsklage und der Gültigkeitsprüfung im Vorabentscheidungsverfahren ergeben sich aus der unterschiedlichen Zielsetzung der Verfahren: Durch die Entscheidung über die Gültigkeitsfrage soll das vorlegende Gericht über den Stand des Gemeinschaftsrechts unterrichtet werden[100]. Der EuGH beschränkt die Prüfung grundsätzlich auf die vom vorlegenden Gericht angeführten Ungültigkeitsgründe. Er kann jedoch auch von Amts wegen Ungültigkeitsgründe prüfen, die nicht vom vorlegenden Gericht vorgetragen worden sind[101].

3. Entscheidungserheblichkeit

Eine weitere Voraussetzung des Art. 234 EG bildet die Entscheidungserheblichkeit der Rechtsfrage, d.h. der Ausgang des Rechtsstreits vor dem vorlegenden Gericht muss von der Beantwortung der Frage durch den EuGH abhängen. Nach der ständigen Rechtsprechung des Gerichtshofes obliegt die Beurteilung der Entscheidungserheblichkeit der Vorlagefragen in erster Linie dem nationalen

---

96 Vgl. hierzu die Ausführungen zu Art. 234 Abs. 1, b EG bei der Auslegungsfrage: oben Teil 1, III, 2 a

97 Ex-Art. 173 EGV.

98 Vgl. hierzu oben Teil 1, II, 1 c.

99 EuGH, Urt. v. 21.05.1987, Rs. 133-136/85, Slg. 1987, 2289 – *Rau u.a.* Umgekehrt kann die Gültigkeit einer individuellen Entscheidung auch im Rahmen des Vorabentscheidungsverfahren nicht mehr in Frage gestellt werden, wenn der Adressat der fraglichen Entscheidung von der Erhebung der Nichtigkeitsklage innerhalb der dafür vorgesehenen Frist (Art. 230 Abs. 5) abgesehen hat: Vgl. EuGH, Urt. v. 30.01.1997, Rs. C-178/95, Slg. 1997, I-585 – *Wiljo NV.*

100 *Dauses* in: *Dauses* (Hrsg.), Handbuch des EU-Wirtschaftsrechts, Band 2, Das Vorabentscheidungsverfahren, Rn. 32.

101 EuGH, Urt. v. 17.12.1970, Rs. 11/70, Slg. 1970, 1125 – *Internationale Handelsgesellschaft.*

Richter[102], der aufgrund seiner unmittelbaren Kenntnis des Sachverhalts und des Parteienvortrags die Entscheidungserheblichkeit besser beurteilen kann als der Gerichtshof[103]. Der Gerichtshof überprüft lediglich, ob das vorlegende Gericht den ihm gemeinschaftsrechtlich eingeräumten Ermessensspielraum nicht evident missbraucht. Daher sind nur solche Vorlagefragen zur Auslegung des Gemeinschaftsrechts oder zur Gültigkeit einer Vorschrift des Gemeinschaftsrechts unzulässig, die offensichtlich in keinem Zusammenhang mit der Wirklichkeit oder dem Gegenstand des Ausgangsrechtsstreits stehen und folglich für die Entscheidung des Ausgangsrechtsstreits nicht objektiv erforderlich sind[104]. Dies trifft insbesondere für Fragen von allgemeinem wissenschaftlichen Interesse oder konstruierte Fragestellungen zu[105]. Darüber hinaus hat der EuGH in den folgenden Fallkonstellationen ein Vorabentscheidungsersuchen für unzulässig erklärt:

- Zwischen der vorgelegten Frage und der Rechtsstreitigkeit besteht offensichtlich kein Zusammenhang, das vorlegende Gericht nahm die Entscheidungserheblichkeit offensichtlich irrtümlich an[106].
- Das Verfahren vor dem vorlegenden Gericht war bereits abgeschlossen, als das Vorabentscheidungsersuchen einging[107].

4. *Vorlagen in Eilverfahren*

Vorlagen im Rahmen von Eilverfahren sind nur zulässig, soweit die Vorabentscheidung für den Erlass der jeweils beantragten einstweiligen Maßnahme benötigt wird[108]. Unzulässig sind damit Vorlagen in Eilverfahren, die dem Richter eine Entscheidung in der Hauptsache ermöglichen sollen oder sobald der Richter des Eilverfahrens die beantragte Maßnahme bereits erlassen hat, das Verfahren

---

102 Ständige Rechtsprechung seit EuGH, Urt. v. 05.02.1963, Rs. 26/62, Slg. 1963, 3, 23 f. – *Van Gend und Loos.*

103 EuGH, Urt. v. 29.11.1978 Rs. 83/78, Slg. 1978, 2347 - *Pigs Marketing Board*, Rn. 25.

104 Vgl. EuGH, Urt. v. 16.06.1981 Rs. 126/80, Slg. 1981, 1563, - *Salonia*, Rn. 6 und EuGH, Urt. v. 17.05.1994, Rs. C-18/93, Slg. 1994, I-1783 - *Corsica Ferries Italia*, Rn. 14 m.w.N.; EuGH, Beschl. v. 26.01.1990, Rs. C-286/88, Slg. 1990, I-191 – *Falciola*, Rn. 8.

105 Deutsche Vorlage, die als unzulässig zurückgewiesen wurde: EuGH, Urt. v. 16.07.1992 - Rs. C-83/91, Slg. 1992, I-4871 = ZIP 1992, 1072 = EWiR 1992, 991 (*Schroeder*); Schlussanträge des Generalanwalts, abgedruckt in ZIP 1992, 1036.

106 Vgl. u.a.: EuGH, Bschl. v. 26.01.1990, Rs. C – 286/88, Slg. 1990, I-191 – *Falciola;* EuGH, Urt. v. 10.07.1997, Rs. C – 261/95, Slg. 1997, I-4037 – *Palmisani.*

107 EuGH, Urt. v. 21.04.1985, Rs. 338/85 , Slg. 1988, 2041 – *Pardini.*

108 Vgl. hierzu *Schmitt,* Richtervorlagen in Eilverfahren?: ein Beitrag zum Verhältnis verfassungsgerichtlicher konkreter Normenkontrollverfahren und „Vorabentscheidungsverfahren" nach Art. 177 EG-Vertrag zu Verfahren des vorläufigen verwaltungsgerichtlichen Rechtsschutzes nach VwGO, S. 378 ff.

mithin bereits abgeschlossen ist[109]. Wird in einem Eilverfahren die Ungültigkeit der Handlung von EG-Organen angenommen, besteht grundsätzlich die Pflicht den EuGH anzurufen. Weder die Dringlichkeit noch die Vorläufigkeit solcher Verfahren stellt das Recht eines Gerichts zur Anrufung des EuGH in Frage[110]. In Fällen erheblicher Zweifel an der Gültigkeit eines auf Gemeinschaftsrecht beruhenden nationalen Rechtsaktes kann jedoch unter bestimmten Voraussetzungen der sofortige Vollzug des nationalen Vollzugaktes schon vor der Entscheidung des EuGH ausgesetzt werden[111]. Neben den erheblichen Zweifeln an der Gültigkeit einer Handlung eines Gemeinschaftsorgans muss ein schwerer, irreparabler Schaden abgewehrt werden und eine umfassende Interessenabwägung erfolgen, wobei das Interesse der Gemeinschaft an der praktischen Wirksamkeit einer Gemeinschaftsverordnung zu berücksichtigen ist[112].

IV. Vorlageberechtigung und Vorlageverpflichtung nach dem Gemeinschaftsrecht

Art. 234 EG unterscheidet in den Absätzen 2 und 3 zwischen vorlageberechtigten Gerichten und den zur Vorlage verpflichteten letztinstanzlichen Gerichten.

1. Vorlagerecht

Untere Gerichte, deren Urteile mit Rechtsmitteln angegriffen werden können, müssen grundsätzlich nicht vorlegen. Eine Vorlageverpflichtung besteht für diese Gerichte nur dann, wenn sie der Auffassung sind, dass eine Vorschrift des Gemeinschaftsrechts rechtswidrig ist, da dem EuGH nach dem Urteil *Foto Frost*[113] das Verwerfungsmonopol hinsichtlich der Feststellung der Ungültigkeit von Handlungen von Gemeinschaftsorganen zukommt. Dies bedeutet für das einzelstaatliche Gericht, dass es soweit es bei der Prüfung einer Vorschrift des

109 Vgl. *Borchardt* in *Lenz* (Hrsg.), EG-Vertrag Kommentar, Art. 234 EG, Rn. 24.

110 EuGH, Urt. v. 17.10.1982, verb. Rs. 35 und 36/82, Slg. 1982, 3723 – *Morson und Jhanjan.*

111 EuGH, Urt. v. 21.02.1991, Rs. C-143/88, Slg. 1991, I-415. 15 – *Zuckerfabrik Süderdithmarschen AG.*

112 Vgl. zu dieser Problematik ausführlich: *Borchardt* in *Lenz* (Hrsg.), EG-Vertrag Kommentar, Art. 234 EG, Rn. 13 – 15. Eine Aussetzung des Ausgangsrechtsstreits ist nach deutscher Rechtsprechung in analoger Anwendung von § 148 ZPO auch dann möglich, wenn diese bereits Gegenstand eines anderen Vorabentscheidungsersuchen ist und der anhängige Rechtsstreit keine besonderen Zweifelsfragen aufwirft (vgl. LG Bonn, Bschl. v. 31.10.1994, Az. 1 O 265/94, EuZW 1996, 159).

113 EuGH, Urt. v. 22.10.1987, Rs. C 314/85, Slg. 1987, 4199.

Gemeinschaftsrechts zur Überzeugung von deren Ungültigkeit gelangt, diese nur dann unangewendet lassen kann, wenn die Ungültigkeit zuvor vom EuGH festgestellt worden ist. Gelangt das Gericht dagegen zu der Auffassung, die Vorschrift des Gemeinschaftsrechts ist im Ergebnis rechtmäßig, kann es auch entsprechend darüber entscheiden. Begründet wird das Verwerfungsmonopol des EuGH zum einen mit dem Erfordernis der Einheitlichkeit des Gemeinschaftsrechts[114], wobei Meinungsverschiedenheiten über die Gültigkeit von Gemeinschaftshandlungen nach Ansicht des EuGH besonders geeignet sind, die Rechtssicherheit zu beeinträchtigen, sowie zum anderen mit dem im EG-Vertrag geschaffenen Rechtsschutzsystem, wonach die Gültigkeitsprüfung von Gemeinschaftshandlungen in die ausschließliche Zuständigkeit des EuGH fällt[115].
Die Entscheidung über eine Vorlage steht bei den unterinstanzlichen Gerichten gemäß Art. 234 Abs. 2 EG im Ermessen des vorlegenden Gerichts. Ein Großteil der Vorabentscheidungsersuchen, rund 70 %[116], gehen bereits auf Unter- und Mittelgerichte zurück. Will das unterinstanzliche Gericht vorlegen, so reicht für das Vorliegen von Zweifeln bei der Anwendbarkeit des Gemeinschaftsrecht die subjektive Sicht des jeweiligen Prozessrichters. Auch die Feststellung der Entscheidungserheblichkeit als weitere Zulässigkeitsvoraussetzung für das Vorabentscheidungsersuchen liegt bei dem nationalen Gericht, welches insoweit über ein „Beurteilungsermessen" verfügt[117]. Eine Überprüfung der Entscheidungserheblichkeit durch den EuGH findet somit nicht statt[118].

2. *Vorlageverpflichtung*

a) *Bestimmung der Letztinstanzlichkeit*

Eine Vorlagepflicht besteht im Falle des Art. 234 Abs. 3 EG für die mitgliedstaatlichen Gerichte, deren „Entscheidungen selbst nicht mehr mit Rechtsmitteln des innerstaatlichen Rechts angefochten werden können". Die Bestimmung der Letztinstanzlichkeit kann sowohl nach einer abstrakten Betrachtungsweise, nach

---

114 EuGH, Urt. v. 21.02.1991, Rs. C-143/88, Slg. 1991, I-415.

115 EuGH, Urt. v. 22.10.1987, Rs. C-314/85, Slg. 1987, 4199 – *Foto Frost*, Rn. 15 ff.

116 Von den 1999 eingereichten 49 deutschen Vorlageersuchen gehen 33 auf nicht höchstinstanzliche Gerichte zurück.

117 Vgl. EuGH, Urt. v. 15.06.1995, Verb. Rs. C-422/93, Rs. C-423/93 u. Rs. 424/93, Slg.1995, I-1567 = EuZW 1995, 619.

118 Zu den Folgen einer zu großzügigen Annahme der Vorlagen durch EuGH vgl. unten Teil 4.

der nur die obersten Instanzen eines jeden Gerichtszweiges[119] vorlageverpflichtet sind, als auch nach einer inzwischen vorherrschenden konkreten bzw. funktionalen Betrachtungsweise erfolgen, nach der jedes Gericht vorlegen muss, das eine Entscheidung erlässt, gegen die nach nationalem Recht kein Rechtsmittel gegeben ist[120].
Im Hinblick auf die Bestimmung der Letztinstanzlichkeit nach der konkreten Theorie stellt sich die Frage, ob durch eine mögliche Nichtzulassungsbeschwerde die Letztinstanzlichkeit aufgehoben wird. Nach überwiegender Meinung braucht das Gericht wegen der Möglichkeit der Nichtzulassungsbeschwerde nicht vorzulegen[121]. Allerdings kann mit der Nichtzulassungsbeschwerde gerügt werden, dass nicht vorgelegt worden ist. Das Gericht, welches über die Vorlage entscheidet, hat dies dann so zu werten, dass die Nichtzulassungsbeschwerde begründet ist, wenn unter Verstoß gegen Art. 234 EG die Vorlage an den EuGH nicht erfolgte. Zu weitgehend erscheint es jedoch, eine Vorlagepflicht zu verneinen, wenn eine Nichtzulassungsbeschwerde aussichtslos ist[122] oder nur in sehr eingeschränktem Umfang zulässig ist[123]. In diesen Fällen ist nämlich die Nichtzulassungsbeschwerde nicht geeignet, die nächste Instanz zu eröffnen.

b) Umfang der Vorlagepflicht letztinstanzlicher Gerichte („acte clair"-Doktrin)

Bei Auslegungsfragen stellt sich zusätzlich das Problem, ob die Entscheidungskompetenz des EuGH mit der Begründung verneint werden kann, eine Norm sei nicht auslegungsbedürftig. Im Schrifttum wird in Anlehnung an die „acte clair"-Doktrin die Auffassung vertreten, dass eine Vorlagepflicht entfällt, wenn kein „vernünftiger Zweifel" an der Gültigkeit oder Auslegung des einschlägigen Gemeinschaftsrechts besteht. Die vom französischen Conseil d`Etat ausgehende Theorie entstand in Frankreich im Zusammenhang mit dem Grundsatz der Ge-

---

119 In Deutschland sind dies das BVerfG, das die Besonderheit hat nie vorzulegen, sowie die fünf obersten Gerichtshöfe des Bundes (BGH, BFH, BVerwG, BAG, BSG).

120 Vgl. *Krück* in: *Groeben/Thiesing/Ehlermann* (Hrsg.), Kommentar zum EWG-Vertrag, Art. 177 EGV, Rn. 68 m.w.N; vgl. ferner: *Arndt*, Europarecht, S. 37; *Oppermann*, Europarecht, S. 287.

121 *Rabe*, Festschrift für Rädicke; das BverwG hat dies als einziges Gericht mit dieser Deutlichkeit ausgesprochen: BVerwG, Urt. v. 20.03.1986, Az. 3 B 3/86, NJW 1987, 601.

122 So aber BVwerG, Urt. v. 20.03.1986, Az. 3 B 3/86, NJW 1987, 601.

123 So z.B. in der deutschen Arbeitsgerichtsbarkeit, wo die Nichtzulassungsbeschwerde nach § 72 a ArbGG nur bei grundsätzlicher Bedeutung zulässig ist. Vgl. zu dieser Frage auch *Schaub*, Der Rechtsschutz im Arbeitsrecht vor dem Gerichtshof der Europäischen Gemeinschaften, NJW 1994, S. 81.

waltenteilung zwischen Exekutive und Judikative bei der Auslegung und Anwendung völkerrechtlicher Verträge. Sie soll die ordnungsgemäße Rechtspflege gewährleisten, indem Verzögerungen durch unnötige Verfahren vermieden werden[124].

Der EuGH hat mit der Grundsatzentscheidung *C.I.L.F.I.T.* vom 06.10.1982[125] die "acte clair"-Theorie, auch wenn das Gericht selbst diese Bezeichnung in den Entscheidungsgründen nicht verwendet, auf ihren nationalen Ursprung reduziert und die Anwendbarkeit für das Verhältnis mitgliedstaatlicher Gerichte zum EuGH auf den Hintergrund von Art. 234 EG zumindest stark eingeschränkt. Die Vorlagepflicht letztinstanzlicher Gerichte nach Art. 234 Abs. 3 EG wird aufgrund der folgenden in der *C.I.L.F.I.T* – Entscheidung aufgestellten Kriterien sehr weit gefasst:

- Von der Vorlage darf nur abgesehen werden, wenn der EuGH einen gleichartigen Fall schon entschieden hat oder wenn es bereits dazu eine gesicherte Rechtsprechung gibt. Ist dies nicht der Fall, darf das Gericht nur dann von der Vorlage absehen, wenn die Anwendung des Gemeinschaftsrechts derart offenkundig ist, dass keinerlei Raum für einen vernünftigen Zweifel besteht.
- Von einem vernünftigen Zweifel kann das Gericht wiederum nur dann ausgehen, wenn auch für die Gerichte der übrigen Mitgliedstaaten und für den Gerichtshof die gleiche Gewissheit bestünde[126].
- Dabei sollen auch die Eigenheiten des Gemeinschaftsrechts und die besonderen Schwierigkeiten seiner Auslegung berücksichtigt werden[127]. Diese Eigenheiten bestehen nach Ansicht des Gerichtshofs darin, dass dem Umstand Rechnung zu tragen ist, dass die Vorschriften des Gemeinschaftsrechts in mehreren Sprachen abgefasst sind, von denen alle verbindlich sind. Es hat daher ein Vergleich aller sprachlichen Fassungen zu erfolgen. Bei genauer Übereinstimmung der sprachlichen Fassungen soll beachtet werden, dass das Gemeinschaftsrecht eine besondere Terminologie entwickelt hat.
- Bei der Auslegung muss schließlich jede Vorschrift des Gemeinschaftsrechts in ihrem Zusammenhang gesehen und im Lichte des gesamten Gemeinschaftsrechts, seiner Ziele und seines Entwicklungsstandes zur Zeit der Aus-

---

124 Das BverfG legt die "acte clair"-Theorie im Bezug auf deutsches Verfassungsrecht wie folgt aus: Eine Vorlage sei immer dann erforderlich, wenn es um Fragen geht, "auf die es für jeden erfahrenen Juristen und kundigen Juristen nicht lediglich eine zweifelsfreie Antwort gibt, ..."; BVerfG, Urt. v. 09.11.1988, 1456, NJW 1988, 1456 = EuR 1988, 1456 = EuGRZ 1988, 109.

125 EuGH, Urt. v. 06.10.1982, Rs. 283/81, Slg. 1982, 3425 = NJW 1983, 1257 = EuR 1983, S. 161.

126 EuGH, Urt. v. 06.10.1982, Rs. 283/81, Slg. 1982, 3425 – *C.I.L.F.I.T*, Rz. 16.

127 EuGH, Urt. v. 06.10.1982, Rs. 283/81, Slg. 1982, 3425 – *C.I.L.F.I.T*, Rz. 17.

legung der betreffenden Vorschrift ausgelegt werden[128].
Nur wenn all diese Kriterien erfüllt sind, besteht für das jeweilige letztinstanzliche Gericht keine Vorlageverpflichtung. Diese Entscheidung hat, obwohl sie im Jahre 1982 ergangen ist, nichts an ihrer Aktualität eingebüßt. Die aufgestellten Kriterien führen in ihrer praktischen Konsequenz dazu, dass von der Vorlage nur abgesehen werden darf, wenn eine gesicherte Rechtsprechung des EuGH zu dieser Frage vorliegt[129]. Der EuGH hat bislang noch keine Vorlage zurückgewiesen, weil er die Rechtslage für klar hielt[130]. Der Mitgliedstaat kann folglich die Geltung des Europäischen Rechts nicht dadurch verhindern, dass das nationale Gericht in eigener Kompetenz einen gemeinschaftsrechtlichen Rechtssatz als völlig klar und deshalb als keiner Auslegung durch den EuGH bedürftig qualifiziert.

3. Rechtsmittel bei Verstoß gegen die Vorlageverpflichtung

Auf Gemeinschaftsebene eröffnet das Rechtsschutzsystem des EG-Vertrages bei Verletzung der Vorlageverpflichtung keine direkte Beschwerdemöglichkeit zum EuGH. Den Mitgliedstaaten bleibt es jedoch unbenommen, in ihrem nationalen Recht Sanktionen an eine Verletzung der Vorlagepflicht zu knüpfen. Zwar stellt die Verletzung der aus Art. 234 Abs. 3 EG folgenden Vorlageverpflichtung durch ein nationales Gericht eine Vertragsverletzung dar, die dem jeweiligen Mitgliedstaat zugerechnet wird. Dies eröffnet grundsätzlich die Möglichkeit, bei der Kommission ein Vertragsverletzungsverfahren nach Art. 226, 227 EG gegen diesen Staat anzuregen. Auf die Einleitung eines solchen Verfahrens können die Parteien jedoch keinen Anspruch vor dem EuGH geltend machen[131]. Darüber hinaus sind die praktischen Wirkungen eines solchen Vorgehens beschränkt, da die Regierung des jeweiligen Mitgliedstaates bei einer eventuellen Verurteilung durch den EuGH dem nationalen Gericht im Hinblick auf die Unabhängigkeit der Gerichte und des Gewaltenteilungsprinzips keine Anweisungen erteilen kann[132].
Die Kontrolle der Vorlageverpflichtung liegt damit vollständig in den Händen der nationalen Gerichte[133]. In der Bundesrepublik Deutschland verletzt die Nichteinleitung eines Vorlageverfahrens nach Art. 234 Abs. 3 EG durch ein

---

128 EuGH, Urt. v. 06.10.1982, Rs. 283/81, Slg. 1982, 3425 – *C.I.L.F.I.T*, Rz. 20
129 D.h. zu einer identische Frage zu einem vergleichbaren Sachverhalt..
130 Es ist daher auch Aufgabe dieser Untersuchung, ob die Grundsätze der *C.I.L.F.I.T.* – Entscheidung einer rechtlichen Überprüfung heute noch standhalten.
131 EuGH, Urt. v. 14.02.1989,Rs. 247/87, Slg. 1989, 291 – *Star Fruit Company*.
132 So: *Borchardt* in *Lenz* (Hrsg.), EG-Vertrag Kommentar, Art. 234 EG, Rn. 44.
133 Dieses Ergebnis mag man zu Recht bedauern.

letztinstanzliches Gericht das Recht auf den gesetzlichen Richter i. S. des Art. 101 Abs. 1, S. 2 GG[134]. Allerdings liegt eine solche Verletzung nur im Falle einer willkürlichen Nichtvorlage vor[135], also wenn ein letztinstanzliches Hauptsachegericht die Zuständigkeitsregel nach Art. 234 Abs. 3 EG „in offensichtlich unhaltbarer Weise" verletzt[136]. Ein möglicher Verstoß gegen Art. 101 Abs. 1, S. 2 GG entfällt nach Ansicht des BVerfG auch dann, „wenn der EuGH seine Rechtsprechung geändert oder klargestellt hat und sich danach die Frage der Vorlage nicht mehr stellen würde"[137]. Diese rechtliche Feststellung traf das BVerfG im Rahmen einer Entscheidung zur Frage der Vorlagepflicht an den EuGH hinsichtlich der Auslegung der Richtlinie 77/187/EWG. Das BVerfG bestätigte, dass ein nationales Gericht, wenn es letztinstanzlich entscheide, Zweifel an der Richtigkeit einer Entscheidung des EuGH nur im Wege einer Vorlage nach Art. 234 Abs. 3 EG ausräumen könne. Allein die Einschätzung eines nationalen letztinstanzlichen Gerichts, dass eine Entscheidung des EuGH nicht ausreichend begründet sei, entbinde dieses noch nicht von seiner Vorlagepflicht. So war, obwohl das BVerfG nach der *Ayse Süzen* - Entscheidung[138] die Problematik des Betriebsbegriffs als hinreichend geklärt ansah, eine Vorlagepflicht des LAG dennoch zu bejahen, da dieses davon ausging, der EuGH habe in seiner *Christel Schmidt* – Entscheidung[139] die Auffassung vertreten, ein Unternehmensübergang i.S.d. Richtlinie könne auch dann vorliegen, wenn lediglich eine Funktion von einem anderen Arbeitgeber ausgeübt werde. Diese Auslegung hätte das Gericht nach Art. 234 Abs. 3 EG durch den EuGH überprüfen lassen müssen, auch wenn es sich hierbei um eine „Überinterpretation" der *Christel Schmidt* – Entscheidung[140] durch das Gericht handelte.

V. Kooperation der Gerichte

Hinsichtlich des Systems des Vorabentscheidungsersuchens wird häufig von ei-

---

134 Zum EuGH als gesetzlichem Richter vgl. grundlegend BVerfG, Urt. v. 08.04.1987, Az. 2 BvR 687/85, BVerfGE 75, 223 = EuGRZ 88, 113.

135 Die Beschränkung auf das Kriterium der Willkür wird bestätigt durch BVerfG, Urt. v. 09.11.1988, Az. 1 BvR 243/86, NJW 1988, 1456 = EuR 1988, 1456 = EuGRZ 1988, 109. Vgl. auch BVerfG, Urt. v. 04.06.1998, Az. 1 BvR 2652/95, NJW 1998, 2811.

136 Vgl. BVerfG, Bschl. v. 31.05.1990, Az. 2 BvR 1436/87, BVerfGE 82, 159, 195f. .

137 BVerfG, Beschl. v. 13.06.1997 - 1 BvR 2102/95, AP Nr. 52 zu Art. 101 GG = NZA 1997, 931.

138 EuGH, Urt. v. 11.03.1997, Rs. C-13/95, Slg. 1997,I-1259 - *Ayse Süzen*, vgl. hierzu ausführlich unten Teil 3, III.

139 EuGH, Urt. v. 14.04.1994, Rs. C-392/92, Slg. 1994, I-1311 – *Christel Schmidt.*

140 vgl. unten Teil 3, III.

nem „Dialog der Richter“ oder „judiziellen Dialog“[141] gesprochen. Dieser findet jedoch nur außerhalb des Vorabentscheidungsverfahrens statt: Innerhalb des laufenden Verfahrens gibt es keinen "Dialog" der Gerichte im eigentlichen Wortsinn. Vielmehr ist das vorlegende Gericht mit Abgabe des Vorlagebeschlusses an dem Verfahren bis zur Entscheidung des EuGH nicht mehr beteiligt[142]. Das Zusammenwirken folgt allein aus der Verpflichtung der nationalen Gerichte das Recht, sofern es auf einer gemeinschaftsrechtlichen Vorgabe beruht, unter Beachtung der Gemeinschaftsrechtsnormen, wie sie der EuGH konkretisiert hat, anzuwenden[143]. Die Auslegung des Rechts durch den EuGH und die Anwendung des Gemeinschaftsrechts durch die nationalen Gerichte stehen dabei in einem unmittelbaren gegenseitigen Bezug, der den eigentlichen Dialog der Gerichte ausmacht. Der EuGH geht von einer in der Gemeinschaft entstandenen „richterlichen Kooperation“[144] aus, bei dem „staatliches Gericht und Gerichtshof – jeweils in den Grenzen der eigenen Zuständigkeit ... – gemeinsam und unmittelbar zur Rechtsfindung beizutragen haben“[145]. Aufgrund dieses Kooperationsverhältnisses zwischen nationaler Gerichtsbarkeit und dem EuGH wurde auch darauf verzichtet, eine Revisions- oder Kassationsinstanz zum EuGH zu schaffen[146].

Die Bedeutung des Grundsatzes des gegenseitigen Zusammenwirkens zwischen den nationalen Gerichten und dem EuGH für das System des Vorabentscheidungsersuchens kann kaum überschätzt werden. Er gewährleistet eine einheitliche und kohärente Auslegung des Gemeinschaftsrechts und hat somit nachhaltig zum ordnungsgemäßen Funktionieren des Binnenmarktes beigetragen. Alle Reformvorschläge müssen sich letztlich daran messen lassen, ob sie die Zusammenarbeit nicht über Gebühr einschränken und somit dem Verfahren seine Grundlage entziehen[147].

---

141 Vgl. statt vieler: *Geiger*, EG-Vertrag, Art. 177 EGV, Rn. 1.

142 Der EuGH hat sich allerdings schon bemüht, durch die Änderung der Verfahrensordnung, zu Verbesserungen beizutragen. In dem neuen § 5 der Verfahrensordnung ist vorgesehen, dass der EuGH das nationale Gericht um Klarstellungen ersucht, siehe zu den Reformvorschlägen unten Teil 4.

143 Das nationale Gericht darf dabei das gemeinschaftlich determinierte Recht weder erweitern noch verengen, da es sonst Gemeinschaftsrecht schaffen würde.

144 Vgl. hierzu das Reflexionspapier des EuGH und des EuG vom 28.05.1999, Die Zukunft des Gerichtssystems der Europäischen Union, S. 28.

145 Vgl. EuGH, Urt. v. 01.12.1965, Rs. 16/65, Slg. 1965, 1152 – *Schwarze*.

146 *Dauses* in: *Dauses* (Hrsg.), Handbuch des EU-Wirtschaftsrechts, Band 2, Das Vorabentscheidungsverfahren, Rn. 8.

147 Vgl. zu den Vorschlägen für die Reform des Vorabentscheidungsverfahren ausführlich: Teil 4.

VI. Formulierung des Vorlagebeschlusses

Die Formulierung und die Bestimmung des Inhaltes der Vorlagefrage liegen ausschließlich in der Hand des vorlegenden Gerichts. Es besteht keine Möglichkeit der Parteien des Ausgangsrechtsstreits, die Vorlagefrage zu ändern oder zu ergänzen oder den Richter in der Stellung der Vorlagefrage zu beschränken[148]. Ihnen verbleibt die Möglichkeit, die Vorlage einer bestimmten Frage anzuregen und durch konkrete Formulierungsvorschläge an das Gericht auf dessen Meinungsbildung Einfluss zu nehmen[149]. Das Gericht hat dabei nach dem Grundsatz des rechtlichen Gehörs den Parteien auch die Gelegenheit zur Stellungnahme hinsichtlich der beabsichtigten Formulierung der Vorlagefrage zu gewähren. Im Unterschied zum deutschen Recht setzt die Frage kein bestimmtes Ergebnis voraus. Bei der Richtervorlage nach Art. 100 GG muss das Gericht in besonders sorgfältig begründeter Weise zu dem Ergebnis gekommen sein, dass die Norm aus bestimmten Gründen verfassungswidrig ist[150]. Im Vorabentscheidungsverfahren braucht sich das Gericht dagegen keine gesicherte Vorstellung davon machen, was denn wirklich vom Gemeinschaftsrecht geboten ist. Die Frage lautet daher allein, ob ein Auslegungsproblem vorliegt, wobei als Grad der Überzeugung nicht erforderlich ist, dass eine Unvereinbarkeit mit Gemeinschaftsrecht vorliegt.
Wollen die Parteien des Ausgangsrechtsstreits die Vorlage einer bestimmten Frage erreichen, haben sie das Gericht von der Notwendigkeit der Beantwortung der Frage für die Entscheidung des Ausgangsrechtsstreits zu überzeugen. Entscheidet sich das Gericht zur Vorlage der Frage an den EuGH, obliegt ihm die zutreffende Formulierung des Vorabentscheidungsersuchens. Aufschluss wie dies nach Ansicht des EuGH auszusehen hat, gibt Nr. 6 der Hinweise des EuGH zur Vorlage von Vorabentscheidungsersuchen durch die innerstaatlichen Gerichte[151], in der es heißt:

„Sie (die Vorlage) muss eine Schilderung des Sachverhalts, dessen Kenntnis für das Verständnis der rechtlichen Bedeutung des Ausgangsverfahrens unerlässlich ist, eine Darstellung der eventuell einschlägigen rechtlichen Gesichtspunkte, eine Darstellung der Gründe, die das innerstaatliche Gericht zur Vorlage der Frage veranlasst haben und gegebenenfalls eine Darstellung des Vorbringens der Parteien enthalten; diese Informationen sollen den Gerichtshof

---

148 Vgl. EuGH, Urt. v. 14.06.1962, verb. Rs. 31/62 u. 33/62, Slg. 1962, 965 – *Woehrmannn u.a.*

149 Da der EuGH entgegen der Theorie in seiner Entscheidungspraxis oft auch den konkreten Einzelfall entscheidet (vgl. unten Teil 3), empfiehlt sich von dieser Möglichkeit zum ergänzenden Sachvortrag auch Gebrauch zu machen.

150 Nicht ausreichend sind bloße Zweifel an der Verfassungsmäßigkeit, BVerfGE 22, 378.

151 Siehe Anhang 1: Hinweise des EuGH zur Vorlage von Vorabentscheidungsersuchen durch die innerstaatlichen Gerichte, abgedruckt in NJW 1997, 1765.

in die Lage versetzen, dem innerstaatlichen Gericht eine sachdienliche Antwort zu geben. Ferner sollten die Akten sowie etwaige für das Verständnis des Rechtsstreits nötige Unterlagen vorgelegt und die einschlägigen innerstaatlichen Rechtsvorschriften im Wortlaut mitgeteilt werden.
Da die der Vorlage beigefügten Akten oder Unterlagen nicht immer vollständig in die verschiedenen Amtssprachen der Gemeinschaft übersetzt werden, sollte das vorlegende Gericht darauf achten, dass sein Vorlagebeschluss alle relevanten Informationen enthält."

Diesen Hinweisen könnte man eigentlich entnehmen, dass ein Beschluss mit der Vorlagefrage und einer kurzen Begründung, wie er zumindest in der deutschen Rechtspraxis üblich ist, diesen Anforderungen nicht entspricht. Der EuGH weist die Vorlage jedoch nur dann als unzulässig zurück, wenn er überhaupt keinen Zusammenhang mit dem Verfahren sieht[152]. Insgesamt ist die Zahl der Vorlagen, die der EuGH als unzulässig zurückweist, recht gering[153]. Dennoch sollten die Hinweise des EuGH Beachtung finden, um das mit der Vorlagefrage verbundene Anliegen deutlich herauszustellen[154]. Die ideale Vorstellung, die sich so nicht in den Hinweisen des EuGH findet, wäre ein sehr ausführlicher Sachverhalt, verbunden mit einer eingehenden rechtlichen Würdigung und unter Umständen sogar eine Stellungnahme der Parteien dazu. Im Ergebnis also eine Kleinakte des Kerns des Rechtsstreits. Ein so gestaltetes Vorabentscheidungsersuchen würde es dem EuGH am besten ermöglichen, sich sachgemäß zu orientieren.
Ausschließlich nach nationalem Recht zu beurteilen ist die in diesem Zusammenhang bedeutsame Frage, inwieweit die innerstaatlich zuständigen Rechtsmittelgerichte Einfluss auf die Vorlageentscheidung eines nicht letztinstanzlichen Gerichts nehmen können. Das Gemeinschaftsrecht steht einer solchen Anfechtbarkeit der Vorlageentscheidung nicht entgegen[155]. Im deutschen Recht lehnt die überwiegende Auffassung die unmittelbare Anwendbarkeit der in den jeweiligen Prozessordnungen enthaltenen Beschwerderegelungen auf die Vorlagebeschlüsse nach Art. 234 EG mit der Begründung ab, es handele sich hierbei um ein Rechtsinstitut „sui generis"[156].

---

152 Vgl. in diesem Zusammenhang die großzügige Behandlung der Vorlagefrage in der Rechtssache *Europièces*, unten Teil III, V; Vgl. zum Umfang der Begründung des Vorlagebeschlusses EuGH, Urt. v. 26.01.1993, Rs. C - 320/90 bis C-322/90, Slg. 1993, I-393 - *Telemarsicabruzzo u. a.*, Rn.. 6; EuGH, Beschl. v. 26.04.1993, Rs. C - C-386/92, Slg. 1993, I-2049 - *Monin Automobiles*, Rn. 6; EuGH, Beschl. v. 08.07.1998, Rs. C-9/98, Slg. 1998, I-4263 - *Agostini*, Rn. 4.

153 Gerade im Vergleich zu der Praxis des BVerfG bei Vorlagefragen nach Art.100 GG.

154 Vgl. hierzu auch *Wägenbaur,* Stolpersteine des Vorabentscheidungsverfahrens, EuZW 2000, S. 41.

155 Vgl. EuGH, Bschl. v. 16.061970, Rs. 31/68, Slg. 1970, 403 – *Chanel.*

156 Vgl. für diese nicht zwingend gebotene Sichtweise u.a.: BFH, Bschl. v. 27.01.1981, Az. VII B 56/80 = BFHE 132, 217, OLG Köln, WRP 1977, 734, *Zöller / Greger*, ZPO, 21.

VII. Gang des Verfahrens[157] und Verfahrensdauer

Der Ablauf des Verfahrens, der sich grundsätzlich nach der Verfahrensordnung[158] richtet, beginnt mit der Formulierung der Vorlagefrage und Übersendung des Vorlagebeschlusses durch das nationale Gericht an den EuGH. Antragsbefugnisse der Parteien des Ausgangsrechtsstreits bestehen nicht[159]. Eine Mitteilung über jedes Vorabentscheidungsersuchen wird mit den Vorlagefragen sowie den wesentlichen Gründen des Vorlagebeschlusses des nationalen Gerichts im Amtsblatt der EG (Teil C) veröffentlicht.

An die Übersendung des Vorlageersuchens schließt sich ein schriftliches Verfahren an: Die Beteiligten des Verfahrens, also die Parteien des Ausgangsrechtsstreits, die Mitgliedstaaten, die Kommission und der Rat[160] können sich einmal schriftsätzlich innerhalb einer Frist von 2 Monaten äußern. Eine Erwiderung auf Schriftsätze anderer Beteiligter ist nicht vorgesehen. Damit fehlt ein kontradiktorisches schriftliches Verfahren[161]. Erst in der mündlichen Verhandlung besteht die Möglichkeit sich zu der in den Schriftsätzen geäußerten Rechtsauffassung anderer Beteiligter zu äußern. Eine mündlichen Verhandlung findet regelmäßig statt[162]. Der EuGH kann nur auf der Grundlage des Vorberichts des Berichterstatters und nach Anhörung des Generalanwalts sowie nach Unterrichtung der Beteiligten von der Durchführung der mündlichen Verhandlung absehen, es sei denn einer der Beteiligten beantragt ausdrücklich, seinen Standpunkt mündlich zu Gehör zu bringen[163]. Von dieser Möglichkeit wird aber aufgrund der umständlichen Voraussetzungen nur in Ausnahmefällen Gebrauch gemacht[164]. Die Bedeutung der mündlichen Verhandlung liegt für die Beteiligten in der Mög-

---

Aufl., § 252 Rn. 1b; a.A. *Pfeiffer,* Keine Beschwerde gegen EuGH-Vorlagen?, NJW 1994, S. 1996.

157 Es sollen hier nur die wesentlichen, sich u.U. auf die Entscheidung direkt auswirkenden, Verfahrensfragen erörtert werden. Leitlinien für den praktischen Ablauf des Verfahrens finden sich bei *Hakenberg*, Das Vorabentscheidungsverfahren vor dem Europäischen Gerichtshof, ZIP 1995, S. 1865 ff.

158 Verfahrensordnung des EuGH v. 19.06.1991; ABl L 176, 7 und ABl 1992, L 383, 117 = Satorius II, Nr. 250.

159 Siehe oben: Tei 1, V.

160 Vgl. Art. 20 Satzung/EuGH; Art. 103 § 3 VerfO/EuGH

161 Diese Tatsache stellt eine der Schwächen des Vorabentscheidungsverfahrens dar; Vgl. dazu näher unten Teil 3 u. 4..

162 Vgl. Art. 104 § 4 VerfO/EuGH.

163 Art. 104 § 4 VerfO/EuGH.

164 Vgl. *Borchardt* in *Lenz* (Hrsg.), EG-Vertrag Kommentar, Art. 234 EG, Rn. 64. Es verwundert deshalb auch nicht, dass eine Vereinfachung der Verzichts auf eine mündliche Verhandlung immer wieder als notwendige Reform des Verfahrens gefordert wird; vgl. hierzu ausführlich Teil 4.

lichkeit, nunmehr wenigstens mündlich auf die Stellungnahmen der jeweilig anderen Verfahrensbeteiligten einzugehen[165]. In der Verhandlung besteht grundsätzlich Anwaltszwang[166], allerdings mit der Maßgabe, dass alle diejenigen Personen vor dem EuGH auftreten können, die auch für das Verfahren vor dem vorlegenden (nationalen) Gericht nach dessen Verfahrensordnung zugelassen sind[167].
Wie bereits festgestellt, hat das vorlegende Gericht keine Parteistellung, da es mit Abgabe des Vorlagebeschlusses an dem Verfahren bis zur Entscheidung des EuGH nicht mehr beteiligt ist. Da dieser derzeitige Rechtszustand allgemein als wenig befriedigend angesehen wird, gibt es Überlegungen die nationalen Gerichte stärker in das Verfahren einzubeziehen[168]. De lege lata existiert jedoch ein strenger Vorrang zwischen EuGH und vorlegendem Gericht, mit der Folge einer nicht unerheblichen Separation des EuGH.

Eine besondere Bedeutung kommt dem Generalanwalt zu, der auch an der mündlichen Verhandlung teilnimmt und als Teil der mündlichen Verhandlung seine Schlussanträge in öffentlicher Sitzung hält[169], in denen er einen unverbindlichen Entscheidungsvorschlag unterbreitet. In diesen Schlussanträgen, die meist wesentlich länger sind als das spätere nach französischem Vorbild in knappem Prozessstil gehaltene Urteil, ist eine eingehende juristische Analyse der bisherigen Rechtsprechung enthalten. Für das Verständnis der Entscheidung ist die Kenntnis dieser Schlussanträge daher oft unentbehrlich[170]. Das Vorabentscheidungsurteil wird sofort rechtskräftig[171] und trägt die Unterschrift aller am Zustandekommen beteiligter Richter[172]. Abweichende Meinungen oder auch die Veröffentlichung des Abstimmungsergebnisses unterbleiben im Interesse der Unabhängigkeit der Richter. Das Verfahren ergeht grundsätzlich kostenfrei[173], so dass sich die erstattungsfähigen Kosten im wesentlichen auf die Anwaltsge-

165 So: *Borchardt* in *Lenz* (Hrsg.), EG-Vertrag Kommentar, Art. 234 EG, Rn. 64.
166 Art. 58 VerfO/EuGH.
167 Art. 104 § 2 VerfO/EuGH, dies hat z.B. bei Vorlagen deutscher Arbeitsgerichte und Landesarbeitsgerichte zur Folge, dass auch Vertreter von Gewerkschaften oder von Vereinigungen von Arbeitgebern die Beteiligten wirksam vertreten können (Vgl. § 11 Abs. 1 S. 2 ArbGG).
168 Siehe unten Teil 4.
169 Vgl. Art. 18 Abs. 4 Satzung/EuGH.
170 Der EuGH folgt in etwa 80 % seiner Entscheidungen den Schlussanträgen des jeweiligen GA.
171 Art. 64 VerfO/EuGH.
172 Art. 64 § 2 VerfO/EuGH.
173 Art. 69 VerfO/EuGH, vgl. aber die Ausnahmen in Art. 72 VerfO/EuGH.

bühren beschränken[174]. Entsprechend der Natur des Vorabentscheidungsverfahrens bleibt die Entscheidung über diese Kosten dem vorlegenden nationalen Gericht vorbehalten. Die Verkündung des Urteils erfolgt in der jeweiligen Verfahrenssprache in öffentlicher Sitzung[175] durch Verlesung des Urteilstenors.

Die durchschnittliche Verfahrensdauer beträgt zur Zeit 21,4 Monate[176]. Ihre stetige Zunahme[177] begegnet erheblichen Bedenken unter dem Gesichtspunkt der Gewährleistung eines effektiven Rechtsschutzes. Das System des Vorabentscheidungsverfahrens beruht auf einer guten Zusammenarbeit zwischen den nationalen Gerichten und dem EuGH, welche wiederum von der zügigen Beantwortung der vorgelegten Fragen abhängt. Auch der EuGH bewertet die lange Verfahrensdauer gerade in Vorabentscheidungsverfahren[178] als „besonders bedauerlich“[179]. Ursachen für diesen Anstieg sind zum einen die Arbeitsüberlastung[180] des EuGH und zum anderen der erhebliche Umfang der anfallenden Übersetzungsarbeiten, die noch durch die unzureichende Ausstattung des Übersetzungsdienstes erschwert werden[181].

VIII. Rechtswirkungen des Vorabentscheidungsurteils

1. Rechtliche Bindungswirkung des Urteils

Das Vorabentscheidungsurteil erwächst als eine für das Verfahren vor dem

---

174 Die Auslagen der Regierungen der Mitgliedstaaten und der Gemeinschaftsorgane sind nicht erstattungsfähig, was vom EuGH in der Entscheidung jeweils ausdrücklich festgestellt wird.

175 Art. 64 VerfO/EuGH.

176 So die durchschnittliche Verfahrensdauer für Vorabentscheidungsverfahren für die Jahre 1997 und 1998. Vgl. auch die Zahlen in dem Reflexionspapier des EuGH und des EuG vom 28.05.1999 „Die Zukunft des Gerichtssystems der Europäischen Union“, S.35.

177 Vor 1990 konnte mit einer durchschnittlichen Dauer von 15 Monaten gerechnet werden, vgl. auch *Geiger*, EG-Vertrag, Art. 177 EGV, Rn. 31. Bereits 1990 betrug sie schon 17,4 Monate.

178 Bei den Direktklagen liegt die durchschnittliche Verfahrensdauer mit 19,7 Monaten 1998 nur geringfügig unter der bei den Vorabentscheidungsverfahren. Bei dem Vorabentscheidungsersuchen als ein Zwischenverfahren besteht doch eine besondere Notwendigkeit einer raschen Entscheidung.

179 So der EuGH in seinem Reflexionspapier vom 28.05.1999, „Die Zukunft des Gerichtssystems der Europäischen Union“, S.7.

180 Hierzu ausführlich: Teil 4, I, 3.

181 So der EuGH in seinem Reflexionspapier, „Die Zukunft des Gerichtssystems der Europäischen Union“, S.11.

EuGH abschließende Entscheidung[182] sowohl in materieller als auch formeller Hinsicht in Rechtskraft. Es entfaltet bei Auslegungsfragen nur für den konkreten Rechtsstreit inter partes bindende Wirkung und zwar sowohl für das vorlegende Gericht selbst, als auch für jedes andere Gericht, das in demselben Rechtsstreit zu entscheiden hat[183]. Das zuständige Gericht hat das Vorabentscheidungsurteil bei seiner Entscheidungsfindung zugrunde zu legen, indem es entweder das fragliche Gemeinschaftsrecht in der vom EuGH vorgegebenen Auslegung auf den Ausgangsfall anwendet oder für ungültig erklärtes Gemeinschaftsrecht außer Anwendung lässt.

Für vergleichbare andere Verfahren besteht bei Auslegungsurteilen eine starke Präjudizwirkung[184], die sich zum einen aus der Vermeidung einer nochmaligen Vorlage ergibt, zum anderen aus der aus Art. 10 EG[185] folgenden Verpflichtung, Gemeinschaftsrecht einheitlich und gleichmäßig anzuwenden. Allein die Ungültigkeitserklärung eines Rechtsaktes erfolgt mit Wirkung erga omnes[186]. Bei den Urteilen zur Gültigkeit einer Gemeinschaftsregelung hat der EuGH die Gültigkeit lediglich vor dem Hintergrund des ihm unterbreiteten Prozessstoffes geprüft, so dass nicht ausgeschlossen werden kann, dass in späteren Verfahren Gesichtspunkte vorgetragen werden, die eine abweichende Beurteilung gebieten. Da jedoch in der Praxis in der Regel bereits im ersten Verfahren alle wesentlichen Beurteilungsgesichtspunkte vorgetragen und geprüft werden, kann auch den Gültigkeitsurteilen de facto eine „erga omnes“ Wirkung zuerkannt werden[187].

Die fehlende Bindungswirkung an die früheren Auslegungsentscheidungen des EuGH hat für den nationalen Richter zur Konsequenz, dass er Auslegungsfragen des europäischen Rechts auch dann vorlegen kann, wenn der EuGH einen vergleichbaren Sachverhalt bereits entschieden hat und er von der bisherigen Aus-

---

182 Dem Charakter des Vorabentscheidungsverfahrens als Zwischenverfahren trägt der EuGH Rechnung, indem er den Tenor eines Vorabentscheidungsurteils mit der Formel einleitet, dass der EUGH „für Recht erkannt“ hat. Demgegenüber heißt es bei Direktklagen: „Für Recht erkannt und entschieden“.

183 EuGH, Urt. v. 24.06.1969, Rs. 29/68, Slg. 1969, 165 (178) – *Milch-, Fett- und Eierkontor*.

184 Dies wird von den nationalen Gerichten nicht immer so gesehen. Wie diese Untersuchung zeigt, führt dies teilweise zu einer "überschießenden" Interpretation der EuGH-Entscheidungen durch die nationalen Gerichte; vgl. unten Teil 3, III.

185 Ex-Art. 5 EGV.

186 EuGH, Urt. v.13.05.1981, Rs. 66/80, Slg. 1981, 1191 – *International Chemical Corporation.*

187 So: *Borchardt* in *Lenz* (Hrsg.), EG-Vertrag Kommentar, Art. 234 EG, Rn. 54; *Everling*, Das Vorab-entscheidungsverfahren vor dem Gerichtshof der Europäischen Gemeinschaften, Praxis und Rechtsprechung, S. 65.

legung durch den EuGH abweichen will[188]. Bei Zweifeln hinsichtlich der Vergleichbarkeit der Sachverhalte besteht eine Vorlageverpflichtung. Der EuGH gibt freilich, sobald er der Auffassung ist, der vorgelegte Sachverhalt sei bereits entschieden und er an dieser Entscheidung festhalten will, einen entsprechenden richterlichen Hinweis[189]. Eine Vorabentscheidung in einem Rechtsstreit schließt auch eine erneute Vorlage in derselben Sache als solche nicht aus, wenn ein weiteres Rechtsproblem der Klärung bedarf[190]. Allerdings kann gegen Auslegungen des EuGH im Vorabentscheidungsverfahren nicht wiederum der EuGH mit der Begründung angerufen werden, er sei ein Organ der EU und deshalb sein Handeln im Wege der Direktklage überprüfbar[191]. Auch andere Rechtsmittel gegen ein einmal ergangenes Vorabentscheidungsurteil sind im EG-Vertrag nicht vorgesehen. Die in der Satzung des EuGH abschließend aufgeführten Rechtsbehelfe[192] finden auf die im Vorabentscheidungsverfahren ergangenen Urteile keine Anwendung, da es in ihnen keine Prozessparteien gibt[193].

2. *Zeitliche Wirkungen des Urteils*

Auslegungsurteile wie auch Urteile zur Gültigkeit des Gemeinschaftsrechts wirken grundsätzlich ex tunc, also mit Wirkung vom Zeitpunkt des Inkrafttretens des fraglichen Gemeinschaftsrechts[194]. Da dies im Einzelfall zu erheblichen Problemen bei der rückwirkenden Abwicklung zahlreicher rechtlicher Vorgänge führt, kann der EuGH aus Gründen der Rechtssicherheit gezwungen sein, die Wirkung des Vorabentscheidungsurteils auf die Zukunft zu begrenzen[195]. Der EuGH bedient sich dafür einer Analogie zu Art. 231 Abs. 2 EG[196], der im Rahmen der Nichtigkeitsklage ermöglicht, gewisse Rechtswirkungen bei Nichtigerklärung aufrechtzuerhalten[197]. Eine solche Beschränkung der zeitlichen Wirkung

---

188 Vgl. *Grabitz/Wohlfahrt*, Art. 177 EGV, Rn. 54.

189 Vgl. zu der praktischen Vorgehensweise des EuGH die Folgentscheidungen nach der *Ayse Süzen* – Entscheidung: unten Teil 3, III.

190 Vgl. zum Problem der wiederholten Vorlagen an den EuGH auch Teil 3 u. 4.

191 EuGH, Urt. v. 05.03.1986, Rs. 69/85, Slg. 1986, 947 – *Wünsche Handelsgesellschaft.*

192 Art. 38: Versäumnisurteil, Art. 39: Drittwiderspruch, Art. 40: Antrag auf Auslegung, Art. 41: Wiederaufnahme des Verfahrens.

193 EuGH, Beschl. v. 28.04.1998, Rs. C-116/96 REV, Slg. 1998, I-1889 – *Reisebüro Binder*, Rn. 6.

194 EuGH, Urt. v. 02.02.1988, Rs. 24/86, Slg. 1988, 379 – *Blaizot*, Rn. 27.

195 Vgl. hierzu ausführlich *Weiß*, Die Einschränkungen der zeitlichen Wirkungen von Vorabentscheidungen nach Art. 177 EGV, EuR 1995, S. 377 ff.

196 Ex-Art. 174 Abs. 2 EGV.

197 Vgl. für eine Auslegungsentscheidung: EuGH, Urt. v. 08.04.1976, Rs.43/75, Slg. 1976, 455 – *Defrenne,* EuGH, Urt. v. 02.02.1988, Rs. 24/86, Slg. 1988, 379 – *Blaizot;* für den

eines Vorabentscheidungsverfahren kommt allerdings nur ausnahmsweise bei Vorliegen folgender Voraussetzungen in Betracht: Es müssen sowohl ein Vertrauenstatbestand[198] als auch die Gefahr unerwarteter und erheblicher finanzieller Auswirkungen[199] vorliegen. Zudem ist erforderlich, dass die zeitliche Beschränkung in dem jeweiligen Urteil selbst angesprochen wird[200].

Fall einer Ungültigkeitserklärung: EuGH, Urt. v. 15.10.1980, Rs. 145/79, Slg. 1980, 2917 – *Roquette*, Rn. 50.

198 Vgl. EuGH, Urt. v. 31.03.1992, Rs. C-200/90, Slg. 1992, I-2217 – *Dansk Denkavit*, Rn. 21.

199 Vgl. EuGH, Urt. v. 16.07.1992, Rs. C-224/89, Slg. 1992, I-4625 – *Legros*, Rn. 29; EuGH, Urt. v. 17.05.1990, Rs. C-262/88, Slg. 1990, I-1889 – *Barber*, Rn. 41 ff.

200 Vgl. EuGH, Urt. v. 15.12.1995, Rs. C-415/93, Slg. 1995, I-4921 – *Bosman*, Rn. 142; EuGH, Urt. v. 08.04.1976, Rs.43/75, Slg. 1976, 455 – *Defrenne*, Rn 69 ff.

Teil 2: Auslegung und Fortbildung des Gemeinschaftsrechts im Vorabentscheidungsverfahren

Die Rechtsprechung des EuGH hat maßgeblich zur Fortentwicklung des Gemeinschaftsrechts beigetragen[201]. Die rechtsgestaltende Rolle des EuGH, die dieser in der Vergangenheit überwiegend in Form von Vorabentscheidungen wahrgenommen hat[202], wird allerdings nicht unkritisch beurteilt[203]. Zahlreiche Kritiker werfen dem EuGH eine „Rechtsfortbildung contra legem"[204] vor oder sehen ihn gar als „zukünftige privatrechtliche Superrevisionsinstanz"[205]. Die Problematik der Möglichkeiten und Grenzen der Auslegung von Gemeinschaftsrecht stellt sich insoweit nicht nur als ein methodisches Problem, sondern in erster Linie als ein „verfassungsrechtliches"[206].

Auf dem Gebiet der Sozialpolitik fielen die Reaktionen auf die *Christel Schmidt* – Entscheidung[207] besonders heftig aus. Im Zusammenhang mit dieser Entscheidung war von einer „groben Kompetenzüberschreitung" des EuGH die Rede[208]. Aus dem gleichen Grund erregten die Anerkennung eines Widerspruchsrechts

---

201 Dies wird selbst von den Kritikern der Rechtsprechung des EuGH nicht ernsthaft in Frage gestellt.

202 Vgl. hierzu ausführlich Teil 4: Alle maßgeblichen Strukturprinzipien des Gemeinschaftsrechts gehen auf Entscheidungen in diesem Verfahren zurück. Vgl. auch die Auflistung bei: *Seidel,* A Europe-minded Action – a British one, Zum Vorabentscheidungsersuchen des High Court of Justice, EuZW 1999, S. 370.

203 Vgl. u.a.: *Ossenbühl,* Der gemeinschaftsrechtliche Staatshaftungsanspruch, DVBl. 1992, S. 993 ff.; *Borchardt,* Der Gerichtshof der EG als Ersatzgesetzgeber? in: *Eichendorfer /Zuleeg* (Hrsg.), Die Rechtsprechung des Europäischen Gerichtshofs im Streit, Köln, 1995, *Schulte,* Konfliktfelder im Verhältnis zwischen mitgliedstaatlichem und europäischem Recht, in: *Eichendorfer /Zuleeg,* (Hrsg.), Die Rechtsprechung des Europäischen Gerichtshofs im Streit, Köln, 1995, *van Danwitz*, Die gemeinschaftsrechtliche Staatshaftung der Mitgliedstaaten, DVBl. 1997, S. 1 ff. vgl. für die insoweit überzogene Kritik an der *Christel Schmidt* - Entscheidung: *Buchner*, Verlagerung betrieblicher Aufgaben als Betriebsübergang i.S. von § 613 a BGB, DB 1994, 1417 ff.

204 Vgl. u.a.: *Ossenbühl,* Der gemeinschaftsrechtliche Staatshaftungsanspruch, DVBl. 1992, 993 ff.; *van Danwitz*, Die gemeinschaftsrechtliche Staatshaftung der Mitgliedstaaten, DVBl. 1997, 1 ff.

205 *Canaris*, Der EuGH als zukünftige privatrechtliche Superrevisionsinstanz?, EuZW 1994, S. 417.

206 Vgl. *Möllers,* Doppelte Rechtsfortbildung contra legem? Zur Umgestaltung des Bürgerlichen Gesetzbuches durch den EuGH und nationale Gerichte, EuR 1998, S. 20.

207 Vgl. hierzu ausführlich: Teil 3, III.

208 Vgl. für die insoweit überzogene Kritik an der *Christel Schmidt* - Entscheidung: *Buchner*, Verlagerung betrieblicher Aufgaben als Betriebsübergang i.S. von § 613 a BGB, DB 1994, 1417 ff.

des Arbeitnehmers bei Betriebsübergang in der Rechtssache *Katsikas*[209] und die richterliche Schaffung eines gemeinschaftsrechtlichen Staatshaftungsanspruchs in den Fällen *Francovich*[210] und *Brasserie du Pêcheur*[211] großes Aufsehen[212]. Bei den angeführten Vorabentscheidungen steht die Frage nach den Grenzen rechtsgestaltenden Richterrechts durch den EuGH im Vordergrund[213]. Im folgenden sollen zunächst die kompetenzrechtlichen Grenzen, die sich aus der verfassungsähnlichen Struktur der Gemeinschaft ergeben und die der EuGH im Rahmen des Vorabentscheidungsverfahren zu beachten hat, abstrakt herausgearbeitet werden, um anschließend in Teil 3 anhand des ausgewählten Themenbereichs der Rechtsprechung zur Anwendung und Auslegung der Richtlinie 77/187/EWG die Einhaltung dieser Grenzen durch den EuGH zu untersuchen.

I. Allgemeines

1. Rechtsschöpfung und Rechtsfortbildung

Im Zusammenhang mit der rechtsgestaltenden Rolle des EuGH in der Gemeinschaftsrechtsordnung kommt diesem eine rechtsschöpfende und rechtsfortbildende Funktion zu[214]. Rechtsschöpfung bedeutet dabei die Anerkennung derjenigen Rechtssätze, die als notwendiger Mindestgehalt einer jeden Rechtsordnung, und somit auch der Gemeinschaftsrechtsordnung, inhärent sind, aber keine positive rechtliche Regelung durch die Gründungsverträge erfahren haben und durch Rechtsprechung des EuGH lediglich erkannt und konkretisiert werden müssen[215]. Die Rechtsfortbildung setzt dagegen nicht bei der Erkenntnis des

---

209 Vgl. hierzu ausführlich: Teil 3, V.

210 EuGH, Urt. v. 19.11.1991, verb. Rs. C-6/90 u. C-9/90 (*Bonifaci*), Slg. 1991, I-2466.

211 EuGH, Urt. v. 05.03.1996, verb. Rs. C-46/93 und C-48/93, Slg. 1996, I-1029 = EuZW 1996, S. 207.

212 In der Rechtssache *Katsikas* führte der EuGH ein Grundrecht ins Gemeinschaftsrecht ein, nicht gegen den eigenen Willen dem neuen Arbeitgeber zugewiesen zu werden (Vgl. Teil 3, V), während er mit der *Francovich* – Entscheidung eine Haftung der Mitgliedstaaten für den Fall feststellte, dass der Mitgliedstaat seine gemeinschaftsrechtliche Verpflichtung zur Umsetzung einer Richtlinie in nationales Recht nicht innerhalb der dafür vorgesehenen Frist erfüllt hat.

213 Vgl. hierzu: unten Teil 3, II, III; vgl. zu einem Beispiel aus der Finanzgerichtsbarkeit: *Reiche,* Kompetenzwidrige EuGH- Rechtsprechung zu Art. 177 EGV?, EuZW 1997, S. 517 ff.

214 Siehe hierzu oben: Teil 1, II, 1 c).

215 In Anlehnung an: *Borchardt,* Der Gerichtshof der EG als Ersatzgesetzgeber? in: *Eichendorfer, Eberhard / Zuleeg, Manfred (Hrsg.),* Die Rechtsprechung des Europäischen Gerichtshofs im Streit, Köln, 1995, S. 55. Vgl. aber auch *Möllers*, Doppelte Rechtsfort-

Rechts an, sondern bei ihr geht es um die Konkretisierung und fortschreitende Ausgestaltung der bereits vorhandenen oder als geltendes Recht anerkannten Rechtssätze[216]. Nach der hier vorgenommenen Differenzierung zwischen Rechtsschöpfung und Rechtsfortbildung handelt es sich bei der überwiegenden Zahl der Leitentscheidungen des EuGH[217] um Fälle der Rechtsschöpfung. Terminologisch wird nicht immer zwischen Rechtsschöpfung einerseits und Rechtsfortbildung anderseits unterschieden[218]. Vielmehr werden beide Arten der Rechtsgestaltung, wie hier im folgenden auch, einheitlich unter dem Begriff der Rechtsfortbildung zusammengefasst[219]. Eine Rechtsfortbildung „contra legem“ ist unzulässig, da sie einen unberechtigten Übergriff der Judikative in die Legislative darstellt[220].

Systematisch steht die Rechtsfortbildung im direkten Zusammenhang mit der Auslegung: Eine strikte Trennung zwischen Rechtsfortbildung und Auslegung bereitet daher große Schwierigkeiten. Vereinfacht ausgedrückt liegt eine Rechtsfortbildung immer dann vor, wenn die Grenzen möglicher Auslegung überschritten werden[221]. Umstritten ist allerdings, ob bereits der Wortlaut oder der Wille des Gesetzgebers die Grenze zwischen Auslegung und Rechtsfortbildung

---

bildung contra legem? Zur Umgestaltung des Bürgerlichen Gesetzbuches durch den EuGH und nationale Gerichte, EuR 1998, S. 25, der eine Rechtsschöpfung nur dann als zulässig erachtet, wenn sie dem jetzigen objektiven Willen des Gesetzgebers und den Wertentscheidungen des Gemeinschaftsrecht entspricht und zudem mit den Gemeinschaftsgrundrechten des einzelnen Marktbürgers vereinbar ist.

216 Nicht weiter soll in diesem Zusammenhang auf die Frage eingegangen werden, ob bei der Rechtsfortbildung eine Lücke vorliegen muss; vgl. zur Rechtsfortbildung extra legem, aber intra ius: *Larenz*, Methodenlehre des Rechts, S. 413 f.; vgl. zu der hier zugrundegelegten Definition der Rechtsfortbildung ferner: *Hillgruber*, Grenzen der Rechtsfortbildung durch den EuGH – Hat Europarecht Methode? in *von Danwitz / Heinzen / Jestaedt / Korioth / Reinhard* (Hrsg.), Auf dem Weg zu einer europäischen Staatlichkeit, 1993, S. 31 ff.

217 Siehe auch die Auflistung der Leitentscheidungen unten in Teil 4.

218 Im Zusammenhang mit der Differenzierung zwischen Rechtsfortbildung und Rechtsschöpfung wird auch von „gesetzesimmanenter“ Rechtsfortbildung („praeter“, aber „intra legem“) und „gesetzesübersteigender“ Rechtsfortbildung („extra legem“, aber „intra ius“) gesprochen, vgl. zu diesen Begrifflichkeiten näher: *Larenz*, Methodenlehre des Rechts, S. 413 ff.

219 Unterschiede ergeben sich im wesentlichen nur bei den durch das Gemeinschaftsrecht vorgegebenen Grenzen: Der Rechtsschöpfung stehen aufgrund des Fehlens einer positiv - rechtlichen Regelung die eher die primärrechtlichen Kompetenznormen entgegen. Siehe unten Teil 2, III.

220 Zu der Frage wann ein solcher Übergriff nach dem Gemeinschaftsrecht anzunehmen ist, genauer unten Teil 2, III.

221 So: *Möllers,* Doppelte Rechtsfortbildung contra legem? Zur Umgestaltung des Bürgerlichen Gesetzbuches durch den EuGH und nationale Gerichte, EuR 1998, S. 21.

bildet[222]. In der Rechtssprechung des EuGH findet sich eine solche Unterscheidung nicht; der EuGH steht damit ganz in der französischen Rechtstradition, die eine Unterscheidung zwischen Wortlautauslegung und einer ergänzenden Rechtsfortbildung nicht kennt[223]. Ferner erscheint jede strikte Trennung zwischen Auslegung und Rechtsfortbildung in ihrer praktischen Durchführung durchaus zweifelhaft[224], zumal jede Auslegung von Generalklauseln oder unbestimmten Rechtsbegriffen, unter Heranziehung der im folgenden dargestellten gemeinschaftsspezifischen Auslegungsgrundsätze zugleich auch eine Rechtsfortbildung darstellt.

2. *Auslegungsgrundsätze des EuGH*

Die inhaltliche Bestimmung des Gemeinschaftsrechts erfolgt anhand von allgemein anerkannten eigenen gemeinschaftsrechtlichen Auslegungsgrundsätzen[225], die im wesentlichen an die bekannten völkerrechtlichen und verfassungsrechtlichen Interpretationsregeln anknüpfen, diese jedoch in einer spezifisch gemeinschaftsrechtlichen Weise anders gewichten. Während der wörtlichen[226] und der historischen[227] Auslegung geringere Bedeutung zukommen, stehen systematische und teleologische Auslegung eindeutig im Vordergrund[228]. Bei beiden Auslegungsmethoden, die auch vom EuGH nicht immer klar voneinander unterschieden werden[229], hat der EuGH dabei den Zielen des Vertrages[230] eine maßgebliche Rolle zuerkannt, die sich entsprechend der Präambel des Vertrages dy-

---

222 Vgl. *von Bogandy*, Rechtsfortbildung mit Art. 5 EG-Vertrag, S. 17, 20, in: *Randelzhofer / Scholz / Wilke* (Hrsg), Gedächtnisschrift für Eberhard Grabitz.

223 So: *Hillgruber*, Grenzen der Rechtsfortbildung durch den EuGH, Hat Europarecht Methode?, in *von Danwitz / Heinzen / Jestaedt / Korioth / Reinhard (Hrsg.)*, Auf dem Weg zu einer europäischen Staatlichkeit, 1993, S. 39 ff, der dem EuGH unterstellt, stets verdeckte Rechtsfortbildung zu betreiben.

224 Vgl. *Streinz*, Europarecht, Rn. 495.

225 Vgl. *Meyer*, Die Grundsätze der Auslegung im europäischen Gemeinschaftsrecht, Jura 1994, S. 455 ff.

226 Die wörtliche Auslegung stößt im Gemeinschaftsrecht im Hinblick auf die Verbindlichkeit der Texte in elf Amtssprachen auf Grenzen.

227 Der EuGH versteht die subjektiven Vorstellungen des Gesetzgeber nicht im Sinne einer strikten Bindung, vgl. EuGH, Rs. C-327/91, Slg. 1994, I-3641.

228 Vgl. *Pernice* in: *Grabitz/Hilf-* , Kommentar zur Europäischen Union, Art 164 EGV Rn. 27.

229 Vgl. *Oppermann*, Europarecht, S. 254.

230 Als allgemeine Leitmotive gelten dabei vor allem die Gewährleistung von Gleichheit (Verbot von offenen und verschleierten Diskriminierungen) Freiheit (Wirtschafts-, Personen-, Dienstleistungs-, und Kapitalverkehrsfreiheit) sowie von Einheit (Rechts- und Wirtschaftseinheit).

namisch fortentwickeln. Dabei wird derjenigen Auslegung der Vorzug eingeräumt, die der Gemeinschaftsrechtsnorm zu ihrer größten praktischen Wirksamkeit („effet utile") verhilft[231]. Die Auslegungsfigur des „effet utile" hat u.a. Anwendung gefunden in den Vorabentscheidungen zum Vorrang des Gemeinschaftsrechts vor nationalem Recht[232], zur unmittelbaren Anwendbarkeit von Richtlinien[233] sowie der Haftung der Mitgliedstaaten für Verletzungen des Gemeinschaftsrechts[234].

Daneben bemüht sich der EuGH um eine einheitliche Auslegung des Gemeinschaftsrechts. Rechtsbegriffe, die den Anwendungsbereich einer Norm des Gemeinschaftsrechts bestimmen[235], erhalten einen gemeinschaftsrechtsspezifischen Inhalt, der durchaus von der nationalen Begriffsbestimmung abweichen kann. Indem die Mitgliedstaaten nicht über die Festlegung der Begriffsinhalte den Anwendungsbereich einer Gemeinschaftsvorschrift selbst bestimmen können, wird die einheitliche Geltung des Gemeinschaftsrechts in allen Mitgliedstaaten sichergestellt[236].

II. Legitimation des EuGH zur Rechtsfortbildung

1. Verankerung der Rechtsfortbildungskompetenz des EuGH in Art. 220 EG und im dynamisch-evolutiven Integrationsansatz des EG-Vertrages

Der in Art. 220 EG an den EuGH erteilte Auftrag der „Wahrung des Rechts" umfasst nicht nur das geschriebene Gemeinschaftsrecht, sondern auch das Recht „als Inbegriff der Gerechtigkeitsidee der abendländischen Verfassungskultur"[237]. Diese Ausdehnung des Rechtsbegriffs über die geschriebenen Normen hinaus

---

231 Vgl. dazu ausführlich *Streinz*, Der „effet utlile" in der Rechtsprchung des Gerichtshofs der Europäischen Gemeinschaften, Festschrift für Everling, 1995, S. 1491.

232 EuGH, Urt. v. 15.07.1964, Rs. 6/64, Slg. 1964, 1251 – *Costa/ENEL.*.

233 EuGH, Urt. v. 06.10.1970, Rs. 9/70, Slg. 1970, 825 – *Grad („Leberpfennig").*

234 EuGH, Urt. v. 19.11.1991, verb. Rs. C-6/90 u. C-9/90, Slg. 1991, I-2466 – *Francovich und Bonifaci.*.

235 Wie z.B. der Arbeitnehmerbegriff bei der Arbeitnehmerfreizügigkeit des Art. 39 EG (ex-Art. 48 EGV).

236 Vgl. EuGH, Urt. v. 07.12.1995, Rs. C-449/93, Slg. 1995, I-4291 – *Rockfon.*

237 *Pernice* in: *Grabitz / Hilf*, Kommentar zur Europäischen Union, Art 164 EGV Rn. 7. Vgl. zu der Frage, inwieweit von gemeinsamen Verfassungsüberlieferungen der Mitgliedstaaten gesprochen werden kann, ausführlich *Riedel,* Der gemeineuropäische Bestand von Verfassungsprinzipien zur Begründung von Hoheitsgewalt - Legitimation und Souveränitat - in: *Müller-Graf/Riedel* (Hrsg.): Gemeinsames Verfassungsrecht in der Europäischen Union, Baden-Baden, 1998.

stellt eine Absage an einen reinen „Gesetzespositivismus“ dar[238]. Soweit das primäre und sekundäre Gemeinschaftsrecht nicht ausreicht, ermöglicht dies dem EuGH durch Auslegung und Rechtsfortbildung die Rechtsordnung der Gemeinschaft so auszugestalten, dass sie rechtsstaatliche Züge aufweist[239].
Neben der Kompetenz des EuGH in seiner Eigenschaft als „Wahrer des Rechts“, die auch als formelle Komponente zur Legitimation richterlicher Rechtsfortbildung im Gemeinschaftsrecht bezeichnet wird[240], ergibt sich diese auch aus dem dynamisch evolutiven Integrationsansatz des EG-Vertrages. Dieser Ansatz findet seinen Ausdruck in der Präambel des EG-Vertrages, in der es heißt:

„ ..., die Grundlagen für einen immer engeren Zusammenschluss der europäischen Völker zu schaffen“.

Der Auftrag einer fortschreitenden Integration legitimiert als solches bereits den EuGH zu einem gewissen Maß an richterlicher Rechtsfortbildung, dem sich der EuGH auch verpflichtet fühlt[241]. Der EuGH gibt durch seine Formel vom "gegenwärtigen Stand des Gemeinschaftsrechts" zu erkennen, dass er das Gemeinschaftsrecht als dynamische Größe versteht[242]. Die Ausgestaltung der Gründungsverträge als bloße Rahmenverträge verstärkte die Bedeutung der Sekundärrechtssetzung, die aufgrund des „Prinzips der begrenzten Einzelermächtigung“ nicht durchgehend ausreichte um ein lückenloses und in sich geschlossenes Regelungssystem zu entwickeln[243].
Dem EuGH wird im Rahmen seiner rechtsfortbildenden Judikatur entgegengehalten, dass er in Konkurrenz zum Gemeinschaftsgesetzgeber tätig werde und dies mit dem Gewaltenteilungsprinzip nicht zu vereinbaren sei[244]. Diese Ansicht verkennt jedoch, dass das System staatlicher Gewaltenteilung nur eingeschränkt auf die Verbandsgewalt der Gemeinschaften übertragen werden kann[245]. Ferner

---

238 Vgl. *Ukrow*, Richterliche Rechtsfortbildung durch den EuGH, S. 91 ff.

239 Vgl. etwa *Zuleeg*, Die Rolle der Rechtsprechenden Gewalt in der europäischen Integration, JZ 1994, S. 1 ff.

240 *Hummer / Obwexer*, Vom „Gesetzesstaat zum Richterstaat“ und wieder Retour?, Reflexionen über das britische Memorandum über den EuGH vom 23.07.1996 zur Frage der „korrigierenden Kodifikation“ von Richterrecht des EuGH, EuZW 1997, S.296.

241 EuGH, Gutachten v. 14.12.1991, Slg. 1991, I-6079, 6103 ff..

242 Vgl. EuGH, Urt. v. 10.10. 1978, Rs. 148/77, Slg. 1978, 1787 ff., 1806 - *Hansen & Balle.*

243 *Hummer / Obwexer*, Vom „Gesetzesstaat zum Richterstaat“ und wieder Retour?, Reflexionen über das britische Memorandum über den EuGH vom 23.07.1996 zur Frage der „korrigierenden Kodifikation“ von Richterrecht des EuGH, EuZW 1997, S.295.

244 *Dänzer-Vanotti*, Unzulässige Rechtsfortbildung des Europäischen Gerichtshofs, RIW 1992, S. 736.

245 Vgl. hierzu ausführlich Teil 1, II.

begründet die Gewaltenteilung auch im System der Staatsgewalt keine ausschließliche Zuständigkeit des Gesetzgebers, sondern lediglich eine konkurrierende Zuständigkeit, mit der Folge dass die Gerichte ihre konkurrierende Kompetenz in Anspruch nehmen können, soweit der Gesetzgeber von dieser keinen Gebrauch gemacht hat[246].

2. Anwendung der Rechtsfortbildungskompetenz durch den EuGH

Der EuGH hat vielfach die Möglichkeit der richterlichen Rechtsfortbildung in Anspruch genommen, die sich überwiegend als äußerst integrationsfördernd erwiesen hat. Zutreffend wird daher davon gesprochen, dass sich der EuGH über die Funktion des „Wahrers des Gemeinschaftsrechts" hinaus zum „Motor der fortschreitenden Integration" entwickelt hat[247]. Einen der wichtigsten Anwendungsfälle auf dem Gebiet der richterlichen Rechtsfortbildung stellt sicherlich der vom EuGH in einer kontinuierlichen Kette von Entscheidungen herausgebildete gemeinschaftsrechtliche Grundrechtsschutz dar[248]. Auch bei der unmittelbaren (vertikalen) Wirkung von Richtlinien[249] hat sich die Methode der Rechtsfortbildung bewährt.

Die Herausarbeitung positiver Rechtssätze richtet der EuGH an dem Kriterium der „Sicherung der Funktionsfähigkeit der Gemeinschaften" aus[250]. Diese Judikatur ermöglicht es dem EuGH im Sinne einer „gemeinschaftsfreundlichen Auslegung" die Sicherung der Einheitlichkeit des Gemeinschaftsrechts und vor allem die dynamische Fortentwicklung des noch „unfertigen" (lückenhaften) Gemeinschaftsrechts zu erfüllen. Das Kriterium der Funktionsfähigkeit der Ge-

---

246 *Borchardt, Klaus Dieter*, Richterrecht durch den Gerichtshof der Europäischen Gemeinschaften, in: *Randelzhofer / Scholz / Wilke* (Hrsg): Gedächtnisschrift für Eberhard Grabitz, München,1995, S. 29 ff..

247 *Stein*, Richterrecht wie anderswo auch? Der Gerichtshof der Europäischen Gemeinschaften als „Integrationsmotor", in: Richterliche Rechtsfortbildung, FS der Juristischen Fakultät zur 600-Jahr-Feier der Universität Heidelberg, 1986, S. 622; *Rittner,* Wieviel Europa braucht Europa?, EuR 1998, S. 13. Kritisch hierzu: *Hirsch,* Der Europäische Gerichtshof – Eine Ansicht von innen –, MDR 1999, S. 5, der es zumindest heute nicht mehr als Aufgabe des EuGH ansieht, die Geschwindigkeit der weiteren europäischen Integration zu bestimmen.

248 So auch: *Wetter*, Die Grundrechtscharta des Europäischen Gerichtshofes: Die Konkretisierung der gemeinschaftsrechtlichen Grundrechte durch die Rechtsprechung des EuGH zu den allgemeinen Rechtsgrundsätzen, 1998, S. 118.

249 EuGH, Urt. v. 06.10.1970, Rs. C-9/70, Slg. 1970, 825 – *Grad („Leberpfennig"),* seither ständige Rspr.

250 EuGH, Urt. v. 19.11.1991, verb. Rs. C-6/90 u. C-9/90, Slg. 1991, I-2466, *Francovich und Bonifaci.*

meinschaft leidet freilich an seiner Unbestimmtheit, da allgemeingültige Aussagen über die Sicherung der Funktionsfähigkeit der Gemeinschaft nur schwer zu treffen sind. Die Literatur geht daher davon aus, dass der EuGH hinsichtlich dieses Kriteriums über einen Beurteilungsspielraum verfüge, welchem als Korrektiv die Forderung nach Beachtung der Zuständigkeitsgrenzen der EU gegenüberstünde.

3. Letztentscheidungsrecht des EuGH

In der höchstrichterlichen Rechtsprechung der Mitgliedstaaten findet die Rechtsfortbildungskompetenz des EuGH weitgehend stillschweigende Anerkennung bei gleichzeitiger Betonung deren Grenzen[251]. Das BVerfG hat in seiner *Kloppenburg* Entscheidung unter Bezugnahme auf die gemeineuropäische Rechtsüberlieferung und Rechtskultur zur Zulässigkeit richterlicher Rechtsfortbildung ausgeführt:

„(Es) können keine Zweifel daran bestehen, dass die Mitgliedstaaten die Gemeinschaft mit einem Gericht ausstatten wollten, dem Rechtsfindungswege offen stehen, wie sie in jahrhundertelanger gemeineuropäischer Rechtsüberlieferung und Rechtskultur ausgeformt worden sind. Der Richter war in Europa niemals lediglich „la bouche qui prononce les paroles de la loi"; das römische Recht, das englische common law, das Gemeine Recht waren weithin richterliche Rechtsschöpfungen ebenso wie in jüngerer Zeit etwa in Frankreich die Herausbildung allgemeiner Rechtsgrundsätze des Verwaltungsrechts durch den Staatsrat oder in Deutschland das allgemeine Verwaltungsrecht, weite Teile des Arbeitsrechts oder die Sicherungsrechte im privatrechtlichen Geschäftsverkehr. Die Gemeinschaftsverträge sind auch im Lichte gemeineuropäischer Rechtsüberlieferung und Rechtskultur zu verstehen. Zu meinen, dem Gerichtshof der Gemeinschaften wäre die Methode der Rechtsfortbildung verwehrt, ist angesichts dessen verfehlt".[252]

Das Problem liegt daher vielmehr in der Reichweite dieser systemnotwendigen Rechtsfortbildungskompetenz[253]. Besonders die richterliche Schaffung eines

251 Ausführlich: *Ukrow*, Richterliche Rechtsfortbildung durch den EuGH, S. 96 f. Vgl. zu dem Verhältnis nationaler Verfassungsgerichte zum EuGH auch: *Sander*, Europäischer Gerichtshof und nationale Verfassungsgerichtsbarkeit, DÖV 2000, S. 588 ff.

252 BVerfG, Beschl. v. 08.04.1987, Az. 2 BvR 687/85, BVerfGE 75, 223 (234 ff.)

253 Vgl. zur Kritik an der Rechtsfortbildung: *von Danwitz*, Die Eigenverantwortung der Mitgliedstaaten für die Durchführung von Gemeinschaftsrecht, DVBl. 1998, S. 421 ff.; vgl. zu einer etwaigen Belastung des Streits über die Grenzen der Gemeinschaftsbefugnisse: *Schroeder*, Zu eingebildeten und realen Gefahren durch kompetenzüberschreitende Rechtsakte der Europäischen Gemeinschaft, EuR, 1999, S. 452 ff., der die Gefahr durch Kompetenzüberschreitungen für weniger real hält, als häufig angenommen wird.

gemeinschaftsrechtlichen Staatshaftungsanspruchs in den Fällen *Francovich*[254] und *Brasserie du Pêcheur*[255] warf die grundsätzliche Frage auf, ob der EuGH auch gegen den Willen der Mitgliedstaaten die Gemeinschaftsordnung derart „aktiv“ schützen darf, indem er die vertraglich fehlenden Staatshaftungsvorschriften richterlich erst schafft[256]. Eine solche Rechtsprechung gerät zwangsläufig dann in ein Spannungsverhältnis mit dem Verfassungsverständnis der Mitgliedstaaten[257], wenn sie im Ergebnis einer Vertragserweiterung gleichkommen würde[258]. Das BVerfG hat in seinem Maastricht-Urteil ausführlich zu den Schranken richterlicher Rechtsfortbildung Stellung genommen:

„Wenn eine dynamische Erweiterung der bestehenden Verträge sich bisher auf eine großzügige Handhabung des Art. 235 EWGV im Sinne einer, Vertragsabrundungskompetenz‘, auf den Gedanken der inhärenten Zuständigkeiten der Europäischen Gemeinschaften (‚implied powers‘) und auf eine Vertragsauslegung im Sinne einer größtmöglichen Ausschöpfung der Gemeinschaftsbefugnisse (effet utile) gestützt hat ..., so wird in Zukunft bei der Auslegung von Befugnisnormen durch Einrichtungen und Organe der Gemeinschaften zu beachten sein, dass der EU-Vertrag grundsätzlich zwischen der Wahrnehmung einer begrenzt eingeräumten Hoheitsbefugnis und der Vertragsänderung unterscheidet, seine Auslegung deshalb in ihrem Ergebnis nicht einer Vertragserweiterung gleichkommen darf; eine solche Auslegung von Befugnisnormen würde für Deutschland keine Bindungswirkung entfalten." [259]

Festzuhalten bleibt, dass im Maastricht-Urteil nicht das „Ob" der Zulässigkeit, sondern das „Wie" der Ausübung der Rechtsfortbildung thematisiert wird. Diese restriktive Interpretation der Rechtsfortbildungsmöglichkeiten des EuGH durch das BVerfG begegnet Bedenken hinsichtlich ihrer verfassungsrechtlichen und

---

254 EuGH, Urt. v. 19.11.1991, verb. Rs. C-6/90 u. C-9/90 (*Bonifaci*), Slg. 1991, I-2466.

255 EuGH, Urt. v. 05.03.1996, verb. Rs. C-46/93 und C-48/93, Slg. 1996, I-1029 = EuZW 1996, S. 207.

256 *Streinz*, Anmerkungen zu dem EuGH Urteil *Brasserie du Pêcheur*, EuZW 1996, S. 201 ff.

257 Vgl. zu einer Kompetenzüberschreitung im legislativen Bereich: EuGH, Urt. v. 05.10.2000, Rs. C-376/98. Der EuGH erklärte in diesem Urteil die Richtlinie über ein Werbeverbot für Tabakerzeugnisse (Richtlinie 98/43/EG des Europäischen Parlaments und des Rates vom 06.07.1998 zur Angleichung der Rechts- und Verwaltungsvorschriften der Mitgliedstaaten über Werbung und Sponsoring zugunsten von Tabakerzeugnissen, ABl. 1998 Nr. L 213 S. 9 ff.) für nichtig. Vgl. zu den Reaktionen der deutschen Bundesländer auf die Einschnitte in ihr Kompetenzgefüge: *Borchmann*, Regierungskonferenz 2000 – Länder nesteln an der „Notbremse“, EuZW 2000, S. 161.

258 So bereits BVerfG, Beschl. v. 08.04.1987, 2 BvR 687/85, BVerfGE 75, 223.

259 BVerfG, Urt. v. 12.10.1993, Az. 2 BvR 2159/92, BVerfGE 89, 155 (210) = NJW 1993, 3047 = EuZW 1993, 667 – *Maastricht*.

gemeinschaftsrechtlichen Zulässigkeit[260]. Dennoch haben sich vornehmlich Finanzgerichte der Grundaussage des *Maastricht* – Urteils bedient und haben dem EuGH ihre Gefolgschaft verweigert[261]. Die Aussagen des *Maastricht* – Urteils werden dem Verständnis des EG-Vertrages und der darin enthaltenen Organisationsstruktur der EU nicht gerecht: Da die EU keine eigenen Vollstreckungsbehörden besitzt, muss das europäische Recht auch nach dem Willen der Mitgliedstaaten durch Verwaltungs- und Gerichtsinstanzen nationaler Mitgliedstaaten angewendet werden[262]. Könnten alle Gerichte der Mitgliedstaaten Urteile des EuGH im Sinne der *Maastricht* – Rechsprechung des BVerfG für unverbindlich erklären, würde dies die Verbandsgewalt des EuGH konterkarieren[263]. Es erscheint ferner zweifelhaft, inwieweit eine Vertragsauslegung, die sich an einer größtmöglichen Ausschöpfung der Gemeinschaftsbefugnisse, dem effet utile, orientiert, überhaupt eine Überschreitung dieser Befugnisse darstellen kann, da die größtmögliche Ausschöpfung schon begrifflich keine Überschreitung darstellt. Folgt man der Argumentation des BVerfG, liegt bei jedem Rechtsakt, der nach Auffassung deutscher Gerichte rechtswidrig ist, ein Verstoß gegen das Rechtsstaatsprinzip und dadurch ein „ausbrechender Rechtsakt" vor. Damit wird eine Letztentscheidungskompetenz der nationalen Gerichte begründet, die ausschließlich dem EuGH zusteht[264]. Dies ergibt sich zum einen aus Art. 220 EG, der dem EuGH die Aufgabe überträgt, für die Wahrung des Rechts bei der Auslegung und Anwendung des Vertrags zu sorgen. Zum anderen verpflichtet Art. 10 EG die Mitgliedstaaten, alle geeigneten Maßnahmen zu ergreifen, um die Verpflichtungen aus dem Vertrag oder aus den Handlungen der EG-Organe zu erfüllen. Hat ein letztinstanzliches nationales Gericht Zweifel an der Gültigkeit von Gemeinschaftsrecht, muss es den EuGH im Rahmen des Vorabentschei-

---

260 Ebenfalls kritisch u.a. auch: *Schwarze*, Europapolitik unter deutschem Verfassungsgerichtsvorbehalt, Neue Justiz, 1/94, S. 1 ff., *Zuleeg*, Die Rolle der rechtsprechenden Gewalt in der europäischen Integration, JZ 1994, S. 1 ff., *Tomuschat*, Die Europäische Union unter der Aufsicht des Bundesverfassungsgerichts, EuGRZ 1993, S. 489, *Everling*, Zur Begründung der Urteile des Gerichtshofs der Europäischen Gemeinschaften, EuR 1994, S. 127 (128), *Oppermann*, Die Dritte Gewalt der Europäischen Union, DVBl. 1994, 901 (906).

261 So nahm das FG Rheinland-Pfalz an: Weil der EuGH europarechtliche Fragen unzutreffend geprüft habe, könne der Auffassung nicht gefolgt werden; Urt. v. 07.11.1994, EuZW 1995, S. 569 ff.; vgl. hierzu die kritischen Anmerkungen von *Reiche,* Kompetenzwidrige EuGH- Rechtsprechung zu Art. 177 EGV?, EuZW 1997, S. 517 ff.

262 Vgl.. *Hirsch,* Europäischer Gerichtshof und Bundesverfassungsgericht – Kooperation oder Konfrontation?, NJW 1996, S. 2463.

263 So zutreffend: *Hirsch,* Europäischer Gerichtshof und Bundesverfassungsgericht – Kooperation oder Konfrontation?, NJW 1996, S. 2463.

264 Vgl. *Sander*, Europäischer Gerichtshof und nationale Verfassungsgerichtsbarkeit, DÖV 2000, S. 589.

dungsverfahrens nach Art. 234 EG fragen, ob z.B. die entsprechende Norm mit den gemeinschaftsrechtlichen Grundrechten vereinbar ist, und diese Frage nicht etwa dem nationalen Verfassungsgericht vorlegen. Auch für das BVerfG besteht gem. Art. 234 Abs. 3 EG diese Vorlagepflicht, da seine Entscheidungen nicht mehr mit Rechtsmitteln angegriffen werden können[265]. Stellt der EuGH keinen Verstoß fest, ist damit eine verbindliche Entscheidung über die Frage gefällt[266]. Dadurch sind die Mitgliedstaaten nicht jeder Kontrolle einer zu weitgehenden Rechtsfortbildung durch den EuGH enthoben, da es ihnen im Rat unbenommen bleibt, die Rechtsprechung durch entsprechende Rechtsetzung zu korrigieren[267]. Inzwischen hat das BVerfG seine Äußerungen in der *Maastricht* – Entscheidung zumindest dahingehend relativiert, dass Verfassungsbeschwerden und Vorlagen von Gerichten, die eine Verletzung in Grundrechten des GG durch sekundäres Gemeinschaftsrecht geltend machen, von vornherein unzulässig sind, wenn ihre Begründung nicht darlegt, dass die europäische Rechtsentwicklung einschließlich der Rechtsprechung des EuGH nach Ergehen der *Solange II* – Entscheidung[268] unter den erforderlichen Grundrechtsstandard abgesunken sei[269].

III. Grenzen der Rechtsgestaltung durch den EuGH

1. Beachtung der Kompetenznormen

Innerhalb der vertikalen Kompetenzverteilung zwischen der EU und den Mit-

---

265 Eine Einschränkung der Vorabentscheidungskompetenz des EuGH im Rahmen der Verfassungsbeschwerde nach Art. 93 Abs. 1 Nr. 4 a GG für den Bereich des Grundrechtsschutzes ist mit dem EG-Vertrag nicht vereinbar; vgl. aber insoweit BVerfGE 73, 339, 387.

266 So: *Sander*, Europäischer Gerichtshof und nationale Verfassungsgerichtsbarkeit, DÖV 2000, S. 589. Dennoch besteht die Möglichkeit der nationalen Gerichte durch weitere Vorlagen an den EuGH eine Änderung dieser Rechtsprechung herbeizuführen.

267 Ebenso: *Möllers,* Doppelte Rechtsfortbildung contra legem? Zur Umgestaltung des Bürgerlichen Gesetzbuches durch den EuGH und nationale Gerichte, EuR 1998, S. 24; vgl. für den Fall der hier untersuchten *Christel Schmidt* – Entscheidung, unten: Teil, III.

268 BVerfG, Beschl. v. 22.10.1986, Az. 2 BvR 157/93, BVerfGE 73, 339 – *Solange II.*

269 Vgl. BVerfG, Urt. v. 07.06.2000, Az. 2 BvL 1/97 zum Grundrechtsschutz im Gemeinschaftsrecht (Kontingentierung von „Drittlandbananen“). Die Ausführungen des *Maastricht* – Urteils sind vielfach dahingehend verstanden worden, dass das BVerfG hinsichtlich des „unabdingbaren Grundrechtsstandards“ von der Zulässigkeit einer nationalen Rechtsprechung ausgeht mit der Folge, dass insoweit weiterhin eine Vorlage sekundären Gemeinschaftsrechts nach Art. 100 GG an das BVerfG in Betracht kommen kann.

gliedstaaten[270] hat der EuGH die von den Mitgliedstaaten gesetzten Kompetenzgrenzen zu beachten, die im „Prinzip der begrenzten Einzelermächtigung“ ihren Ausgangspunkt haben. Dieses Prinzip wird in Art. 7, 8, 9, 202, 211 und 249 EG[271] und in Art. 2, 3 und 5 EU[272] erwähnt und ist zusätzlich ausdrücklich in Art. 5 Abs. 1 EG[273] als Strukturprinzip verankert[274] Der EuGH kann daher nicht etwa über seine Kompetenz der Rechtsfortbildung die Zuständigkeiten der Gemeinschaft zu Lasten der Mitgliedstaaten verändern[275]. Die Mitgliedstaaten bleiben die „Herren der Verträge“[276].

2. *Gewaltenteilungsprinzip*

Der EuGH nimmt seine Kompetenz zur Rechtsfortbildung in Konkurrenz zum Gemeinschaftsgesetzgeber wahr. Dabei wird der EuGH jedoch nicht durch das Gewaltenteilungsprinzip eingeschränkt, da das klassische System der Gewaltenteilung nicht ohne weiteres auf das System der Funktionenordnung des Verbandsrechts der Gemeinschaften übertragen werden kann[277]. Der EuGH unterliegt aber dennoch dem von ihm selbst entwickelten Grundsatz des „institutionellen Gleichgewichts“, also der Bindung an die vertikale und horizontale Kompetenzverteilung[278], dessen Einhaltung er überprüft. Dies führt dazu, dass der EuGH selbst die Kontrolle über die Kompetenzgrenzen ausübt[279]. In seiner Funktionen als "Wahrer des Rechts" kommt dem EuGH als Verfassungsgericht somit auch das Rechtsprechungsmonopol in bezug auf die Festlegung der Kom-

---

270 Vgl. zur horizontalen Kompetenzverteilung: oben Teil 1, II, 2 a.

271 Ex-Art. 4, 4a, 4b, 145, 155, und 189 EGV.

272 Ex-Art. B, C und E EUV.

273 Ex-Art. 3b EGV.

274 Vgl. zum Prinzip der begrenzten Einzelermächtigung: *Langguth* in *Lenz* (Hrsg.): EG-Vertrag Kommentar, Art. 5 EG, Rn. 4 ff.

275 Vgl. *Borchardt* in *Lenz* (Hrsg.): EG-Vertrag Kommentar, Art. 220 EG, Rn. 24.

276 Vgl. *Borchardt,* Der Gerichtshof der EG als Ersatzgesetzgeber? in: *Eichendorfer, Eberhard/Zuleeg, Manfred (Hrsg.),* Die Rechtsprechung des Europäischen Gerichtshofs im Streit, Köln, 1995, S. 58.

277 Siehe hierzu ausführlich: oben Teil 1, II, 1 a).

278 Das Prinzip des „institutionellen Gleichgewichts“ bezeichnet letztlich das dem EG – Vertrag zugrundeliegende System von Rechtsregeln, das die Befugnisse der einzelnen Organe deutlich trennt und ansatzweise ihr Verhältnis zueinander regelt; vgl. auch EuGH, Urt. v. 09.08.1994, Rs. 25/70, Slg. 1970, 1161 – *Köster.*

279 Vgl. *Schockweiler,* Zur Kontrolle der Zuständigkeitsgrenzen der Gemeinschaft, EuR 1996, S. 124.

petenzordnung des EG-Vertrages zu[280]. Auch wenn mitunter bezweifelt wird, dass der EuGH eine wirksame Kontrolle über die Kompetenzgrenzen ausübt[281], so respektiert der EuGH trotz der sehr weitreichenden Befugnisse doch grundsätzlich den Unterschied zwischen der Aufgabe des Gesetzgebers und den Aufgaben der Rechtsprechung. Dies wird besonders deutlich durch den Verweis des EuGH im *EMRK* - Gutachten auf eine Vertragsänderung gemäß Art. 48 EU[282] im Hinblick auf bestimmte Rechtshandlungen "mit verfassungsrechtlichem Charakter"[283]. Die bestehenden Kompetenzgrenzen besitzen damit Verfassungsrang[284] und dienen neben dem Schutz der Mitgliedstaaten vor Kompetenzverlusten gerade auch der Wahrung des institutionellen Gleichgewichts. In diesem Zusammenhang darf nicht vergessen werden, dass es in der Hand der Mitgliedstaaten liegt, die im Wege rechtsfortbildenden Richterrechts geschaffenen Rechtssätze wieder korrigierend zu kodifizieren. Zu weitgehend erscheint dagegen der auf der Regierungskonferenz von Amsterdam zurückgewiesene Versuch, Mechanismen für die Korrektur entsprechender „überschießender Urteile" des EuGH durch Entscheidungen des Rats zu installieren[285].

3. *Akzeptanzfähigkeit der Urteile des EuGH*

Ein Hauptproblem der im Bereich der Rechtsfortbildung umstrittenen Urteile des EuGH besteht in der Akzeptanz dieser Urteile. Recht ist auf Akzeptanz angewiesen, um wirksam werden zu können. Gerade die am Grundsatz des „effet utile" orientierte Rechtsschöpfung und Rechtsfortbildung erfordert ein hohes Maß an Akzeptanz, da die Fortentwicklung des Rechts sonst seine Funktion nicht erfüllt: Dass Gerichtsentscheidungen nur dann zu Gewohnheitsrecht führen, wenn sich eine gewisse Rechtsüberzeugung herausbildet, führt dazu, dass fehlende Akzeptanz im Ergebnis Rechtsfortbildung unzulässig macht und auf Dauer nicht akzeptierte Urteile vom

---

280 So: *Schroeder,* Zu eingebildeten und realen Gefahren durch kompetenzüberschreitende Rechtsakte der Europäischen Gemeinschaft, EuR, 1999, S. 461.

281 Vgl. *Stein,* „Bananen Split" - Entzweien sich BVerfG und EuGH über den Bananenstreit? EuZW 1998, S. 261; Zuck/Lenz, Verfassungsgerichtlicher Rechtsschutz gegen Europa, NJW 1997, 1196.

282 Ex.-Art. N EUV.

283 EuGH, Gutachten 2/94, Slg. 1996, I -1795 ff. – *EMRK.*

284 Vgl. *Schroeder*, Zu eingebildeten und realen Gefahren durch kompetenzüberschreitende Rechtsakte der Europäischen Gemeinschaft, EuR 1999, S. 464.

285 Memorandum des Vereinigten Königreichs über den Europäischen Gerichtshof vom 23.07.1996, CONF 3883/96.

EuGH revidiert werden müssen[286]. So sah sich der EuGH zu einer Korrektur seiner *Keck* – Entscheidung[287] veranlasst. Auch die „konsensfähige Weiterentwicklung" der *Christel Schmidt* – Entscheidung[288] durch die Rechtssache *Ayse Süzen*[289] verdeutlicht das Streben des EuGH nach Anerkennung seiner Rechtsprechung[290].
Das Problem der Akzeptanzfähigkeit der Urteile des EuGH stellte sich ferner bei der Frage nach der Überprüfbarkeit abgeleiteten Gemeinschaftsrechts durch nationale Verfassungsgerichte. Nicht nur das BVerfG behielt sich mit seiner *Solange* - Rechtsprechung[291] ausdrücklich eine Rechtskontrolle in bezug auf den Grundrechtskatalog des Grundgesetzes vor[292]. Die Akzeptanz der Rechtsprechung des EuGH bei den nationalen Gerichten stieg an, sobald diese erkannten, dass vor allem der vom EuGH ausgestaltete Grundrechtsschutz dem des nationalen Rechts weitgehend entspricht[293]. Gerade das Vorabentscheidungsverfahren als Bindeglied zwischen den nationalen Gerichten und dem EuGH spielt eine nicht zu unterschätzende Rolle für die Akzeptanz der zahlreichen rechtsfortbildenden Judikate des EuGH. Durch die für das vorlegende Gericht bindende Vorabentscheidung und der darauf aufbauenden Schluss-Entscheidungen der nationalen Gerichte erfolgt eine Durchdringung der nationalen Rechtsordnungen, die es dem EuGH ermöglicht seine Rechtspositionen über die nationalen Gerichte durchzusetzen[294]. Die Akzeptanz der rechtsfortbildenden Judikatur findet auch ihren Ausdruck in der grundsätzlichen Befolgung der die Vertragsverletzung feststellenden Urteile durch die betreffenden Mitgliedstaaten, wobei diese für sich allein noch keinen Rückschluss auf eine gewohnheitsrechtliche Billigung

286 So zutreffend: *Möllers,* Doppelte Rechtsfortbildung contra legem? Zur Umgestaltung des Bürgerlichen Gesetzbuches durch den EuGH und nationale Gerichte, EuR 1998, S. 20 ff.

287 EuGH, Urt. v. 24.11.1993, Rs. C – 267/91, Slg. 1993, I-6097 = NJW 1994, 121 = EuZW 1993, 970 – *Keck und Mithouarad.*

288 EuGH, Urt. v. 14.04.1994, Rs. C-392/92, Slg. 1994, I-1311 – *Christel Schmidt.*

289 EuGH, Urt. v. 11.03.1997, Rs. C-13/95, Slg. 1997,I-1259 – *Ayse Süzen.*

290 Vgl. hierzu ausführlich: Teil 3, III; insbesondere auch zu der Frage, ob und inwieweit der EuGH seine umstrittene Christel Schmidt – Entscheidung überhaupt korrigiert oder nur weiterentwickelt hat.

291 BVerfG, Beschl. v. 29.05.1974, Az. 2 BvL 52/71, BVerfGE 37, 271 – *Solange I*; Beschl. v. 22.10.1986, Az. 2 BvR 157/93, BVerfGE 73, 339 – *Solange II.*

292 Vgl. *Arndt,* Europarecht, S. 64, auch das italienische Verfassungsgericht erklärte einen Vorbehalt hinsichtlich gewisser Grundprinzipien der italienischen Verfassung.

293 Vgl. *Schweitzer / Hummer*, Europarecht Rn. 852

294 Vgl. *Hummer / Obwexer*, Vom „Gesetzesstaat zum Richterstaat" und wieder Retour?, Reflexionen über das britische Memorandum über den EuGH vom 23.07.1996 zur Frage der in „korrigierenden Kodifikation" von Richterrecht des EuGH, EuZW 1997, S. 301

etwaiger Kompetenzüberschreitungen des EuGH zulassen[295].

4. *Das Subsidiaritätsprinzip als Grenze der Auslegungspraxis des EuGH*

Schließlich unterliegt die Rechtsprechung des EuGH auch den Begrenzungen des Subsidiaritätsprinzips. Das Subsidiaritätsprinzip wurde mit dem Vertrag von Maastricht in Art. 5 EG[296] ausdrücklich im EG-Vertrag verankert, in dem es heißt:

> „In den Bereichen, die nicht in ihre ausschließliche Zuständigkeit fallen, wird die Gemeinschaft nach dem Subsidiaritätsprinzip nur tätig, sofern und soweit die Ziele der in Betracht gezogenen Maßnahmen auf der Ebene der Mitgliedstaaten nicht ausreichend erreicht werden können und daher wegen ihres Umfanges oder ihrer Wirkungen besser auf der Gemeinschaftsebene erreicht werden können."

Der EuGH ist, wie alle anderen Gemeinschaftsorgane auch, an diese Definition des Subsidiaritätsprinzips gebunden[297]. Demzufolge hat er das Gemeinschaftsrecht auch im Einklang mit diesem Grundsatz auszulegen. Seine Rechtsprechungstätigkeit richtet sich somit nicht mehr allein nach den Grenzen seiner und der Zuständigkeit der Gemeinschaft insgesamt, sondern stets auch danach, ob nicht zur Zielverwirklichung ein Handeln der Mitgliedstaaten reicht („Erforderlichkeitskriterium")[298] und ob das Ziel in Anbetracht des Umfangs und der Wirkungen einer gemeinschaftlichen Maßnahme tatsächlich besser auf der Gemeinschaftsebene erreicht werden kann („Kriterium der besseren Erreichbarkeit")[299]. Dem Wortlaut des Art. 5 Abs. 2 EG kann dabei nicht zwingend entnommen werden, ob beide Kriterien kumulativ vorliegen müssen, zumal die Vorschrift auch so ausgelegt werden kann, dass das Kriterium der besseren Verwirklichung bereits aus der negativen Voraussetzung des „Erforderlichkeitskriteriums" logisch folgt. Das Protokoll Nr. 7 zum Amsterdamer Vertrag, in dem die Mitgliedstaaten die Anwendung der Grundsätze der Subsidiarität und Verhältnismäßigkeit nach Art. 5 Abs. 2 und Abs. 3 präzisiert haben, stellt insoweit klar, dass bei

---

295 Ebenso: *Hummer / Obwexer*, Vom „Gesetzesstaat zum Richterstaat" und wieder Retour?, Reflexionen über das britische Memorandum über den EuGH vom 23.07.1996 zur Frage der in „korrigierenden Kodifikation" von Richterrecht des EuGH, EuZW 1997, S.295.

296 Ex-Art. 3 b EGV.

297 Vgl. *Languth* in *Lenz* (Hrsg.), EG-Vertrag Kommentar, Art 5 EG Rn. 2 ff.

298 Als negative Voraussetzung des Subsidiaritätsprinzip.

299 Vgl. *Borchardt,* Der Gerichtshof der EG als Ersatzgesetzgeber? in: *Eichendorfer, Eberhard/Zuleeg, Manfred (Hrsg.),* Die Rechtsprechung des Europäischen Gerichtshofs im Streit, Köln, 1995, S. 57.

einem Tätigwerden der Gemeinschaft beide Kriterien erfüllt sein müssen. Im Ergebnis wird daher davon auszugehen sein, dass ein Tätigwerden der Gemeinschaft „spürbar“ besser sein muss[300].
Die Kompetenz des EuGH zur Rechtsschöpfung[301] vermag das Subsidiaritätsprinzip allerdings nicht einzuschränken, da hier der Nachweis, dass die Verfassungsstruktur der Union, um die es bei der richterlichen Rechtsschöpfung des EuGH vordringlich geht, besser auf Gemeinschaftsebene geregelt werden kann, kaum gelingen wird. Vielmehr verlangt die Anwendung des Subsidiaritätsprinzips insoweit lediglich, dass es eines gemeinschaftlichen Handelns überhaupt bedarf. Dieses Anliegen ergibt sich bereits aus der Natur der Rechtsschöpfung, mit der die Regelungslücken des EG-Vertrages geschlossen werden sollen[302]. Demgegenüber wird die Kompetenz des EuGH zur „gesetzesimmanenten“ Rechtsfortbildung durch das Subsidiaritätsprinzip eingeschränkt. Die Konkretisierung bereits bestehender Rechtsnormen betrifft immer auch die Frage der Reichweite der jeweiligen Gemeinschaftsrechtsnorm. Dabei hat der EuGH darauf zu achten, dass er nicht über das hinausgeht, was zur Zielerreichung auf der Gemeinschaftsebene erforderlich ist.
Die Einhaltung der Grenzen des Subsidiaritätsprinzips erreicht der EuGH auch im Rahmen eines „judical-self-restraint“. So stellte der EuGH in der Vergangenheit die Ausübung der ihm zustehenden Rechtsfortbildungskompetenz unter dem ausdrücklichen Hinweis zurück, dass die erforderliche Regelung durch den Gemeinschaftsgesetzgeber erfolgen soll[303]. Daneben bemüht sich der EuGH auch um Zurückhaltung gegenüber den Mitgliedstaaten und deren jeweiligen Rechtsordnungen. Dies wird besonders deutlich in den Urteilen, in denen der EuGH darauf verweist, dass es Aufgabe der mitgliedstaatlichen Rechtsordnungen sei, ein bestimmtes Problem zu lösen[304].

---

300 *Jarass*, Grundfragen der innerstaatlichen Bedeutung des EG-Rechts, S. 19 ff.

301 Also „gesetzesübersteigender“ Rechtsfortbildung; vgl. zur Begriffsbestimmung oben Teil 2, I.

302 Ebenso: *Borchardt,* Richterrecht durch den Gerichtshof der Europäischen Gemeinschaften, in: *Randelzhofer / Scholz / Wilke* (Hrsg): Gedächtnisschrift für Eberhard Grabitz, 1995, S. 33, . *Hummer, / Obwexer,* Vom „Gesetzesstaat zum Richterstaat“ und wieder Retour?, Reflexionen über das britische Memorandum über den EuGH vom 23.07.1996 zur Frage der „korrigierenden Kodifikation“ von Richterrecht des EuGH, EuZW 1997, S.303; *Möllers,* Doppelte Rechtsfortbildung contra legem? Zur Umgestaltung des Bürgerlichen Gesetzbuches durch den EuGH und nationale Gerichte, EuR 1998, S. 31.

303 Vgl. *Borchardt,* Der Gerichtshof der EG als Ersatzgesetzgeber? in: *Eichendorfer, Eberhard/Zuleeg, (Hrsg.),* Die Rechtsprechung des Europäischen Gerichtshofs im Streit, Köln, 1995, S. 65.

304 Vgl. u.a. EuGH, Urt. v. 20.10.1993 , Rs. C-297/92, Slg. 1993, I-5211 – *Baglieri.* Vgl. auch unten Teil III für Beispiele zur Richtlinie 77/187/EWG.

IV. Zusammenfassung

Der EuGH verfügt aufgrund seiner Stellung im gemeinschaftsrechtlichen Gefüge, die gleichsam auch die Verankerung seiner Rechtsfortbildungskompetenz darstellt, über weitgehende rechtsgestaltende Möglichkeiten. Der Vorwurf, der EuGH setze sich über die ihm gesetzten Kompetenzgrenzen hinweg, verkennt gerade oft diese Befugnis des EuGH zur Rechtsfortbildung, von der dieser in der Vergangenheit erfolgreich unter Heranziehung des Auslegungsgrundsatzes des „effet utile“ Gebrauch gemacht hat. Eine solche integrationsfördernde Rechtsanwendung und Rechtsfortbildung durch den EuGH läuft zumindest dann nicht Gefahr auf Dauer Akzeptanz und Legitimität zu verlieren, solange der EuGH die teilweise von ihm selbst entwickelten rechtlichen und sprachlichen Erkenntniskategorien, wie das Prinzip des „institutionellen Gleichgewichts“[305], beachtet. Nur so kann verhindert werden, dass die Judikatur des EuGH nicht mangels hinreichender demokratischer Legitimation in Frage gestellt wird.
Dem Vorabentscheidungsverfahren kommt als Bindeglied zwischen den nationalen Gerichten und dem EuGH in diesem Zusammenhang eine besondere Bedeutung für die Akzeptanz und die Kontrolle rechtsfortbildender Judikate zu. Zum einen ermöglicht es dem EuGH seine Rechtspositionen über die nationalen Gerichte durchzusetzen, indem durch die für das vorlegende Gericht bindende Vorabentscheidung und der darauf aufbauenden „Schluss“ – Entscheidungen der nationalen Gerichte eine Durchdringung der nationalen Rechtsordnungen mit dem vom EuGH ausgelegten Gemeinschaftsrecht erfolgt. Zum anderen müssen die nationalen Gerichte dem EuGH im Rahmen des Vorabentscheidungsverfahrens unklare Rechtsfragen zum Gemeinschaftsrecht und damit auch Kompetenzfragen vorlegen, da nach Art. 234 EG der EuGH abschließend über Gemeinschaftsrechtsfragen entscheidet. Es darf jedoch nicht übersehen werden, dass trotz der wichtigen Aufgabe, die dem EuGH hinsichtlich der Fortentwicklung des Rechts nach wie vor zukommt, das Recht dennoch lediglich einen wichtigen Faktor der europäischen Integration bildet, die voranzutreiben zu aller erst Aufgabe der Politik bleibt.

---

305 Siehe hierzu oben, Teil 1, II, 1.

Teil 3: Die wichtigsten Vorabentscheidungen zur Anwendung und Auslegung der Richtlinie 77/187/EWG – eine beispielhafte Darstellung der zentralen Problemfelder und praktischen Auswirkungen des Vorabentscheidungsverfahrens[306]

Auf der Grundlage der in den vorangegangenen Kapiteln gewonnenen allgemeinen Erkenntnisse soll nunmehr anhand der Analyse der Entscheidungen des EuGH der erhebliche Einfluss der Vorabentscheidungen auf das deutsche Recht ermittelt werden und gleichzeitig die praktischen Probleme des Verfahrens aufgezeigt werden. Der Auswahl des exemplarisch herausgegriffenen Themenbereichs liegt die Erwägung zugrunde, dass die hierzu ergangene Judikatur massiver Kritik[307] ausgesetzt war und die große Anzahl der ergangenen Entscheidungen die stetig steigende Bedeutung des Gemeinschaftsrechts für diesen Bereich unterstreicht[308].

I. Die Anwendung und Auslegung der Richtlinie 77/187/EWG durch den EuGH

Zur Auslegung und Anwendung der Richtlinie 77/187/EWG liegt mittlerweile eine Flut von Entscheidungen vor, die in verschiedenste Richtungen wirken und das nationale Recht zum Teil maßgeblich umgestaltet haben. Die Darstellung der nachfolgend analysierten Entscheidungen orientiert sich an den in der Richtlinie 77/187/EWG aufgestellten Tatbestandsvoraussetzungen für einen Be-

---

306 Der nachfolgende Teil der Arbeit beschäftigt sich mit den „leading cases“ des Gerichtshofs zur Richtlinie 77/187/EWG. Vorab erfolgt eine abstrakte Formulierung der zentralen Problembereiche, die Gegenstand bisheriger Entscheidungen des EuGH waren sowie eine kurze Erörterung der Entstehung des Inhalts und der Umsetzung der Richtlinie 77/187/EWG. Anschließend werden ausgesuchte Urteile des Gerichtshofs dargestellt und ausgewertet, sowie deren Auswirkungen auf das deutsche Betriebsübergangsrecht erörtert. Es kann dabei nicht darum gehen, die Rechtsprechung des EuGH umfassend darzustellen und im einzelnen zurückzuverfolgen. Vielmehr wurden im wesentlichen Entscheidungen und Sachgebiete ausgewählt, an denen sich die Auswirkungen der Vorabentscheidungen in ihrer ganzen Deutlichkeit offenbaren.

307 Neben der Gleichbehandlungsproblematik stellten die Probleme der Anwendung und Auslegung der Richtlinie 77/187/EWG den umstrittensten Themenbereich auf dem Gebiet des Arbeits- und Sozialrechts dar.

308 Vgl. statt vieler: *Montag,* Die Entwicklung des Gemeinschaftsrechts, NJW 2000, S. 36; *Maschmann*, Vorabentscheidungsersuchen deutscher Arbeitsgerichte zum Europäischen Gerichtshof und Rechte der Parteien, NZA 1995, S. 920 ff.

triebsübergang[309]. Die Auswahl der „leading cases" erfolgte anhand ihrer Bedeutung für die Herausarbeitung einer mitgliedstaatlichen Ordnung.

Folgende verschiedene Problembereiche sind für die vorliegende Untersuchung hervorzuheben:

- Ein Großteil der Vorabentscheidungen des EuGH zur Anwendung und Auslegung der Richtlinie 77/187/EWG betrifft die zentrale Frage der Auslegung des Tatbestandsmerkmals „Übergang von Unternehmen, Betrieben oder Unternehmens- bzw. Betriebsteilen"[310]. Dabei ging es in erster Linie um die durch die Rechtsprechung des EuGH aktuell gewordene Kontroverse hinsichtlich des bis heute nicht abschließend geklärten Betriebsbegriffs[311]. Die zu diesem Themenbereich ergangenen Urteile führten zu einer tiefgreifenden Rechtsunsicherheit bei den nationalen Gerichten. Nicht alle deutschen Arbeitsgerichte folgten der Auslegung des EuGH und hielten sich nach wie vor an die Vorgaben des BAG. Zu einem großen Teil sahen die Gerichte trotz der unklaren Rechtslage von einer eigenen Vorlage ab. Erst durch wiederholte Vorlagen an den EuGH konnte eine gewisses Maß der dringend erforderlichen Rechtseinheit geschaffen werden, ohne dass damit eine endgültige Klärung der Problematik erfolgte. Dieser durch Verständigungsprobleme geprägte Verfahrensablauf lässt insbesondere Rückschlüsse auf den unbefriedigenden „Dialog" zwischen EuGH und nationalen Gerichten zu.
- Bei der vom EuGH in der Vergangenheit vorgenommenen Definition des Arbeitnehmerbegriffs i.S. der Richtlinie stellt sich in erster Linie die Frage nach der Notwendigkeit einer Fortentwicklung dieses Begriffes aufgrund weiterer Vorlagen an den EuGH[312]. Nach dem bisherigen Arbeitnehmerbegriff, der ausschließlich an die Arbeitnehmerstellung im nationalen Recht anknüpft, ergeben sich Auslegungsfragen bei wichtigen neuen Fallkonstellationen wie z.B. der Privatisierung staatlicher Betriebe.
- Die Auseinandersetzung um die Anerkennung des Widerspruchsrechts des Arbeitnehmers beim Betriebsübergang betrifft einen klassischen Fall der Rechtsfortbildung durch den EuGH[313]. Die Vorgeschichte zeigt im Hinblick auf die Zusammenarbeit der Gerichte eine – im Vergleich zur *Christel Schmidt* – Entscheidung – weniger auf Konfrontation als vielmehr auf Kooperation ausgerichtete Vorgehensweise. Trotz der auch hier aufgetretenen

309 Statt dem kompletten Wortlaut der Richtlinie Übergang von Unternehmen, Betrieben, oder Unternehmens- bzw. Betriebsteilen" wird der deutschen Terminologie entsprechend stets von einem Betriebsübergang gesprochen, womit die Gesamtheit der in Betracht kommenden Alternativen verstanden wird.

310 Art. 1 Abs. 1 der RL 77/187/EWG.

311 Ausführlich hierzu unten: Teil 3, III.

312 Siehe unten Teil 3, IV.

313 Siehe hierzu Teil 3, V.

Verständigungsprobleme stritten die deutschen Arbeitsgerichte um die Anerkennung eines solchen Widerspruchsrechts in erster Linie mit dem Instrument des Vorabentscheidungsverfahrens.
Am Beispiel der Arbeitnehmerrechte in der Insolvenz werden die Schwierigkeiten der Wahrung einer Rechtseinheit deutlich: Aufgrund der unterschiedlichen Ausgestaltung der Insolvenzverfahren in den einzelnen Mitgliedstaaten kommt hier die Auslegung des EuGH an ihre „natürlichen" Grenzen[314]. Auch hier ebneten zahlreiche bedeutende Vorabentscheidungen den Weg zu einer zumindest teilweisen Harmonisierung dieses sensiblen Bereiches.

II. Die Richtlinie 77/187/EWG über die Wahrung von Ansprüchen der Arbeitnehmer beim Übergang von Unternehmen, Betrieben und Betriebsteilen

1. Europarechtliche Grundlagen der Richtlinie 77/187/EWG

Sowohl die Richtlinie 77/187/EWG vom 14.02.1977 als auch die Änderungsrichtlinie 98/50/EG vom 29.06.1998 stützte der Rat der Europäischen Union auf die Kompetenznorm des Art. 94 EG[315], nach dem Richtlinien für die Angleichung derjenigen Rechts- und Verwaltungsvorschriften ergehen können, die sich unmittelbar auf die Erreichung eines oder das Funktionieren des Gemeinsamen Marktes auswirken. Der Frage, ob und in welchem Umfang dies eine ausreichende Rechtsgrundlage für die getroffenen Regelungen darstellt, soll im folgenden nachgegangen werden. Zuvor bedarf es der Klärung, welche Rechtssetzungskompetenzen der Europäischen Union überhaupt auf dem Gebiet der Sozialpolitik zustehen, zumal sich im Zuge der Kritik an der Rechtsprechung des EuGH zur Anwendung und Auslegung der Richtlinie 77/187/EWG einige Stimmen im Schrifttum für eine restriktive Auslegung der Zuständigkeiten der Gemeinschaft für diesen Bereich aussprechen[316].

---

314 Siehe hierzu Teil 3, VII.

315 Ex-Art. 100 EGV.

316 So etwa, *Heinze*, Europäische Einflüsse auf das nationale Arbeitsrecht, RdA, 1994, S. 1 ff.; vgl. ferner die Kritik bei: *Blomeyer,* Der Einfluss der Rechtsprechung des EuGH auf das deutsche Arbeitsrecht, NZA 1994, S. 633 ff.; *Buchner,* Die Rolle des Europäischen Gerichtshofes bei der Entwicklung des Arbeitsrechts, ZfA 1993, S. 275 ff.

a) Die Rechtssetzungskompetenz der Europäischen Union auf dem Gebiet der Sozialpolitik beim Erlass von sekundärem Gemeinschaftsrecht

Die Rechtssetzungsbefugnisse der Europäischen Union bestimmen sich nach dem „Grundsatz der begrenzten Einzelermächtigung“[317]. Er besagt, dass die Europäische Gemeinschaft nur dann zur Rechtssetzung zuständig ist, wenn die Verträge ausdrücklich eine Ermächtigung zum Tätigwerden der Gemeinschaftsorgane erhalten. Danach wird die Gemeinschaft „innerhalb der Grenzen der ihr in diesem Vertrag zugewiesenen Befugnisse“ (Art. 5 Abs. 1 EG) bzw. „nach Maßgabe dieses Vertrages“ (Art. 249 Abs. 1 EG)[318] tätig.
Vor der Ratifikation des Amsterdamer Vertrages fehlte es weitgehend an Ermächtigungen auf dem Gebiet des Arbeits- und Sozialrechts[319]. Konkrete Kompetenzzuweisungen enthielten schon vor der Ratifikation Art. 141 EG[320] im Hinblick auf die Herstellung und Erhaltung der Entgeltgleichheit für Männer und Frauen und Art. 143 EG[321] für die Aufrechterhaltung der bestehenden innerstaatlichen Systeme der Entgeltfortzahlung. Dem Rat der Europäischen Union waren und sind ferner umfassende Befugnisse zur Herstellung der Arbeitnehmerfreizügigkeit gem. Art. 39 EG[322] eingeräumt.
Die Globalisierung der Märkte und die Entwicklung zu grenzüberschreitenden Unternehmens- und Konzernverbindungen stärkte das Bestreben auch im Arbeits- und Sozialrecht auf europäischer Ebene einheitliche Mindeststandards innerhalb der Mitgliedstaaten der Europäischen Union vorzugeben[323]. Daher hatte schon in Vorbereitung der Regierungskonferenz von Maastricht 1992 die niederländische Präsidentschaft eine Erweiterung der sozialpolitischen Kompetenzen vorgeschlagen. Dieser Vorschlag scheiterte jedoch an dem Veto des damals noch konservativ regierten Großbritanniens. Dadurch kam es zum Abschluss des sog. Maastrichter Abkommens der Europäischen Gemeinschaft über die Sozialpolitik (Sozialabkommen)[324], welches mit der Ratifizierung der von der Regie-

---

317 Vgl. *Arndt*, Europarecht, S. 63 sowie oben Teil 2, III, 1.

318 Ex-Art. 189 EGV.

319 Vgl. ausführlich: *Reichel*, Die Kompetenzabgrenzung zwischen Europäischem und Nationalem Arbeitsrecht, S. 35 ff.

320 Ex-Artikel 119 EGV.

321 Ex-Art. 120 EGV.

322 Ex-Artikel 48 EGV.

323 Vgl. hierzu und zu künftigen Bestrebungen: *Weiss*, Zur künftigen Rolle der Europäischen Union im Arbeitsrecht, FS für Günther Wiese zum 70. Geburtstag, 1988, 633.

324 Abkommen zwischen den Mitgliedstaaten der Europäischen Gemeinschaft mit Ausnahme des Vereinigten Königsreichs Großbritanniens und Nordirland über die Sozialpolitik, welches in Maastricht dem Protokoll Nr. 14 über die Sozialpolitik beigefügt wurde. Vgl. dazu: *Bercusson,* Maastricht: a fundamental change in European labour law, Industrial Relations Journal 1992, 177.

rungskonferenz in Amsterdam beschlossenen Vertragsänderungen in den EG-Vertrag integriert worden ist (Art. 136 ff. EG). Durch diese Aufnahme des bisherigen Sozialprotokolls in den Gemeinschaftsvertrag hat die Gemeinschaft zahlreiche weitere Kompetenzen auf dem Gebiet der Sozialpolitik hinzugewonnen (z.B. Gesundheit und Sicherheit der Arbeitnehmer, Arbeitsbedingungen)[325]. Von diesen speziellen sozialpolitischen Vorschriften eröffnet Art. 137 Abs. 2 EG[326] die Möglichkeit zu einer auf die aufgezählten Bereiche beschränkten arbeitsrechtlichen Rechtssetzungstätigkeit zur Schaffung von „Mindestvorschriften"[327]. Art. 136 EG[328] (räumt dagegen keine generellen Rechtssetzungsbefugnisse auf dem Gebiet der Sozialpolitik ein, sondern erfüllt nur die Funktion eines Programmsatzes[329].

Neben diesen speziellen, hier nicht einschlägigen Kompetenznormen, kann die Rechtssetzung auf dem Gebiet des Arbeitsrechts auch auf die Vorschriften zur Rechtsangleichung nach Art. 94, 95 EG und auf die allgemeine Kompetenzergänzungsregel des Art. 308 EG[330] gestützt werden. Dabei erhält Art. 308 EG allerdings keine „Kompetenzkompetenz" der Gemeinschaft[331]. Neue, bislang nicht zugewiesene Aufgabenbereiche und Vertragsziele bedürfen immer einer Vertragsänderung nach Art. 48 EU[332]. Aufgrund der Ausgestaltung des Art. 308 EG

---

325 Neben der Integration des Sozialabkommens in den Vertragstext enthält der Amsterdamer Vertrag auch entscheidende Änderungen bei dem Rechtssetzungsverfahren auf dem Gebiet der Sozialpolitik: Der für das Verfahren zur Rechtssetzung in der Sozialpolitik bedeutsame Art. 138 EG (ex-Art. 118a EGV) sieht vor, dass die Sozialpartner - die auf EG-Ebene organisierten Arbeitgeber und Arbeitnehmerorganisationen - bei jedem Rechtssetzungsvorschlag angehört werden müssen. Dabei können die Sozialpartner der Kommission mitteilen, dass sie über die Angelegenheit einen Regelungsvorschlag aufgrund von Verhandlungen („Sozialer Dialog") unterbreiten möchten oder selbst die Initiative für einen Regelungsvorschlag unterbreiten (Art. 139 EG), ausführlich: *Britz, /Schmidt*, Die institutionalisierte Mitwirkung der Sozialpartner an der Rechtsetzung der Europäischen Gemeinschaft – Herausforderung des gemeinschaftsrechtlichen Demokratieprinzips -, EuR 1999, S. 467 ff., vgl. auch *Röthel*, Europäische Rechtsetzng im Dialog, NZA 2000, S. 65 ff.

326 Ex-Art. 118 Abs. 2 EGV.

327 Vgl. zu der Frage, ob der EuGH durch seine Rechtsprechung über die zugewiesene Aufgabe der Schaffung sozialer Mindeststandards in Richtung einer vollharmonisierten Sozialpolitik hinausgegangen ist, unten Teil 3, III.

328 Ex-Artikel 117 EGV.

329 EuGH, Urt. v. 30.09.1987, Rs. 12/86, Slg. 1987, 3719 – *Demirel*; vgl. auch *Reichel*, Die Kompetenzabgrenzung zwischen Europäischem und Nationalem Arbeitsrecht, S. 35 ff.

330 Ex-Art. 235 EGV.

331 Vgl. *Arndt*, Europarecht, S. 64; *Streinz*, Europarecht, S. 42.

332 Ex-Art. N EUV. Hinsichtlich der Kompetenzergänzungsregel wird diskutiert, ob diese Regelung aufgrund der erweiterten Kompetenzen überhaupt noch ihre Daseinsberechtigung besitzt, vgl. *Borchmann*, Was kommt nach Amsterdam?, EuZW 1998, S. 641

als bloße Kompetenzergänzungsregel und der daraus resultierenden Subsidiarität sind Rechtsakte, die auf Artikel 308 EG gestützt werden, obwohl auch eine andere Kompetenznorm einschlägig wäre, unwirksam[333]. Alle vorstehend dargestellten, der Gemeinschaft zugewiesenen Regelungskompetenzen stehen dabei unter dem Vorbehalt des Subsidiaritätsprinzips[334] und dem Verhältnismäßigkeitsgrundsatz. Dem Subsidiaritätsprinzip nach Art. 5 Abs. 2 EG kommt damit in erster Linie eine zuständigkeitsbegrenzende Funktion zu.
In Ermangelung spezieller Kompetenznormen kommt daher nur die Regelung über Rechtsangleichungen des Art. 94 EG als Rechtsgrundlage in Betracht, die hier kurz dargestellt wird.

b) Die Rechtsangleichung durch Richtlinien nach Art. 94 EG

Art. 94 EG begründet eine allgemeine Kompetenznorm zur Rechtsangleichung durch Richtlinien. Im Gegensatz zum primären Gemeinschaftsrecht handelt es sich bei der Rechtssetzung durch Richtlinien um sekundäres Recht. Eine Richtlinie ist für die Mitgliedstaaten, an die sie gerichtet wird, nur "hinsichtlich des zu erreichenden Ziels verbindlich, überlässt jedoch den innerstaatlichen Stellen die Wahl der Form und der Mittel" (Art. 249 Abs. 3 EG). Richtlinien sind damit eine Art Rahmengesetz, die ihre Wirkung erst durch ihre Umsetzung in die Rechtsordnung der Mitgliedstaaten entfalten.
Aufgrund des Gestaltungsspielraums der Mitgliedstaaten bei der Anpassung ihrer Rechtsordnungen eignet sich die Richtlinie daher besonders als Instrument der Rechtsangleichung und erfreut sich gerade auf dem Gebiet der Sozialpolitik einer ungebrochenen Beliebtheit[335]. Auch bei ordnungsgemäßer Umsetzung muss im Interesse der Rechtseinheit innerhalb der Gemeinschaft das nationale Recht so ausgelegt werden, dass es alle Anforderungen des Gemeinschaftsrechts erfüllt. Der EuGH fordert mit Recht, dass das nationale Gericht sich soweit wie möglich am Wortlaut und Zweck der Richtlinie ausrichtet, um das mit der Richtlinie verfolgte Ziel zu erreichen[336].

---

333 EuGH, Urt. v. 29.02.1996, Rs. C-122/94, Slg. 1996, I-881.

334 Vgl. zum Subsidiaritätsprinzip und den Grenzen der Rechtsfortbildung durch die Rechtsprechung, oben Teil 2, III.

335 *Schaub* zählt 89 Richtlinien mit arbeitsrechtlichem Inhalt, vgl. *Schaub*, Arbeits- und Sozialrecht auf dem Weg nach Europa, in: *Hanau/Heither/Kühling* (Hrsg.), Richterliches Arbeitsrecht, Festschrift für Thomas Dietrich, S 534; vgl. auch Zusammenstellung der wichtigsten Richtlinien mit der jeweiligen Kompetenznorm: *Schiek*, Europäisches Arbeitsrecht, S. 73.

336 EuGH, Urt. v. 10.04.1984 , Rs. 14/83, Slg. 1984, 1098.

Der Rat der Europäischen Union erlässt nach Art. 94 EG einstimmig auf Vorschlag der Kommission Richtlinien für die Angleichung derjenigen Rechts- und Verwaltungsvorschriften der Mitgliedstaaten, die sich unmittelbar auf die Erreichung oder das Funktionieren des gemeinsamen Marktes auswirken. Art. 94 EG setzt mithin eine Störung des gemeinsamen Marktes durch die Unterschiedlichkeit der Rechtsvorschriften in den einzelnen Mitgliedstaaten voraus. Auch die Rechtsangleichung auf dem Gebiet der Sozialpolitik stellt nach überwiegender Meinung einen selbständigen Faktor für das Funktionieren des gemeinsamen Marktes dar, da die Anpassung der arbeits- und sozialrechtlichen Standards als unverzichtbare Bedingung für die wirtschaftliche Integration angesehen wird[337]. Art. 94 EG ermächtigt daher auch grundsätzlich zur Rechtsangleichung durch Richtlinien auf dem Gebiet des Arbeits- und Sozialrechts.
Der Rat der Europäischen Union hat sich für den Erlass der Richtlinien auf die Unterschiedlichkeit des Arbeitnehmerschutzes in den Mitgliedstaaten berufen. Diese Systemunterschiede im Arbeitsrecht bedürfen der Angleichung, um für die Beschäftigung nachteilige Wirkungen der nicht aufeinander abgestimmten Arbeitsrechtssysteme zu vermeiden[338]. Diese können das Funktionieren des gemeinsamen Marktes unmittelbar beeinträchtigen. Der Rat war damit zum Erlass der Richtlinien nach Art. 94 EG ermächtigt. Die Harmonisierung durch Rechtsangleichung durch die Richtlinie 98/50/EG nach Art. 94 EG fand in diesem Fall auch nicht ihre Grenzen im Subsidiaritätsprinzip: Die Auswirkungen eines nicht funktionierenden gemeinsamen Marktes sind so schwerwiegend, dass eine einzelstaatliche Regelung kaum sinnvoll erscheint. Auch kann die erforderliche Harmonisierung aller Erwartung nach nicht oder zumindest nicht ausreichend auf der Ebene der Mitgliedstaaten erfolgen. Ebenso wenig steht der Grundsatz der Verhältnismäßigkeit dem Erlass der Richtlinie entgegen, da das angestrebte Ziel des Arbeitnehmerschutzes vor den Folgen grenzüberschreitender Strukturveränderungen nicht effektiver anders geregelt werden kann. Der Dispositionsfreiheit des Arbeitgebers wird dadurch Rechnung getragen, dass Kündigungen aus anderen Gründen zulässig bleiben.

---

337 Vgl. *Langeheine* in: *Grabitz/Hilf*, Kommentar zur Europäischen Union, Art. 100 EGV, Rn. 27; *Taschner*, in: *Groeben/Thiesing/Ehlermann*, Kommentar zum EWG-Vertrag, Art. 100 EGV, Rn. 39.

338 Dabei ist davon auszugehen, dass der Rechtsangleichungsdruck in der Europäischen Union in einem Gemeinsamen Markt mit einer Wirtschafts- und Währungsunion weiter zunehmen wird, vgl. hierzu: *Preis*, Neuorientierung in der arbeitsrechtlichen Gesetzgebung, NZA 2000, S. 13.

2. *Entstehung und Inhalt der Richtlinie 77/187/EWG*

Für den Erlass der Betriebsübergangsrichtlinie waren konkrete wirtschaftliche Entwicklungen der vorangegangenen Jahre maßgebend, in deren Folge es in steigendem Maße zu grenzüberschreitenden Unternehmenszusammenschlüssen gekommen war[339]. Diese vollziehen sich neben Fusionen von Unternehmen auch durch Betriebsübertragungen. Bei damit verbundenem Personalabbau bot sich aus unternehmerischer Sicht an, vorrangig Beschäftigte aus solchen Mitgliedstaaten zu entlassen, in denen es aufgrund niedrigerer Kündigungsschutzstandards zu geringeren Folgekosten aufgrund der Kündigung kommt. Diese Gefahren erkannten bereits die Regierungssachverständigen der sechs Gründerstaaten in einer gemeinsamen Erklärung zu der Ausarbeitung eines Vorentwurfs eines Übereinkommens über die internationale Verschmelzung von Aktiengesellschaften aus dem Jahre 1972, in der gefordert wird, den Schutz der Arbeitnehmer bei allen Arten von Konzentrationsvorgängen durch ein geeignetes Rechtsinstrument zu gewährleisten[340].
Ausgangspunkt für die konkrete Ausarbeitung des ersten „Vorschlags einer Richtlinie zur Harmonisierung der Rechtsvorschriften der Mitgliedstaaten über die Wahrung von Ansprüchen und Vergünstigungen der Arbeitnehmer bei Gesellschaftsfusionen, Betriebsübertragungen sowie Unternehmenszusammenschlüssen" der Kommission vom 31.05.1974[341] war das sozialpolitische Aktionsprogramm, welches der Rat am 21.01.1974 verabschiedete[342]. Der Rat vertrat dort erstmals die Ansicht, dass die Sozialpolitik der Gemeinschaft eine eigene Aufgabe zu erfüllen habe und die Lebens- und Arbeitsbedingungen verbessert werden müssten. Auch der Schutz der Arbeitnehmeransprüche bei Unternehmenszusammenschlüssen zählte zu den Vorgaben dieses Aktionsprogramms.
Dieser Richtlinienentwurf fand auch die grundsätzliche Billigung des Wirtschafts- und Sozialausschusses[343], auf dessen Anregung hin jedoch verschiedene sprachliche und inhaltliche Veränderungen des Entwurfs zurückgehen.
Die schließlich vom 14.02.1977[344] vom Rat der Europäischen Gemeinschaften verabschiedete Richtlinie 77/187/EWG zur Angleichung der Rechtsvorschriften der Mitgliedstaaten über die Wahrung von Ansprüchen der Arbeitnehmer beim Übergang von Unternehmen, Betrieben oder Betriebsteilen verpflichtet die Mit-

339 Vgl. dazu auch die Angeben dazu im Richtlinienentwurf der Kommission, ABl. EG Nr. C 13, S.1 vom 12.02.1974.
340 EG-Kommission, Gesamtbericht 1972, S. 2.
341 ABl. EG Nr. C 104, S. 1 vom 13.09.1974.
342 ABl. EG Nr. C 13, S. 1 vom 12.02.1974.
343 ABl. EG Nr. C 225, S. 25 ff.
344 ABl. EG Nr. L 61, S. 26; siehe unten: Anhang 1

gliedstaaten, bei einem Unternehmens- bzw. Betriebsübergang eine Fortsetzungspflicht des Erwerbers hinsichtlich der beim Veräußerer bestehenden Arbeitsverhältnisse sowie ein Kündigungsverbot aus Anlass des Betriebsinhaberwechsels zu normieren. Außerdem bezweckt sie den Erhalt kollektivvertraglich entstandener Rechte der Beschäftigten im übergegangenen Betrieb und statuiert Informations- und Konsultationsrechte der Arbeitnehmer und ihrer Vertreter.

3. Die Änderung der Richtlinie 77/187/EWG durch die Richtlinie 98/50/EG

Der Erlass der Richtlinie 98/50/EG vom 29.06.1998[345] zur Änderung der Richtlinie 77/187/EWG zur Angleichung der Rechtsvorschriften der Mitgliedstaaten über die Wahrung von Ansprüchen der Arbeitnehmer bei Übergang von Unternehmen, Betrieben oder Betriebsteilen bringt jene Reformüberlegungen zum Abschluss, die mit einem Kommissionsentwurf vom 08.09.1994[346] zur Klarstellung der Anwendungsvoraussetzungen der Richtlinie begonnen hatten und deren Durchführung im Schrifttum bereits bezweifelt worden war[347].
Der Vorschlag der EU-Kommission, der zeitlich unmittelbar nach der erhebliche Irritationen auslösenden *Christel Schmidt* – Entscheidung[348] erging, sah ursprünglich vor, die extensive Auslegung des Anwendungsbereichs der Richtlinie im Wege einer Änderung der Richtlinie einzugrenzen. So enthielt der vorgelegte Entwurf der „Richtlinie des Rates zur Angleichung der Rechtsvorschriften der Mitgliedstaaten über die Wahrung von Ansprüchen der Arbeitnehmer bei Übergang von Unternehmen, Betrieben oder Betriebsteilen" folgende Neuformulierung von Art. 1 Abs. 1 der Richtlinie:

> „... Als Übergang im Sinne dieser Richtlinie wird der Übergang einer Tätigkeit angesehen, die vom Übergang einer Wirtschaftseinheit, die ihre Identität bewahrt, begleitet wird. Der alleinige Übergang einer Tätigkeit eines Unternehmens, Betriebes oder Betriebsteils, unabhängig davon, ob sie mittelbar oder unmittelbar ausgeübt wird, stellt als solcher keinen Übergang im Sinne der Richtlinie dar."

Diese Formulierung fand jedoch keinen Eingang in die nunmehr verabschiedete Änderungsrichtlinie, nachdem sowohl der Wirtschafts- und Sozialausschuss[349] als auch der Ausschuss der Regionen[350] und das Europaparlament[351] diese Präzi-

---

345 ABlEG 1998 Nr. L 201, S. 88; vgl. zum Text der Änderungsrichtlinie: Anhang 2.
346 ABlEG 1994 Nr. C 274, S. 10.
347 *Franzen*, Entwicklungstendenzen im europäischen und nationalen Recht des Betriebsübergangs, DZWir 1996, S. 404
348 Zur *Christel Schmidt* - Entscheidung vgl. näher unten, Teil 3, III.
349 ABlEG 1995 Nr. C 133, S. 13.
350 ABlEG 1996 Nr. C 100, S.25.

sierung und Verengung des Anwendungsbereiches der Richtlinie übereinstimmend kritisiert hatten.
Aufgrund dieser Kritik erfolgte eine erneute Vorlage eines überarbeiteten Entwurfes durch die Kommission am 24.02.1997[352]. Daneben hat die Kommission am 04.03.1997 ein „Memorandum zu den erworbenen Ansprüchen der Arbeitnehmer beim Übergang von Unternehmen"[353] verabschiedet, das eine Zusammenstellung der Rechtsfragen im Anwendungsbereich der Richtlinie bietet.
Erst nachdem auch der überarbeitete Vorschlag keine Zustimmung gefunden hatte, erarbeitete Großbritannien zum Ende seiner Präsidentschaft einen eigenen Vorschlag, der in Cardiff am 04.06.1998 die Zustimmung der Regierungschefs der Mitgliedstaaten der Europäischen Union fand. Daraufhin hat der Rat am 29.06.1998 die Richtlinie 98/50/EG verabschiedet, bei der es sich formal nicht um den Neuerlass der Betriebsübergangsrichtlinie handelt, sondern vielmehr um die Änderung und Anpassung der Richtlinie 77/187/EWG.

Die wesentlichen Änderungen gegenüber der bisher geltenden Richtlinie sind im Überblick[354]:
Nach der nunmehr in Art. 1 Abs. 1 lit. b der Richtlinie 77/187/EWG i.d.F. der Richtlinie 98/50/EG aufgenommenen abstrakten Definition liegt ein Betriebsübergang im Sinne der Richtlinie bei jedem „Übergang einer ihre Identität bewahrenden wirtschaftlichen Einheit im Sinne einer organisierten Zusammenfassung von Ressourcen zur Verfolgung einer wirtschaftlichen Haupt- und Nebentätigkeit". Durch diese Definition kommt es jedoch zu keinen praktischen Änderungen, da sie der bisherigen Rechtsprechung des EuGH entspricht und auch die Begründungserwägung zur Richtlinie ausdrücklich feststellt, dass durch diese Begriffsbestimmung „der Anwendungsbereich der Richtlinie 77/187/EWG gemäß der Auslegung durch den EuGH nicht geändert" wird[355].

---

351 ABlEG 1997 Nr. C 33, S. 81.

352 ABlEG 1997 Nr. C , S. 124 ff.

353 Veröffentlicht in: KOM (97) 85 endg., Katalognr. CB-CO 97-077-DE-C, ISBN 92-78-16349-X; Memorandum der EU-Kommission zu den erworbenen Ansprüchen der Arbeitnehmer beim Übergang von Unternehmen – mit einer Einführung von Rechtsanwalt Dr. Jobst-Hubertus Bauer, Stuttgart – , DB 1997, S. 1030 ff., der das Memorandum als eine Art „Kommentar" der Kommission versteht.

354 Vgl. zu den wesentlichen Änderungen der RL 77/187/EWG durch die RL 98/55/EG: *Gaul*, Die neue EG-Richtlinie zum Betriebs- und Unternehmensübergang, BB 1999, S. 526 ff. und S. 582 ff. *Waas / Johanns,* Die Änderung der Richtlinie zum Betriebsübergang, EuZW 1999, S. 458 ff.; *Willemsen /Annuß,* Neue Betriebsübergangsrichtlinie - Anpassungsbedarf im deutschen Recht?, NJW 1999, S. 2073 ff. Vgl. auch den Text der alten und der geänderten Richtlinie in Anhang 2 und 3.

355 Vgl. hierzu Teil 3, III und *Waas / Johanns,* Die Änderung der Richtlinie zum Betriebsübergang, EuZW 1999, S. 458.

Art. 1 Abs. 1 lit. c der geänderten Richtlinie 77/187/EWG enthält die Klarstellung, dass die Aufgabenübertragung von einer staatlichen Behörde auf eine andere staatliche Behörde keinen Betriebsübergang darstellt.
Neben der Definition des Betriebsüberganges wurde auch eine Legaldefinition des Arbeitnehmerbegriffs eingefügt, der an die Arbeitnehmerschaft in der jeweiligen nationalen Rechtsordnung anknüpft (Art. 2 Abs. 1 lit. d, Abs. 2)[356]. Dabei wird in der Literatur zurecht kritisiert, dass der Richtlinie kein einheitlich und autonom zu bestimmender Arbeitnehmerbegriff zu Grunde liegt[357]. Dies hätte zumindest bei der Änderung der Richtlinie berücksichtigt werden können. Zwar wird an dem Fehlen eines einheitlichen Arbeitnehmerbegriffes deutlich, dass auf dem Gebiet des Arbeitnehmerschutzes bei Betriebsübergang nur eine teilweise Harmonisierung erfolgt. Das Ziel der Richtlinie, nämlich die Sicherstellung der Mindeststandards für abhängig Beschäftigte, könnte durch eine einheitliche Definition zumindest optimiert werden.
Art. 4 a der Änderungsrichtlinie enthält detaillierte Regelungen zum Betriebsübergang in der Insolvenz, die die Anwendung der Richtlinie 77/187/EWG auch in der Insolvenz über die bisherige Rechtsprechung hinaus zulassen. Zum Schutz der Arbeitnehmer werden die Mitgliedstaaten verpflichtet, die erforderlichen Maßnahmen zu treffen, damit Zahlungsunfähigkeitsverfahren nicht missbraucht werden (Art. 4 a Abs. 4)[358].
Schon bisher sah Art. 5 Abs. 1 der Richtlinie a.F. vor, dass die Rechtsstellung und Funktion der Vertreter oder die Vertretung erhalten bleiben, wie sie vor dem Zeitpunkt des Übergangs aufgrund von Rechts- und Verwaltungsvorschriften oder einer Vereinbarung bestanden haben, sofern der Betrieb seine Selbständigkeit wahrt. Etwas anderes sollte nur dann gelten, wenn die allgemeinen Voraussetzungen für eine Neubestellung der Vertreter bzw. die Neubildung der Arbeitnehmervertretung erfüllt waren. Art. 5 Abs. 1 Unterabs. 3 und 4 verpflichten nunmehr zusätzlich die Mitgliedstaaten zur Regelung eines Übergangsmandates der Arbeitnehmervertretung , wenn ein Betrieb oder Betriebsteil nach seinem Übergang auf einen neuen Inhaber über keine eigene Arbeitnehmervertretung verfügt[359].

---

356 Siehe zur Rspr. zum Arbeitnehmerbegriff ausführlich: Teil 3, IV.

357 Vgl. *Staudinger/Richardi/Annuß*, BGB, 13. Aufl., § 613 a BGB; *Willemsen/Annuß*, Neue Betriebsübergangsrichtlinie – Anpassungsbedarf im deutschen Recht?, NJW 1999, S. 2073 ff.; *v. Alvensleben*, Die Rechte der Arbeitnehmer bei Betriebsübergang im Europäischen Gemeinschaftsrecht, 1991, S. 164 ff.

358 Vgl. hierzu Teil 3, VII.

359 Ausführlich zur Problematik der Gewährleistung einer angemessenen Übergansvertretung: *Willemsen/Annuß*, Neue Betriebsübergangsrichtlinie - Anpassungsbedarf im deutschen Recht?, NJW 1999, S. 2073 ff.

Art. 6 der Richtlinie 77/187/EWG n.F. regelt wichtige Neuerungen zur Information der Arbeitnehmer und ihrer Vertreter[360]: Zum einen erstreckt der neu eingefügte Absatz 4 die Informations- und Konsultationspflicht auch auf Entscheidungen die nicht vom Arbeitgeber selbst, sondern von einem den Arbeitgeber kontrollierenden Unternehmen getroffen wird (konzernabhängiges Unternehmen). Zum anderen statuiert Art. 6 Abs. 6 der Richtlinie 77/187/EWG n.F. die Information der betroffenen Arbeitnehmer auch für den Fall, dass unabhängig vom Willen der Arbeitnehmer im Betrieb keine Arbeitnehmervertretung besteht, d.h. nach innerstaatlichem Recht ein Betriebs- oder Personalrat nicht gebildet werden kann.

4. *Die Umsetzung der Richtlinie 77/187/EWG in deutsches Recht*

a) *Die Umsetzung der Richtlinie 77/187/EWG in § 613 a BGB und im Betriebsverfassungsrecht*

Die Bundesrepublik Deutschland hat die Richtlinie 77/187/EWG durch das Arbeitsrechtliche EG-Anpassungsgesetz vom 08.08.1980 umgesetzt. Bei der Umsetzung konnte der Gesetzgeber an das bereits vorhandene Gesetzes- und Richterrecht zu den deutschen Rechtsvorschriften des § 613 a BGB und des § 111 ff. BetrVG anknüpfen und ergänzte lediglich die Vorschrift des § 613 a BGB um Einzelheiten im Sinne der gemeinschaftlichen Vorgaben[361]. Dadurch wurde die Vorschrift des § 613 a BGB zu richtliniendeterminiertem Recht, für dessen Auslegung die Rechtsprechung des EuGH maßgebend ist.
Der gesetzlichen Regelung des § 613 a BGB fehlte eine Regelung zur Fortgeltung kollektivvertraglicher Rechte, die als § 613 a Abs. 1 S. 2 BGB eingefügt wurde. Ferner musste das in der Richtlinie 77/187/EWG vorgesehene spezifische Kündigungsverbot (Art. 4 Abs. 1 der RL) umgesetzt werden, was durch Aufnahme der Regelung des Abs. 4 in § 613 a BGB erfolgte.
Im Bezug auf die Umsetzung der Richtlinie in deutsches Recht war nach Angleichung des § 613 a BGB hauptsächlich die Frage problematisch, ob der Arbeitnehmer auch bei einem Unternehmensübergang in Form der Gesamtrechtsnachfolge ausreichend vor dem Verlust des Arbeitsplatzes geschützt wird. Die

---

360 Vgl. hierzu ausführlich: *Oetker*, Die Vorgaben der Betriebsübergangsrichtlinie für die Beteiligungsrechte des Betriebsrates, NZA 1998, S. 1193 ff.

361 Vgl. ausführlich zur Umsetzung der Richtlinie 77/187/EWG in Deutschland und Großbritannien: *Löw*, Die Betriebsveräußerung im europäischen Arbeitsrecht; vgl. zur Umsetzung in Deutschland und Frankreich: *Debong*, Die EG-Richtlinie über die Wahrung der Arbeitnehmeransprüche beim Betriebsübergang - Ein Vergleich ihrer Umsetzung in der Bundesrepublik Deutschland und Frankreich.

Vorschrift des § 324 UmwG regelt diese Frage nunmehr dahingehend, dass § 613 a Abs. 1 und Abs. 4 BGB durch die Wirkungen der Eintragung einer Verschmelzung, Spaltung oder Vermögensübertragung unberührt bleibt.

Die Umsetzung der Richtlinie 77/187/EWG kann damit insgesamt als gelungen bezeichnet werden. Aufgrund der bereits bestehenden Regelung des § 613 a BGB konnte die Richtlinie sinnvoll in das bereits bestehende nationale Rechtssystem eingefügt werden. Die Gefahr der Umsetzung in ein für die Übersichtlichkeit des Rechts abträgliches Einzelgesetz[362] bestand nicht.
Hinsichtlich der Beteiligung der Arbeitnehmervertreter ging der deutsche Gesetzgeber davon aus, dass die vorgesehenen Mitwirkungsrechte des Betriebsrates in den §§ 111 ff. BetrVG den Anforderungen des Art. 6 der Richtlinie 77/187/EWG a.F. genügen[363]. Im Schrifttum wird jedoch die Ansicht vertreten, dass dies nicht für das Sozialplanprivileg des § 112 a Abs. 2 BetrVG gelte, wenn der Betriebsübergang nicht mit einer Betriebsänderung i.S. des § 111 BetrVG verbunden ist[364].

b) Die erforderliche Umsetzung der Änderungsrichtlinie 98/50/EG in deutsches Recht

Die Änderungen der Betriebsübergangsrichtlinie erfordern in der deutschen Rechtspraxis einen nur eingeschränkten Anpassungsbedarf, da ein Teil der Neuerungen lediglich die ständige Rechtsprechung des EuGH nachvollzieht und die darin enthaltenen Vorgaben teilweise hinter dem in Deutschland bestehenden Rechtsstandard zurückbleiben. Änderungen müssen daher nur im Hinblick auf die Regelungen des Übergangsmandats des Betriebsrats (Art. 5 Abs. 1 Unterabs. 3 und 4) und des Informationsrechts in nicht betriebsratsfähigen Betrieben (Art. 6 Abs. 4) vorgenommen werden. Daneben stellt sich auch das Grundlagenproblem des allgemeinen Europarechts, ob die im Grundsatz allgemein anerkannte

---

362 Vgl. hierzu die berechtigte Kritik bei *Preis*, Neuorientierung in der arbeitsrechtlichen Gesetzgebung, NZA 2000, S. 12, der zutreffend die phantasielose Umsetzung von EG-Richtlinien auf dem Gebiet des Arbeitsrechts in „zerstückelte Einzelgesetze" kritisiert.

363 Vgl. *Debong*, Die EG-Richtlinie über die Wahrung der Arbeitnehmeransprüche beim Betriebsübergang - Ein Vergleich ihrer Umsetzung in der Bundesrepublik Deutschland und Frankreich, S. 94; vgl. auch *Löw*, Die Betriebsveräußerung im europäischen Arbeitsrecht, S. 206, die jedoch in diesem Zusammenhang die Vorschrift des § 112 a BetrVG für europarechtswidrig hält.

364 Vgl. *Löw*, Die Betriebsveräußerung im europäischen Arbeitsrecht, S. 206; *Oetker*, Die Vorgaben der Betriebsübergangsrichtlinie für die Beteiligungsrechte des Betriebsrates, NZA 1998, S. 1201.

Pflicht zur richtlinienkonformen Auslegung des nationalen Rechts bereits vor Ende der Umsetzungsfrist einer Richtlinie zu beachten ist[365]. Richtigerweise kann eine solche Verpflichtung nicht angenommen werden, da die Richtlinie ihrer Natur nach einen legislativen Umsetzungsakt erfordert, der in diesem Fall gerade nicht vorliegt[366].
Für die Gewährleistung einer angemessenen Übergangsvertretung bietet sich eine allgemeine Regelung für alle Fälle der Betriebsspaltung an. Da dem Betriebsrat nach deutschem Recht bei Verlust der betriebsverfassungsrechtlichen Identität im Fall der Einzelrechtsnachfolge[367] nur ein Restmandat anerkannt wird[368], das ihn zur Wahrnehmung der Rechte aus §§ 111, 112 BetrVG berechtigt, kommt auch eine Analogie zu den spezialgesetzlichen Regelungen (wie z.B.: § 321 UmwG, §§ 15, 20 EisenbahnNeuOG, § 24 PostNeuOG), die gegenwärtig bereits ein Übergangsmandat in allen Fällen der Übertragung eines Betriebes oder Betriebsteiles vorsehen, in Betracht. Eine solche Ausdehnung des Anwendungsbereiches dieser Gesetze[369] führt jedoch zu dem Wertungswiderspruch, dass die Arbeitnehmer hinsichtlich ihrer Vertretung durch den Betriebsrat besser gestellt wären, wenn die zum Wegfall der Vertretung führende Betriebsänderung aufgrund eines Betriebsteilüberganges erfolgt, als wenn die gleiche Umstrukturierung im Rahmen einer unveränderten Rechtsträgerzuordnung erfolgen würde. Dies geht aber im Ergebnis über den Schutzzweck, nämlich die bloße Sicherung der Arbeitnehmerrechte bei Betriebsübergängen, hinaus[370]. Eine analoge Anwendung dieser Normen scheitert an der für jede Analogie erforderlichen planwidrigen Regelungslücke. Der Gesetzgeber hat das Problem des fehlenden Übergangmandates[371] bei Wegfall der Selbständigkeit des Betriebs bzw.

---

365 Dieser Frage soll hier nicht vertieft dargestellt werden: vgl. hierzu ausführlich: *Ehricke,* Die richtlinienkonforme Auslegung nationalen Rechts vor Ende der Umsetzungsfrist einer Richtlinie, EuZW 1999, S. 553 ff.

366 So auch *Krause,* Das Übergangsmandat des Betriebsrats im Lichte der novellierten Betriebsübergangsrichtlinie, NZA 1998, S. 1204 f., der allerdings in der Richtlinie eine ausreichende Legitimation für eine entsprechende Rechtsfortbildung sehen will; bejahend dagegen: *Waas / Johanns,* Die Änderung der Richtlinie zum Betriebsübergang, EuZW 1999, S. 461.

367 Bei der Gesamtrechtsnachfolge gilt § 321 UmwG.

368 BAGE 60, 192 = NZA 1998, 433 = AP Nr. 77 zu § 613 a BGB; GK - BetrVG, § 21 Rn. 52.

369 Eine solche Ausdehnung des Anwendungsbereiches bejahend: LAG Berlin, Urt. v. 08.01.1996, BB 1996, 1937; *Fitting/Kaiser/Heither/Engels*, BetrVG, § 21 Rn. 52.

370 So *Willemsen/Annuß*, Neue Betriebsübergangsrichtlinie – Anpassungsbedarf im deutsche Recht?, NJW 1999, S. 2079.

371 Außerhalb des Anwendungsbereiches des § 323 UnwG wird nur ein Restmandat zur Wahrnehmung der aus §§ 111, 112 BetrVG folgenden Mitwirkungsrechte anerkannt.

des Betriebsteils im Wege der Einzelrechtsnachfolge[372] gekannt und es gleichwohl im Zusammenhang mit Inkrafttreten des Umwandlungsbereinigungsgesetzes am 01.01.1995 unterlassen, eine entsprechende Regelung in die durch das Gesetz ebenfalls geänderten §§ 106, 111 BetrVG einzufügen[373].
Die Umsetzung des individuellen Informationsanspruchs des betroffenen Beschäftigten gem. Art. 6 Abs. 6 der Richtlinie 77/187/EWG n.F. in das deutsche Recht wird sinnvollerweise durch eine Ergänzung der Vorschrift des § 613 a BGB zu erfolgen haben[374]. Der Verzicht auf das Erfordernis einer expliziten gesetzlichen Regelung unter Hinweis der Herleitung eines solchen Informationsanspruches aus den arbeitsvertraglichen Nebenpflichten[375] begegnet unter dem Gesichtspunkt der Bedeutung dieses Anspruchs für den Arbeitnehmer Bedenken: Ohne eine Information über den Betriebsübergang kann der betroffene Arbeitnehmer keine Entscheidung über die Ausübung seines Widerspruchsrechts treffen.
Die zahlreichen Rechtsunsicherheiten die in den Bereichen der vorzunehmenden Änderungen schon jetzt bestehen, machen eine Anpassung der deutschen Rechtspraxis schon vor Ablauf der Umsetzungsfrist am 17.07.2001 erforderlich[376].

III. Systembildung im Bereich der Auslegung des Tatbestandmerkmals „Übergang von Unternehmen, Betrieben oder Unternehmens- bzw. Betriebsteilen“

Den Schwerpunkt der richterlichen Vorlagen an den EuGH zur Anwendung und Auslegung der Richtlinie 77/187/EWG stellen die Fragen nach dem Vorliegen eines Unternehmens- bzw. Betriebsübergangs dar. Den rechtlichen Ausgangspunkt hierfür bildet Art. 1 Abs. 1 der Richtlinie 77/187/EWG, der i.d.F. der

---

372 Bei der Gesamtrechtsnachfolge hat der Gesetzgeber in § 321 UmwG ein Übergangsmandat normiert.

373 Vgl. *Gaul*, Die neue EG-Richtlinie zum Betriebs- und Unternehmensübergang, BB 1999, S. 584; gegen eine Analogie unter anderem *Bauer/Lingemann*, NZA 1994, 1004; *Feudner*, BB 1996, 1937.

374 Vgl. ebenso *Gaul*, Die neue EG-Richtlinie zum Betriebs- und Unternehmensübergang, BB 1999, S. 582; ablehnend *Willemsen/Annuß*, Neue Betriebsübergangsrichtlinie – Anpassungsbedarf im deutschen Recht?, NJW 1999, S. 20780, die die neue Regelung des Art. 6 Abs. 6 der Richtlinie 77/187/EWG als unbeachtlich ansehen, da sie dem Regelungsgefüge der Artikel 6 Abs. 1 bis Abs. 5 widersprächen.

375 So *Oetker*, Die Vorgaben der Betriebsübergangsrichtlinie für die Beteiligungsrechte des Betriebsrates, NZA 1998, S. 1201.

376 Ebenso *Krause*, Das Übergangsmandat des Betriebsrats im Lichte der novellierten Betriebsübergangsrichtlinie, NZA 1998, S 1201 ff.;

Richtlinie 98/50/EG bestimmt: „Die Richtlinie ist auf den Übergang von Unternehmen, Betrieben oder Unternehmens- bzw. Betriebsteilen auf einen anderen Inhaber durch vertragliche Übertragung oder durch Verschmelzung anwendbar." Mit Änderung dieser Richtlinie durch die Richtlinie 98/50/EG steht nunmehr fest, dass als Übergang im Sinne der Richtlinie der „Übergang einer ihre Identität bewahrenden wirtschaftlichen Einheit im Sinne einer organisatorischen Zusammenfassung von Ressourcen zur Verfügung einer wirtschaftlichen Haupt- oder Nebentätigkeit" gilt[377]. Diese Legaldefinition geht auf die Fortentwicklung der Rechtsprechung des EuGH zurück, die sich seit längerem an dem Kriterium der Wahrung der Identität der wirtschaftlichen Einheit orientiert. Beginnend mit der „*Spijkers*" – Entscheidung stellte der EuGH eine Dreistufenprüfung für die Feststellung eines Betriebsüberganges auf, die er in zahlreichen Vorabentscheidungen weiterentwickelte[378]:
Die für den Übergang in Betracht zu ziehende Einheit muss danach erstens ihre Identität bewahren. Dabei ist nach den Kriterien der Rechtsprechung des EuGH zu prüfen, ob eine noch bestehende wirtschaftliche Einheit veräußert wird und ob deren Betrieb mit derselben oder einer gleichartigen Geschäftstätigkeit tatsächlich weitergeführt oder wieder aufgenommen wird. Die Feststellung der Wahrung und der Identität der wirtschaftlichen Einheit ist zweitens anhand einer Gesamtabwägung sämtlicher Umstände des Einzelfalls vorzunehmen. Zu diesen Gesichtspunkten zählen: Art des betreffenden Betriebs oder Unternehmens, Übergang der materiellen Aktiva, Wert der immateriellen Aktiva, Übernahme der Belegschaft, Übergang der Kundschaft, Grad der Ähnlichkeit zwischen der Tätigkeit vor und nach der Übernahme. Drittens ist die tatsächliche Beurteilung und Feststellung, ob bei Anlegung der Gesamtbewertung ein Betriebsübergang vorliegt, dem nationalen Gericht vorbehalten.

Trotz dieser entwickelten Kriterien hat die Feststellung des Tatbestandes eines Betriebsüberganges immer wieder zu zahlreichen Irritationen geführt, die an folgenden Leitentscheidungen dargestellt werden sollen. Großes Aufsehen erregte insbesondere die Rechtssache *Christel Schmidt*, die das Sonderproblem des Be-

---

377 Art. 1 Abs. 1 lit. b RL 77/187/EWG i.d.F. der RL 98/50/EG.

378 Vgl. im einzelnen EuGH, Urt. v. 18.03.1986, Rs.24/85, Slg. 1986, 1119 – *Spijkers*; EuGH, Urt. v. 12.11.1992, Rs.C-209/91, Slg. 1992, 5755 ; EuGH,. Urt. v. 19.05.1992, Rs. C 29/91, Slg. 1992, 3190, *Redmond Stichting*; EuGH, Urt. v. 19.09.1995, Rs. C-48/94, NZA 1995, 1031 = AP Nr. 133 zu § 613 a BGB – *Rygaard*; EuGH, Urt. v. 07.03.1996, Rs. C-171/94 und C-172/94, DB 1996, 68 = NZA 1996, 413 = AP Nr. 9 zur Richtlinie 77/187/EWG – *Merckx*: siehe zur Darstellung der einzelnen Urteile in ihrem Kontext, unten Teil 2, III, 1 c, bb.

triebsübergangs durch Funktionsnachfolge betrifft[379].

1. Die Christel Schmidt – Entscheidung und das Problem des Betriebsübergangs durch Funktionsnachfolge[380]

a) Sachverhalt

Der EuGH hat in der Rechtssache *Christel Schmidt*[381] entschieden, dass in der vertraglichen Übertragung der Verantwortung für die Erledigung einer Reinigungsaufgabe ein Betriebsübergang i.S.d. Richtlinie 77/187/EWG liegen könne. Zu beurteilen hatte er einen Fall der erstmaligen Fremdvergabe einer zuvor vom Auftraggeber selbst erledigten Reinigungsaufgabe (sog. „Outsourcing")[382]:
Die Klägerin (*Christel Schmidt*) war bei der Beklagten, einer Spar- und Leihkasse, als Raumpflegerin beschäftigt. Diese entschloss sich nach einem Umbau ihrer Filiale die Firma Spiegelblank mit der Reinigung ihrer Räumlichkeiten zu betrauen. Die Firma Spiegelblank bot der Klägerin an, sie zu einem höheren als dem bisher von ihr bezogenen monatlichen Arbeitsentgelt zu übernehmen. Die Klägerin lehnte dieses Angebot jedoch ab, da die erhebliche Vergrößerung der zu reinigenden Fläche nach ihrer Meinung in Wirklichkeit zu einer Verschlechterung des Stundenlohnes geführt hätte.
Gegen die erfolgte Kündigung der Beklagten, erhob die Klägerin Kündigungsschutzklage, die in erster Instanz abgewiesen wurde. Im Laufe des Berufungs-

---

379 Aufgrund ihrer Bedeutung wird zunächst die *Christel Schmidt* – Entscheidung dargestellt und die vorangegangenen wichtigen Urteile in ihrem Zusammenhang behandelt, vgl. Teil 3, III, 1 bb (Vergleich mit der übrigen Rechtsprechung).

380 EuGH, Urt. v. 14.04.1994, Rs. C-392/92, Slg. 1994, I-1311 = EUZW 1994, 374 = NJW 1994, 2343 - *Christel Schmidt.*

381 Das Urteil ist keineswegs, wie man vielleicht annehmen könnte, durch die *Ayse Süzen* – Entscheidung überholt. Nach der hier vertretenen Auffassung stellt es vielmehr den Ausgangspunkt dieser Entscheidung dar und ist deshalb von weit mehr als nur rechtshistorischem Interesse.

382 Beim Outsourcing lässt sich zwischen dem sog. Inhouse- und Outhouse-Outsourcing unterscheiden. Als Inhouse-Outsourcing wird dabei die Übertragung einer bislang im Betrieb von einem oder mehreren Arbeitnehmern verrichteten Tätigkeit an ein Fremdunternehmen zur weiteren Erfüllung der Aufgabe im Betrieb durch das Fremdunternehmen angesehen. Dagegen erfolgt beim sog. Outhouse-Outsourcing die Vergabe von bislang im Betrieb verrichteten Tätigkeiten nach außen mit der Folge, dass die Arbeiten nicht an demselben Arbeitsplatz im Betrieb, sondern durch einen Dritten außerhalb des Betriebes verrichtet werden. Beide Vorgänge tangieren direkt den Schutzzweck der Richtlinie 77/187/EWG, da die erstmalige Fremdvergabe einer bisher in einem Unternehmen mit eigenem Personal bewerkstelligten Aufgabe regelmäßig mit einem Arbeitsplatzverlust einhergeht.

verfahrens vor dem LAG Schleswig-Holstein kam der Gedanke auf, dass das Arbeitsverhältnis nach § 613 a BGB auf die Firma Spiegelblank übergegangen sei, da die Fremdvergabe der Tätigkeit einen Teilbetriebsübergang darstellen könne.
Das LAG Schleswig-Holstein legte daher dem EuGH folgende Fragen zur Vorabentscheidung vor[383]:

„1. Können die Reinigungsaufgaben eines Betriebes, wenn sie vertraglich auf eine Fremdfirma übertragen werden, einem Betriebsteil im Sinne der Richtlinie 77/187/EWG gleichgestellt werden?
2. Falls die Frage 1 grundsätzlich bejaht wird: Gilt dies auch dann, wenn die Reinigungsaufgaben bis zur Übertragung von einer einzigen Arbeitnehmerin erledigt worden sind?"

b) Entscheidung des EuGH

In seinen Schlussanträgen definierte der Generalanwalt *Walter van Gerven* einen Betrieb im Sinne der Richtlinie 77/187/EWG als eine organisatorische Gesamtheit von Personen und Vermögensgegenständen[384]. Der EuGH lehnte es ab, die Übertragung von Aktiva als unverzichtbare Voraussetzung eines Betriebsübergangs anzusehen und übernahm die vorgeschlagene Definition nicht, sondern hält dagegen die Identität der wirtschaftlichen Einheit zur Bestimmung eines Betriebes für maßgebend[385] und führt als Kernaussage der Entscheidung aus:

„Überträgt ein Unternehmen durch Vertrag einem anderen Unternehmen die Verantwortung für den Betrieb einer Dienstleistungseinrichtung seines Unternehmens, z.B. die Erledigung von Reinigungsaufgaben, und übernimmt der letztgenannte damit die Arbeitgeberpflichten gegenüber den dort beschäftigten Arbeitnehmern, so kann der Vorgang in den Anwendungsbereich der Richtlinie fallen."[386]

Der EuGH stellt somit unter Verweis auf seine vorangegangene Rechtsprechung[387] klar, dass die Wahrung der Identität der wirtschaftlichen Einheit das entscheidende Kriterium für das Vorliegen eines Betriebs- oder Unternehmens-

---

383 Vorlagebeschluss: LAG Schleswig-Holstein, LAGE § 613 a BGB Nr. 28 = ZIP 1994, 1040.

384 Schlussanträge vom 23.02.1994, Slg. 1994, I-1313.

385 EuGH, Urt. v. 14.04.1994, Rs. C-392/92, Slg. 1994, I-1311 = EUZW 1994, 374 = NJW 1994, 2343 - *Christel Schmidt*, Rn. 17.

386 EuGH, Urt. v. 14.04.1994, Rs. C-392/92, Slg. 1994, I-1311 = EUZW 1994, 374 = NJW 1994, 2343 - *Christel Schmidt*, Rn. 14.

387 Insbesondere den Rechtssachen *Spijkers:* EuGH, Urt. v. 18.03.1984, Rs.C-24/85, Slg. 1986, 1119.und *Redmond Stichting*: EuGH,. Urt. v. 19.05.1992, Rs.C 29/91, Slg. 1992, 3190.

überganges im Sinne der Richtlinie ist. Die Gleichartigkeit der vor und nach der Übertragung ausgeführten Reinigungsaufgaben und das Angebot der Weiterbeschäftigung an die Reinigungskraft zeigten, dass die Identität der wirtschaftlichen Einheit erhalten geblieben sei. Der EuGH sieht damit die Übertragung von Vermögensgegenständen nicht als zwingende Voraussetzung für einen Betriebsübergang im Sinne der Richtlinie 77/187/EWG an. Dem, u. a. von der Regierung der Bundesrepublik Deutschland kommenden, Einwand, ohne die Übertragung von Aktiva könne kein Betriebsübergang vorliegen, erteilte der EuGH damit unter Hinweis auf die Entscheidung *Spijkers*[388] eine Absage:

> „Die Wahrung der Ansprüche der Arbeitnehmer, die schon dem Titel der Richtlinie nach deren Zweck ist, kann nämlich nicht von der Berücksichtigung nur eines Umstandes abhängen, von dem der Gerichtshof im übrigen festgestellt hat, dass er allein nicht entscheidend ist."[389]

c) *Analyse der Entscheidung*

aa) *Dogmatische Einordnungen der Aussagen*

Die Entscheidung stellt keinen, wie in der Literatur teilweise angenommen[390], grundsätzlichen Wandel in der Rechtsprechung des EuGH dar. Zwar war in den Entscheidungen vor *Christel Schmidt* die Übertragung von Vermögensgegenständen auch immer als mitentscheidendes Kriterium für einen Betriebsübergang im Sinne der Richtlinie 77/187/EWG angesehen worden[391]. Von dieser Sichtweise ist der EuGH aber nicht dadurch abgerückt, dass er die Übertragung der Aktiva für nicht immer erforderlich hält. Der EuGH hat immer betont, dass die aufgestellten Kriterien nur beispielhaft und nicht abschließend sind. Dass das Ausgliedern bzw. Auslagern auch nach *Christel Schmidt* in erheblichen Bereichen nicht zweifelhaft geworden ist, ergibt sich aus den die *Christel Schmidt* – Entscheidung in tatsächlicher Hinsicht auszeichnenden Gegebenheiten[392], dass:

---

388 EuGH, Urt. v. 18.03.1984, Rs.C-24/85, Slg. 1986, 1119, vgl. dazu ausführlich: Teil 3, III, 1 c.

389 EuGH, Urt. v. 14.04.1994, Rs. C-392/92, Slg. 1994, I-1311 = EUZW 1994, 374 = NJW 1994, 2343 - *Christel Schmidt*, Rn. 16.

390 Vgl. hierzu unten: Teil 2, III, 1 d.

391 Vgl. insbesondere EuGH, Urt. v. 18.03.1986, Rs.24/85, Slg. 1986, 1119 – *Spijkers*; EuGH,. Urt. v. 19.05.1992, Rs. C 29/91, SIg. 1992, 3190, *Redmond Stichting*; EuGH, Urt. v. 19.09.1995, Rs. C-48/94, NZA 1995, 1031 = AP Nr. 133 zu § 613 a BGB – *Rygaard.*

392 Vgl. EuGH, Urt. v. 14.04.1994, Rs. C-392/92, Slg. 1994, I-1311 ff. = EUZW 1994, 374 = NJW 1994, 2343 – Christel Schmidt.

- die Tätigkeit an den bzw. im Zusammenhang mit den bisherigen Arbeitsplätzen stattfindet,
- die erforderlichen sächlichen Betriebsmittel minimal sind
- eine Tätigkeit des Unternehmens fortgeführt wird und
- die Arbeitnehmer, die bislang mit der Dienstleistung betraut gewesen sind, ein Angebot zur Weiterbeschäftigung erhalten[393].

Die Feststellung des EuGH, dass eine selbständige wirtschaftliche Einheit auch dann angenommen werden kann, wenn nur ein Arbeitnehmer in dieser Einheit beschäftigt wird, stellt die eigentliche dogmatische Neuerung der *Christel Schmidt* – Entscheidung dar. In dieser Fortentwicklung der Rechtsprechung liegt auch keine Kompetenzüberschreitung des EuGH oder ein „ausbrechender Rechtsakt", wie dies teilweise in der Literatur in ersten Reaktionen angenommen wurde[394]. Der EuGH hat mit den getroffenen Feststellungen nicht das Maß der als zulässig erachteten Rechtsfortbildung überschritten[395]. Vielmehr hat er sich bei der Auslegung der Richtlinie entsprechend seiner methodischen Grundsätze maßgeblich vom Schutzzweck der Richtlinie leiten lassen. Unter Arbeitnehmerschutzgesichtspunkten kann die Anwendung der Richtlinie nämlich nicht allein von dem Erfordernis der Übertragung sächlicher oder immaterieller Betriebsmittel[396] abhängen. Das durch die *Christel Schmidt* – Entscheidung lediglich bestätigte Kriterium der Wahrung der Identität der wirtschaftlichen Einheit dehnt damit den Anwendungsbereich der Richtlinie nicht kompetenzwidrig aus.

bb) Vergleich mit der übrigen Rechtsprechung

Die Entscheidung fügt sich in die bisherige Rechtsprechung des EuGH zur Auslegung des Begriffs „Übergang eines Unternehmens, Betriebs oder Be-

---

393 Gerade dem Angebot zur Weiterbeschäftigung kam bei der Begründung der Wahrung der wirtschaftlichen Identität entscheidende Bedeutung zu. Vgl. *Zuleeg*, Europäischer Gerichtshof und nationale Arbeitsgerichte aus europarechtlicher Sicht, RdA 1996, S. 74. Dieses Abstellen auf das Übernahmeangebot vermag jedoch argumentativ nicht zu überzeugen, da es letztlich an dem Übergang des Personals fehlt, vgl. unten: Teil 3, III, 2 c, aa.

394 Vgl. zu der heftig geführten Diskussion: *Zwanziger*, Vom Reinigungsvertrag zur Krise der Europäischen Union?, DB 1994, S.2624 ff. und unten: Teil 3, III, 1 d (Auswirkungen der Entscheidung).

395 Eine Kompetenzverletzung des EuGH bejahend: *Buchner*, Verlagerung betrieblicher Aufgaben als Betriebsübertragung i. S. von § 613a BGB?, DB 1994, 1421; ausdrücklich verneinend dagegen: *Zwanziger*, Vom Reinigungsvertrag zur Krise der Europäischen Union?, DB 1994, S.2624.

396 So aber früher das BAG, vgl. *Preis* in: *Dietrich / Hanau / Schaub* (Hrsg.), Erfurter Kommentar zum Arbeitsrecht, § 613 a BGB, Rn. 9.

triebsteils" im Sinne von Art. 1 Abs. 1 der Richtlinie 77/187/EWG ein:
In der Entscheidung *Spijkers*[397] hatte der EuGH 1986 die Frage zu beantworten, ob eine Unternehmensstilllegung von wenigen Wochen und damit die Nichtübernahme des Kundenstamms durch das zweite Unternehmen die Anwendung der Richtlinie ausschließt. Die Nachfolgegesellschaft hatte sämtliche sächlichen Betriebsmittel sowie den Großteil der Belegschaft übernommen und führte die bisherige Tätigkeit fort. Die Entscheidung hat von ihrer zentralen Bedeutung nichts eingebüßt. Sie enthält Aussagen, auf die der EuGH sich in nachfolgenden Entscheidungen immer wieder gestützt hat[398]. Zwar definierte das Gericht den Begriff „Übergang von Unternehmen, Betrieben oder Betriebsteilen" im Sinne der Richtlinie nicht, es prägte aber das bis heute maßgebliche Kriterium für die Annahme eines Betriebsübergangs, nämlich die Wahrung der Identität der wirtschaftlichen Einheit trotz Inhaberwechsels[399]. Bei der Beurteilung dieses Kriteriums sind nach dem EuGH unter anderem auch folgende Faktoren zu berücksichtigen: Art des betreffenden Unternehmens oder Betriebs, Übergang oder Nichtübergang der materiellen Aktiva wie Gebäude und bewegliche Güter, Wert der immateriellen Aktiva zum Zeitpunkt des Übergangs, Übernahme oder Nichtübernahme der Hauptbelegschaft durch den neuen Inhaber, Übergang oder Nichtübergang der Kundschaft sowie Grad der Ähnlichkeit zwischen der vor und nach dem Übergang verrichteten Tätigkeit sowie Dauer einer eventuellen Unterbrechung dieser Tätigkeit[400]. Diese Kriterien sind aber nur Teilaspekte der vom nationalen Gericht vorzunehmenden Gesamtbewertung und können daher auch nicht isoliert betrachtet werden[401]. So lehnte der EuGH bereits in der Entscheidung *Spijkers* die Ansicht des Klägers ab, ein Betriebsübergang sei schon deshalb anzunehmen, weil alle Aktiva veräußert worden seien[402].
Die Entscheidung *Redmond Stichting*[403] behandelte die Frage, ob die Nichtübernahme einzelner Vermögensgegenstände oder die Ausklammerung verschiedener Teilaufgaben dem Betriebsübergang entgegensteht. Der EuGH bestätigte die *Spijkers* – Entscheidung und stellte fest, dass Tätigkeiten besonderer Art, die selbständige Aufgaben darstellten, gegebenenfalls Betrieben oder Betriebsteilen

---

397 EuGH, Urt. v. 18.03.1986, Rs.C-24/85, Slg. 1986, 1119.

398 Vgl. den Verweis in der *Christel Schmidt* – Entscheidung oben: EuGH, Urt. v. 14.04.1994, Rs. C-392/92, Slg. 1994, I-1311 = EUZW 1994, 374 = NJW 1994, 2343 – *Christel Schmidt*, Rn. 16.

399 Vgl. EuGH, Urt. v. 18.03.1986, Rs.C-24/85, Slg. 1986, 1119 – *Spijkers*, Rn. 11.

400 EuGH, Urt. v. 18.03.1986, Rs.C-24/85, Slg. 1986, 1119 – *Spijkers*, Rn. 13.

401 Seit. *Spijkers* ständige Formel einer vorzunehmenden Gesamtbetrachtung: EuGH, Urt. v. 18.03.1986, Rs.C-24/85, Slg. 1986, 1119 – *Spijkers*, Rn 13.

402 EuGH, Urt. v. 18.03.1986, Rs.C-24/85, Slg. 1986, 1119 – *Spijkers*, Rn. 12.

403 EuGH,. Urt. v. 19.05.1992, Rs.C 29/91, Slg. 1992, 3190. Zum Sachverhalt und zu den rechtlichen Ausführungen des Urteils zum Tatbestandsmerkmal der vertraglichen Übertragung vgl. Teil III, V.

gleichgestellt werden könnten.
Bereits im Jahre 1992 entschied der EuGH in der Rechtssache *Watson Rask / Christensen*[404] einen Fall der Fremdvergabe von Tätigkeiten („Outsourcing"). Der EuGH bejahte die grundsätzliche Anwendbarkeit der Richtlinie, „wenn ein Unternehmer durch Vertrag einem anderen Unternehmer die Verantwortung für die Bewirtschaftung einer zuvor von ihm selbst geleiteten innerbetrieblichen Dienstleistungseinrichtung gegen Entgelt und andere verschiedene Leistungen überträgt. Dass dieses Urteil nicht dieselbe Berühmtheit wie die *Christel Schmidt* – Entscheidung erlangt hat, lässt sich auf den Umstand zurückführen, dass der Sachverhalt auch nach dem bisherigen Verständnis des nationalen Rechts als ein Betriebsübergang anzusehen gewesen wäre: Ein Unternehmen, das bisher seine Betriebskantine in eigener Regie und mit eigenem Personal geführt hatte, vergab den Betrieb der Kantine vertraglich an ein Drittunternehmen. Dabei stellte das Unternehmen u.a. die Verkaufs- und Produktionsräume sowie die für den Kantinenbetrieb erforderlichen Einrichtungen zur Verfügung. Das Drittunternehmen übernahm auch die bisher in der Kantine fest angestellten Arbeitnehmer. Damit wird aber auch der Unterschied zur *Christel Schmidt* – Entscheidung deutlich, da in der Rechtssache *Watson Rask / Christensen*[405] gerade auch materielle Betriebsmittel übernommen wurden und es sich auch nicht um den klassischen Outsourcing-Fall handelte, da der Drittunternehmer kein eigenes Unternehmensrisiko trug, sondern die Bewirtschaftung gegen ein festes Entgelt übernommen hatte, das alle Betriebsausgaben deckte. Dennoch kommt der Entscheidung eigenständige Bedeutung unter dem Gesichtspunkt zu, als der EuGH feststellte, dass die Annahme eines Betriebsüberganges nicht schon daran scheitert, dass der übertragene Tätigkeitsbereich (Betriebsteil) für das übertragende Unternehmen nur von untergeordneter Bedeutung ist und nicht in einem notwendigen Zusammenhang mit dem Unternehmenszweck steht.

d) Auswirkungen der Entscheidung

Die *Christel Schmidt* - Entscheidung hat europaweit großes Aufsehen erregt und in der Betriebspraxis für erhebliche Rechtsunsicherheit gesorgt. Die Stellungnahmen in der Literatur zu dieser Entscheidung fielen überwiegend kritisch[406]

---

404 EuGH, Urt. v. 12.11.1992, Rs.C-209/91, Slg. 1992, 5755.

405 EuGH, Urt. v. 12.11.1992, Rs.C-209/91, Slg. 1992, 5755.

406 Vgl. beispielhaft die Ausführungen zur *Christel Schmidt* – Entscheidung bei: *Baeck / Lingemann*, Auftragsübergang als Betriebsübergang? – Neues vom EuGH, NJW 1997, 2492 ff.; *Bauer*, Outsourcing out?, BB 1994,1433 ff.; *Buchner*, Verlagerung betrieblicher Aufgaben als Betriebsübertragung i. S. von § 613a BGB?, DB 1994, 1417 ff. ; *Hanau*, Anmerkung zur Entscheidung des EuGH vom14.4.1994, Rs C-392/92 ZIP 1994,

aus, während Befürwortungen[407] vereinzelt blieben. Auf Gemeinschaftsebene erging unmittelbar nach Erlass des Urteils und in Anbetracht der teilweise massiven Kritik der Kommissionsentwurf vom 08.09.1994[408] zur Klarstellung der Anwendungsvoraussetzungen der Richtlinie, in dem vorgesehen war, die extensive Auslegung des Anwendungsbereichs der Richtlinie im Wege einer Änderung der Richtlinie einzugrenzen[409].

Dem EuGH wurde im wesentlichen vorgeworfen, dass die Rechtsprechung das Kriterium der Wahrung der Identität der wirtschaftlichen Einheit entwerte. Die Fortführung von Tätigkeiten habe mit der Wahrung der Identität einer wirtschaftlichen Einheit allein nichts zu tun. Die Fremdvergabe von Hilfs- und Unterstützungsfunktionen sei weder die Übertragung einer das Unternehmen ausmachenden Geschäftstätigkeit noch die Wahrung der Identität einer wirtschaftlichen Einheit. Ferner missachte der EuGH mit dieser Entscheidung die gewachsenen Strukturen der Mitgliedstaaten und nehme die Rechtsprechung der nationalen Obergerichte nicht zur Kenntnis[410]. Darüber hinaus war von unzulässiger Rechtsfortbildung die Rede[411]. So wertete *Bauer* die Entscheidung als eine Kompetenzüberschreitung des EuGH, die mit dem BVerfG als „ausbrechender Rechtsakt" im Rechtssinne des Maastricht-Urteils[412] angesehen werden müsse[413].

Auch wenn diese ersten Reaktionen rückblickend überzogen anmuten[414], führte das Urteil doch zu einer großen Rechtsunsicherheit. Es blieb fraglich, ob ein Betriebsübergang zu bejahen ist, wenn ein Auftraggeber einen Auftrag mit einem Bewachungs-, Wartungs- oder Reinigungsunternehmen beendet und mit einem anderen Unternehmen einen neuen Vertrag abschließt, auch wenn keine Betriebsmittel übergingen. Des weiteren ging es darum, ob das Outsourcing, also die Übertragung eigener Arbeiten an Fremdfirmen, die Qualität eines Betriebs-

---

1038; *Junker,* Der EuGH im Arbeitsrecht – Die schwarze Serie geht weiter, NJW 1994, S. 2527 ff.; *Willemsen*, Aktuelle Tendenzen zur Abgrenzung des Betriebsübergangs – Die Zeit nach „Christel Schmidt" – , DB 1995, S. 924 ff.

407 Vgl. *Zuleeg*, Europäischer Gerichtshof und nationale Arbeitsgerichte aus europarechtlicher Sicht, RdA 1996, S. 74; *Zwanziger*, Vom Reinigungsvertrag zur Krise der Europäischen Union? DB 1994, S.2623; Siehe aus rechtsvergleichender Sicht; *Baudenbacher*, Auftragsnachfolge und Betriebsübergang im europäischen Recht, DB 1996, S.2177 ff.

408 ABlEG 1994 Nr. C 274, S. 10.

409 Der Entwurf bildet die Grundlage für die mittlerweile erlassene Änderungsrichtlinie 98/50/EG, siehe hierzu näher unten Teil 2, II.

410 So: *Bauer*, Outsourcing out?, BB 1994, 43; *Roeder / Baeck*, EuGH – Funktionsnachfolge als Betriebsübergang, NZA 1994, 544.

411 Siehe zu diesem Vorwurf bereits oben: Teil 3, III, 1 c, aa.

412 Vgl. zu dem angeblichen Befugnis des BVerfG oben Teil 1, I, 1b.

413 *Bauer*, Outsourcing out?, BB 1994,1435.

414 Siehe unten die Ausführungen zur Rechtssache *Ayse Süzen*, Teil 3, III, 2.

bzw. Teilbetriebsübergangs aufwies. Dabei gingen Teile von Literatur und Rechtsprechung, vielfach davon aus, die „Gleichartigkeit“ der vor und nach der Übertragung ausgeführten Aufgaben reiche für die Bejahung eines Betriebsüberganges aus (die bloße Funktionsnachfolge als Betriebsübergang). Bislang hatte das BAG in ständiger Rechtsprechung[415] angenommen, der Übergang der Arbeitsverhältnisse sei Rechtsfolge und nicht Tatbestandsvoraussetzung des Betriebsübergangs. Für diese restriktive Betrachtungsweise spricht, dass die Definition ansonsten als tautologisch zu bezeichnen ist. Diese Auslegung durch das BAG war praktisch dadurch vorgegeben, dass die nationale Norm des § 613 a BGB bereits vor der Richtlinie 77/187/EWG existent war[416].
Die Rechtsprechung der Instanzgerichte reagierte uneinheitlich. Einige Landesarbeitsgerichte haben dem EuGH ausdrücklich die Gefolgschaft versagt[417], während andere Gerichte[418] dem EuGH in seiner Auslegung des Gemeinschaftsrechts folgten. Die aufgekommene Rechtsunsicherheit veranlasste auch den 8. Senat des BAG[419] durch Beschluss vom 21.3.1996 dem EuGH einen ausführlichen Fragenkatalog vorzulegen[420]. Erst die in der *Ayse Süzen* – Entscheidung

---

415 Vgl nur BAG, Urt. v. 29.09.1988 - 2 AZR 172/88 - AP Nr. 76 zu § 613 a BGB; BAG, Urt. v. 14.07.1994 -2 AZR 55/94

416 *Ascheid,* Richtlinie 77/187/EWG: Harmonisierung europäischen und deutschen Richterrechts, *Hanau/Heither/Kühling* (Hrsg.), Richterliches Arbeitsrecht, FS für Thomas Dietrich, S.

417 Vgl. LAG Baden-Württemberg, Urt. v. 11.12.1992, DB 1993, S. 1826; LAG Schleswig-Holstein, Urt. v. 10.02.1995; LAG Düsseldorf, Urt. v. 09.11.1994, DB 1995, S. 275 f.; Vgl. auch LAG *Hamm*, Urt. v. 08.10.1996, DB 1997, S.48: Unter direkter Bezugnahme auf die Christel Schmidt – Entscheidung des EuGH wird die Anwendung des § 613 a abgelehnt, wenn ein Reinigungsunternehmen im Rahmen einer Neuausschreibung den Auftrag an ein Konkurrenzunternehmen verliert, das nunmehr die Reinigungsarbeiten ohne Übernahme sächlicher und immaterieller Betriebsmittel ausführe. Umso weniger sei von einem Betriebsübergang auszugehen, wenn der neue Auftragnehmer nur einen kleinen Teil der beim bisherigen Auftragnehmer beschäftigten Arbeitskräfte neu einstellt. Letztlich steht dies im Ergebnis nicht der Christel - Schmidt -Entscheidung entgegen und entspricht der vom EuGH in der *Ayse Süzen* - Entscheidung näher konkretisierten Kriterien; vgl. unten (Fn.)

418 ArbG Hamburg, Urt. v. 04.07.1994, ZIP 1994, S. 1551; auch LAG Hamm, Urt. v. 24.01.1995, DB 1995, S. 881.

419 -8 AZR 156/95- NZA 1996, 869 = BB 1996,1444 = NJW 1996, 2752 = EzA § 613 a BGB Nr.141.

420 Die Fragen lauteten:
„1. Liegt auf seiten des Auftraggebers oder des Auftragnehmers ein Unternehmen, Betrieb oder Betriebsteil im Sinne von Art.1 Abs.1 der Richtlinie 77/187/EWG des Rates vom 14.Februar 1977 zur Angleichung der Rechtsvorschriften der Mitgliedstaaten über die Wahrung von Ansprüchen der Arbeitnehmer beim Übergang von Unternehmen, Betrieben oder Betriebsteilen vor, wenn ein Arbeitgeber bestimmte Tätigkeiten, die nur in seinem Betrieb ausgeführt werden können, nicht selbst erledigt, sondern aufgrund eines

vorgenommenen Weiterentwicklungen bzw. Klarstellungen haben den 8. Senat des BAG dazu veranlasst, sein Vorabentscheidungsersuchen nicht mehr aufrecht zu erhalten[421]. Die unmittelbare Auswirkung der Entscheidung des EuGH auf das Ausgangsverfahren war der Abschluss eines Vergleichs. Darin verzichtete Frau Schmidt auf ihre Rechte aus dem Arbeitsverhältnis mit der Firma Spiegelblank, die im Gegenzug eine Abfindung in Höhe von 1.500,- DM (rund 3 Monatsgehälter) zahlte[422].
Der EuGH konnte in den nachfolgenden Entscheidungen nicht direkt zu den aufgeworfenen Problemen Stellung nehmen. Durch die Entscheidungen *Rygaard*[423] und *Merckx und Neuhuys*[424] entwickelte der EuGH seine Dogmatik zu

---

Dienstvertrages oder eines Werkvertrages von einem Dritten, der auch die dazu benötigten Arbeitnehmer einstellt und deren Arbeitgeber ist, vornehmen lässt?
2. Kommt es für die Beantwortung der Frage zu 1. darauf an, ob das beauftragte Unternehmen außer dem Tätigsein in den Räumlichkeiten des Auftraggebers noch Betriebsmittel nutzt, die ihm vom Auftraggeber zur Verfügung gestellt werden?
3. Kommt es gegebenenfalls darauf an, welcher Art die vom Auftraggeber zur Verfügung gestellten Betriebsmittel sind? Kann es danach entscheidend sein, ob komplett eingerichtete Einheiten (z.B. eine funktionsfähige Küche) oder Betriebsmittel untergeordneter Art (z.B. Verbrauchsmittel) zur Verfügung gestellt werden?
4. Ist es für die Annahme eines Betriebsteiles notwendig, dass der Auftragnehmer zur Erfüllung des Auftrages eine eigene betriebliche Organisation bildet?
5. Ist es gegebenenfalls erheblich, ob der Auftraggeber Einfluss auf die Organisation des Auftragnehmers und insbesondere auf die Anzahl und die Auswahl der zur Erfüllung des Auftrages beschäftigten Arbeitnehmer genommen hat?
6. Endet gegebenenfalls mit dem Dienstleistungsauftrag die Existenz des Betriebsteiles, weil der bisherige Auftragnehmer nichts mehr betrieblich zu erledigen hat?
7. Wird ein Unternehmen, Betrieb oder Betriebsteil im Sinne der Richtlinie vertraglich übertragen, wenn der Träger eines Krankenhauses den von ihm mit einem Reinigungsunternehmen geschlossenen Dienstleistungsvertrag kündigt und aufgrund einer Neuausschreibung mit einem anderen Reinigungsunternehmen einen neuen Dienstleistungsvertrag über die Erledigung der Reinigungsaufgabe im Krankenhaus abschließt? Kann in diesem Falle eine vertragliche Übertragung auch gegeben sein, wenn keine materiellen und keine immateriellen Betriebsmittel übertragen werden?
8. Kommt es darauf an, ob die Neuausschreibung erfolgt ist, weil der bisherige Auftragnehmer mit seinen Arbeitnehmern die Arbeiten nicht ordnungsgemäß erledigte (Schlechterfüllung) oder durch die Neuausschreibung eine Kostensenkung erreicht werden soll?“

421 BAG, Beschl. vom 17.7.1997 - 8 AZR 156/95 (B).

422 Vgl. *Junker*, Systembildung und Systemlücken im harmonisierten Arbeitsvertragsrecht, NZA 1999, S. 7.

423 EuGH, Urt. v. 19.09.1995, Rs. C-48/I94, Slg. 1995, I-2745 = NZA 1995, 1031 = AP Nr. 133 zu § 613 a BGB.

424 EuGH, Urt. v. 07.03.1996, verb. Rs. C-171/94 und C-172/94, Slg. 1996, I-1253 = NJW 1996, 11999 = NZA 1996, 413 = AP Nr. 9 zur Richtlinie 77/187/EWG.

den Voraussetzungen eines Betriebsübergangs weiter:
In der Rechtssache *Rygaard* hatte der EuGH darüber zu befinden, ob die Übertragung einer Baustelle an einen anderen Unternehmer zwecks Fertigstellung einen Betriebsübergang darstellte, wenn sich der frühere - sich zwischenzeitlich in Liquidation befindende - Unternehmer darauf beschränkte, die Arbeitnehmer und das Baumaterial zur Verfügung zu stellen, die zur Durchführung der fraglichen Arbeiten eingesetzt werden sollten. Der EuGH lehnte dies ab und präzisierte, dass die Anwendbarkeit der Richtlinie den Übergang einer auf Dauer angelegten wirtschaftlichen Einheit voraussetze, deren Tätigkeit nicht auf die Ausführung eines bestimmten Vorhabens beschränkt sei[425].
In der 1996 ergangenen Entscheidung *Merckx und Neuhuys* ging es um die Übertragung einer Vertriebsberechtigung für Kraftfahrzeuge. Die Besonderheit des Falls lag darin, dass nicht nur ein Teil der Belegschaft übernommen worden ist, sondern der frühere Unternehmer Schreiben an seine Kunden versandte, in denen er über die Geschäftsaufgabe informierte und ihnen die neue Vertragshändlerin empfahl. Der EuGH bekräftigte, dass dem Kriterium „Übertragung von Aktiva" angesichts der ausgeübten Tätigkeit (Vertrieb von Kraftfahrzeugen) keine ausschlaggebende Bedeutung für die Frage zukomme, ob die betroffene wirtschaftliche Einheit ihre Identität bewahrt habe[426]. Das Echo auf diese Entscheidung war in Deutschland gering, da auch nach den Kriterien des BAG ein Betriebsübergang hätte bejaht werden können. Es handelte sich nämlich um ein Handelsunternehmen, bei dem es maßgeblich auf den Übergang immaterieller Betriebsmittel ankam. Deren Übertragung hätte hier durchaus bejaht werden können, schließlich hatte die frühere Händlerin bei ihren Kunden für die neue Vertragshändlerin geworben.

2. *Klärung durch die Rechtssache Ayse Süzen[427]?*

a. *Sachverhalt*

Die Klägerin (*Ayse Süzen*) war bei der Beklagten, einem Reinigungsunternehmen, beschäftigt. Die Beklagte setzte sie in einer Schule in Bonn-Bad Godes-

---

425 EuGH, Urt. v. 19.09.1995, Rs. C-48/94, Slg. 1995, I-2745 – *Rygaard*, Rn. 20.

426 EuGH, Urt. v. 07.03.1996, Verb. Rs. C-171/94 und C-172/94, Slg. 1996, I-1253 – *Merckx und Neuhuys*; Rn. 21.

427 EuGH, Urt. v. 11.03.1997, Rs. C - 13/95, Slg. I 1997, 1259 = ABl. EG 1997, Nr. C 131, 1 = NZA 1997, 433 = NJW 1997, 2039 = EuZW 1997, 244 = ZIP 1997, 516 = DB 1997, 628 = BB 1997, 73 = WiB 1997, 594 =AuR 1997, 213 = MDR 1997, 654 = EZA § 613a BGB Nr. 145 = AP Nr. 14 zu EWG-Richtlinie Nr. 77/187 = EAS Art. 1 RL 77/187/EWG Nr. 13.

berg im Rahmen eines von der Schule erteilten Reinigungsauftrages ein. Nachdem die Schule den Auftrag gekündigt hatte, entließ die Beklagte die Klägerin sowie 7 weitere Angestellte, die alle bei der Reinigung der Schule eingesetzt waren. Die Schule erteilte den Reinigungsauftrag einer anderen Gebäudereinigungsgesellschaft, der Lefarth GmbH, die allen Arbeitnehmerinnen mit Ausnahme der Klägerin eine Weiterbeschäftigung anbot. Die Lefarth GmbH führt seither die Reinigungsarbeiten in der Schule mit eigenem Personal durch.
Die Klägerin berief sich hinsichtlich der Rechtsunwirksamkeit der Kündigung auf § 613 a Abs. 4 S.1 BGB. Zwischen den beiden Reinigungsunternehmen habe ein Teilbetriebsübergang i.S.v. § 613 a BGB stattgefunden. Da diese Vorschrift die Richtlinie 77/187/EWG umsetze, sei sie europarechtskonform auszulegen. Dementsprechend reiche es für einen vertraglichen Übergang von Betriebsteilen aus, wenn ein Funktionsnachfolger dieselbe Geschäftstätigkeit weiterführt.
In seinen Schlussanträgen vom 15.10.1996 hatte der Generalanwalt *Antonio La Pergola* eine klare Abgrenzung zwischen dem Betriebsübergang i.S.d. Richtlinie 77/187/EWG einerseits und der Kündigung eines Auftragsverhältnisses mit einem Unternehmen mit anschließender Neuvergabe des Auftrags an ein anderes Unternehmen andererseits gefordert und vorgeschlagen, eine Übertragung i.S. der Richtlinie nur dann anzunehmen, wenn auch materielle oder immaterielle Vermögensgegenstände übertragen werden[428].

b. *Entscheidung des EuGH*

Der EuGH folgte diesen Forderungen des Generalanwalts im Urteil vom 11.3.1997 nicht. Er stellte zunächst heraus, dass die Richtlinie die Kontinuität der im Rahmen einer wirtschaftlichen Einheit bestehenden Arbeitsverhältnisse unabhängig von einem Inhaberwechsel gewährleisten soll. Die Anwendung der Richtlinie setze dabei voraus, dass es um den Übergang einer auf Dauer angelegten wirtschaftlichen Einheit geht, deren Tätigkeit nicht auf die Ausführung eines bestimmten Vorhabens beschränkt ist. Erstmalig definiert der EuGH den Begriff Einheit als eine „organisierte Gesamtheit von Personen und Sachen zur Ausübung einer wirtschaftlichen Tätigkeit mit eigener Zielsetzung“[429]. Entscheidend für einen Übergang i.S.d. Richtlinie sei es nun, ob die fragliche Einheit Ihre Identität bewahre. Dies sei dann zu bejahen, wenn der Betrieb tatsächlich weitergeführt oder wieder aufgenommen werde.

---

428 Schlussanträge vom 15.10.1996, Rs. C-13/95, Slg. 1997, I-1259.

429 EuGH, Urt. v. 11.03.1997, Rs. C-13/95, Slg. 1997,I-1259 = EUZW 1997, 244 = NJW 1997, 2039 - *Ayse Süzen*, Rn. 13.

Der EuGH nimmt die Bewertung, ob eine ihre Identität bewahrende Einheit übergegangen ist, anhand folgender den betreffenden Vorgang kennzeichnender Tatsachen vor:

„Dazu gehören namentlich die Art des betreffenden Unternehmens oder Betriebes, der etwaige Übergang der materiellen Betriebsmittel wie Gebäude und bewegliche Güter, der Wert der immateriellen Aktiva im Zeitpunkt des Übergangs, die etwaige Übernahme der Hauptbelegschaft durch den neuen Inhaber, der etwaige Übergang der Kundschaft, der Grad der Ähnlichkeit zwischen den vor und nach dem Übergang verrichteten Tätigkeiten und die Dauer einer eventuellen Unterbrechung dieser Tätigkeit."[430]

Diese Umstände sollen jedoch nur Teilaspekte der vorzunehmenden Gesamtbewertung sein und dürfen nicht isoliert betrachtet werden[431]. Allein der Umstand, dass die von dem alten und dem neuen Auftragnehmer erbrachten Dienstleistungen ähnlich sind, lässt nach Auffassung des EuGH nicht den Schluss zu, dass der Übergang einer wirtschaftlichen Einheit vorliegt:

„Eine Einheit darf nämlich nicht als bloße Tätigkeit verstanden werden. Ihre Identität ergibt sich auch aus anderen Merkmalen wie ihrem Personal, ihren Führungskräften, ihrer Arbeitsorganisation, ihren Betriebsmethoden und gegebenenfalls den ihr zur Verfügung stehenden Betriebsmitteln.“[432]

Daraus zieht der EuGH den Schluss:

„Der bloße Verlust eines Auftrags an einen Mitbewerber stellt daher für sich genommen keinen Übergang i.S.d. Richtlinie dar. Denn das zuvor beauftragte Dienstleistungsunternehmen verliert zwar einen Kunden, besteht aber in vollem Umfang weiter, ohne dass einer seiner Betriebe oder Betriebsteile auf den neuen Auftragnehmer übertragen worden wäre."[433]

Da die Art des betroffenen Unternehmens oder Betriebes bei der Bewertung der maßgeblichen Tatsachen i.S.d. Identität der wirtschaftlichen Einheit zu berücksichtigen ist, kommt den maßgeblichen Kriterien für das Vorliegen eines Übergangs i.S.d. Richtlinie je nach der ausgeübten Tätigkeit unterschiedliches Gewicht zu:

430 EuGH, Urt. v. 11.03.1997, Rs. C-13/95, Slg. 1997,I-1259 = EUZW 1997, 244 = NJW 1997, 2039 - *Ayse Süzen*, Rn. 14.

431 So bereits: EuGH,. Urt. v. 19.05.1992, Rs.C 29/91, SIg. 1992, 3190, *Redmond Stichting*, Rn. 24; EuGH, Urt. v. 11.03.1997, Rs. C-13/95, Slg. 1997,I-1259 = EUZW 1997, 244 = NJW 1997, 2039 - *Ayse Süzen*, Rn. 14.

432 EuGH, Urt. v. 11.03.1997, Rs. C-13/95, Slg. 1997,I-1259 = EUZW 1997, 244 = NJW 1997, 2039 - *Ayse Süzen*, Rn. 15.

433 EuGH, Urt. v. 11.03.1997, Rs. C-13/95, Slg. 1997,I-1259 = EUZW 1997, 244 = NJW 1997, 2039 - *Ayse Süzen*, Rn. 16.

„Da eine wirtschaftliche Einheit insoweit in bestimmten Branchen ohne relevante materielle oder immaterielle Betriebsmittel tätig sein kann, kann die Wahrung der Identität einer solchen Einheit über ihren Übergang hinaus nicht von der Übertragung von Betriebsmitteln abhängen..." [434]

So kann es u.U. genügen, dass der neue Auftragnehmer aus eigenem Willen die Mehrheit der Arbeitnehmer übernimmt, die sein Vorgänger gezielt zur Durchführung des Auftrags eingesetzt hatte[435]. Soweit in bestimmten Branchen, in denen es im wesentlichen auf die menschliche Arbeitskraft ankommt, eine Gesamtheit von Arbeitnehmern, die durch eine gemeinsame Tätigkeit dauerhaft verbunden ist, eine wirtschaftliche Einheit darstellt, kann nach Ansicht des EuGH[436] eine solche Einheit ihre Identität über ihren Übergang hinaus bewahren, wenn der neue Unternehmensinhaber nicht nur die betreffende Tätigkeit weiterführt, sondern auch einen nach Zahl und Sachkunde wesentlichen Teil des Personals übernimmt, das sein Vorgänger gezielt bei dieser Tätigkeit eingesetzt hatte.

a) Analyse der Entscheidung

aa) Abkehr oder Bestätigung der Christel Schmidt – Entscheidung?

Der EuGH betont in der *Ayse Süzen* - Entscheidung zum ersten Mal ausdrücklich, dass eine bloße Tätigkeit nicht ausreicht, um den Begriff der „wirtschaftlichen Einheit" i. S. der Rechtsprechung des EuGH auszufüllen. Die Entscheidung verdient schon im Hinblick auf diese getroffene Klarstellung, auch wenn eine solche mehr aufgrund einer Überinterpretation der oft zu unrecht gebrandmarkten *Christel Schmidt* – Entscheidung[437] erforderlich wurde, Zustimmung. Es überzeugt auch, dass die Übernahme des Personals ein wichtiges Indiz für die Annahme eines Betriebsübergangs darstellt und im Interesse der Gleichbehandlung aller Arbeitnehmer nicht von vornherein zwischen Know-how-Trägern und sonstigem Personal unterschieden werden soll. Diese Auslegung entspricht dem

---

434 EuGH, Urt. v. 11.03.1997, Rs. C-13/95, Slg. 1997,I-1259 = EUZW 1997, 244 = NJW 1997, 2039 - *Ayse Süzen*, Rn.18.

435 Eine entsprechende Feststellung hatte bereits der EFTA-Gerichtshof in seiner Stellungnahme vom 19.12.1996 getroffen, wonach allein das Angebot einer Dienstleistung oder von Waren gegenüber einem einzigen Kunden, der sich in einem Kreis von Kunden befindet, als solches noch nicht das Vorliegen eines Unternehmens, Betriebs- oder Betriebsteils kennzeichnet (vgl. dazu ABlEG Nr. C 90 vom 20.3.1997 S. 22).

436 EuGH, Urt. v. 11.03.1997, Rs. C-13/95, Slg. 1997,I-1259 = EUZW 1997, 244 = NJW 1997, 2039 - *Ayse Süzen*, Rn.21.

437 Vgl. zu der überzogenen Kritik an dieser Entscheidung oben: Teil 3, I 1 d).

Schutzzweck der Richtlinie, da somit auch ohne Übertragung von Betriebsmitteln ein Übergang vom Anwendungsbereich der Richtlinie erfasst wird. Auch im Schrifttum fand die *Ayse Süzen* - Entscheidung weitgehende Zustimmung[438]. Teilweise wird sie als bewusste Abkehr des EuGH von seiner *Christel Schmidt* – Entscheidung gesehen[439]. Diese Einordnung der Entscheidung wird jedoch den Kernaussagen des Urteils nicht gerecht[440]: Der Gerichtshof lässt in bestimmten Branchen, in denen es wesentlich auf die menschliche Arbeitskraft ankommt, genügen, dass die „wirtschaftliche Einheit" nur aus den Arbeitnehmern besteht. Somit bedarf es nicht zwingend einer Übertragung von Betriebsmitteln. Darüber hinaus sieht der EuGH die Übernahme der Belegschaft als ein wesentliches Indiz für den Betriebsübergang an. Unter diesen zwei Gesichtspunkten hat der EuGH seine umstrittene *Christel Schmidt* – Entscheidung bei gleichzeitiger Weiterentwicklung bestätigt[441]. Darüber hinaus stellte der EuGH klar, dass die bloße Funktionsnachfolge keinen Betriebsübergang darstellt[442].
Der *Court of Appeal* geht mit seinen Ausführungen zur Bedeutung der *Ayse Süzen* – Entscheidung noch weiter. Er bestätigt in seiner Entscheidung vom 22.07.1999[443] die Auffassung des Employment Tribunal, dass die Entscheidung in der Rechtssache *Ayse Süzen* gegenüber der *Christel Schmidt* – Entscheidung letztlich keine grundsätzliche Änderung bedeute. Für den *Court of Appeal* führt Lord Judge *Mummery* aus:

„Zwar wird gesagt, die Süzen – Entscheidung enthalte eine Schwerpunktverschiebung oder

---

438 Vgl. *Annuß,* Der Betriebsübergang nach „Ayse Süzen", NZA 1998, S. 77; *Buchner,* Lösung der Kontroverse um den Betriebsübergang - Eine konsensfähige Entscheidung des EuGH, NZA 1997, 408 ff., *Trittin,* Der EuGH bestätigt die umstrittene Christel Schmidt-Entscheidung, DB 1997, S. 1333.

439 So *Buchner,* Lösung der Kontroverse um den Betriebsübergang - Eine konsensfähige Entscheidung des EuGH, NZA 1997, 408; *Heinze*, Der Betriebsübergang in der Rechtsprechung des EuGH, DB 1997, S. 677 f.

440 Vgl. *Preis* in: *Dietrich / Hanau / Schaub* (Hrsg.), Erfurter Kommentar zum Arbeitsrecht, § 613 a BGB Rn. 13; *Lorenz*, Neuvergabe von Dienstleistungsaufträgen kein Betriebsübergang? ZIP 1997, S. 532, der davon ausgeht, dass die Debatte um das Urteil Christel Schmidt nicht durch die *Ayse Süzen* Rechtsprechung beenden worden ist, da die durch die *Christel Schmidt* – Entscheidung ausgelösten Unklarheiten in wesentlichen Punkten fortbestünden oder durch neue ersetzt worden seien; *Trittin,* Der EuGH bestätigt die umstrittene Christel Schmidt - Entscheidung, DB 1997, S. 1333.

441 Ebenso: *Preis* in: *Dietrich / Hanau / Schaub* (Hrsg.), Erfurter Kommentar zum Arbeitsrecht –, § 613 a BGB Rn. 13

442 Vgl. die obigen Ausführungen zur *Christel Schmidt* –Entscheidung: Die Feststellung, dass jede Funktionsnachfolge einen Betriebsübergang auslöst, lässt sich aus dem Urteil nicht entnehmen.

443 *Court of Appeal*, IRLR 1999, 559 – *ECM-Vehicle Delivery Service-Ltd. v. Cox and others.*

eine rechtliche Klarstellung; jedoch enthält ‚Süzen' nichts, was Zweifel hinsichtlich der Richtigkeit der Richtlinienauslegung zulässt, wie sie in den früheren Entscheidungen des EuGH vorgenommen wurde, die das Employment Tribunal zitiert und angewandt hat... Die Bedeutung von ‚Süzen' wird meiner Meinung nach überschätzt. Die Aussagen von Süzen sollten in ihrem Zusammenhang gesehen werden. ... Die Bedeutung von ‚Süzen' liegt darin, dass der EuGH Grenzen der Anwendung der Richtlinie bezeichnet hat ..."[444]

Diese Einschätzung wird der Bedeutung der Entscheidung eher gerecht als die Annahme einer Rechtsprechungskorrektur durch den EuGH. Dennoch kann die klarstellende Wirkung der *Asye Süzen* – Entscheidung nach der durch die *Christel Schmidt* – Entscheidung eingetretenen Verunsicherung[445] nicht in Abrede gestellt werden. Die Neuorientierung liegt in den vom EuGH präzisierten Indizien für die Annahme der Wahrung der wirtschaftlichen Identität. Nur wenn eine Übernahme des nach Umfang und Sachkunde bestimmten wesentlichen Teils des bisher eingesetzten Personals tatsächlich stattfindet, kann ein Betriebsübergang vorliegen. In der Rechtssache Christel Schmidt kam es aber weder zu einer Übernahme materieller oder immaterieller Mittel noch zu einer Übernahme der Klägerin als einzige Arbeitnehmerin. Ein Übernahmeangebot an den jeweiligen Arbeitnehmer allein kann nach der konkretisierten Rechtsprechung keine Wahrung der Identität der wirtschaftlichen Einheit begründen, da die Einheit dann beim Erwerber nicht mehr fortbesteht. Besteht die Verbindung zwischen Belegschaft und Arbeitsaufgabe von Anfang an nicht, ist die wirtschaftliche Einheit vielmehr aufgelöst[446].

bb) Ungeklärte Problemfelder

Auch nach der *Ayse Süzen* – Entscheidung bleiben weiterhin einige Fragen klärungsbedürftig: Es fehlt eine exakte Definition des Kriteriums der „Übernahme eines nach Zahl und Sachkunde wesentlichen Teils des Personals". Ungelöst bleibt ferner, bei welchen Arbeitnehmern es sich um Personal handelt, das nach Sachkunde wesentlich ist und damit Grundlage eines Betriebsübergangs sein kann. Ab welcher Größenordnung die Einstellung von Arbeitnehmern im Hinblick auf die Annahme eines Betriebsübergangs („Übernahme der Hauptbelegschaft") Bedeutung erlangt, kann ebenfalls nicht als abschließend geklärt angesehen werden. Das Kriterium der Übernahme der Belegschaft als Indiz für einen

444 *Court of Appeal*, IRLR 1999, 559 – *ECM-Vehicle Delivery Service-Ltd. v. Cox and others*, Rn. 22/23. Vgl. auch Anmerkung und auszugsweise Übersetzung der Entscheidung von *Kocher* in: AuR 2000, 112.

445 Vgl. hiezu insbesondere Teil 3, III 1 d).

446 Vgl. hierzu, allerdings in anderem Zusammenhang: *Tinhofer*, Reinigungskräfte beschäftigen weiter den EuGH, RdW 1999, 34.

Betriebsübergang unterliegt daneben Bedenken, als es von der Entscheidung des neuen Unternehmers abhängen kann, einen Betriebsübergang herbeizuführen oder nicht[447]. Allerdings muss hinsichtlich des letztgenannten Kritikpunktes die Einschränkung angemerkt werden, dass die Übernahme der „Hauptbelegschaft" nach der Rechtsprechung nur ein Kriterium der vorzunehmenden Gesamtabwägung darstellt, womit der neue Unternehmer bei dem Vorliegen anderer Indizien seine Probleme haben wird, den Übergangstatbestand nur durch die Nichtübernahme der Arbeitnehmer zu verhindern.

d) Auswirkungen der Entscheidung

Die Entscheidungsformel des Urteils in der Rechtssache *Ayse Süzen* hat offenbar aufgrund ihrer Konsensfähigkeit Eingang in die Legaldefinition eines Betriebsübergangs in Art. 1 Abs. 1 lit. b RL 77/187/EWG i.d.F. der RL 98/50/EG gefunden. Auch auf nationaler Ebene sah das BAG für das deutsche Betriebsübergangsrecht die durch die *Christel Schmidt* – Entscheidung aufgekommene Rechtsunsicherheiten mit diesem Urteil als geklärt an und ging davon aus, dass die zur Auslegung der Richtlinie 77/187/EWG dem EuGH vorgelegten Fragen mit Hilfe der Entscheidung des EuGH vom 11.3.1997 beantwortet werden könnten.
Im Anschluss an das Urteil des EuGH vom 11.3.1997 – *Ayse Süzen* –hat das BAG in einem Urteil vom 22.5.1997[448] entschieden, dass in Branchen, in denen es im wesentlichen auf die menschliche Arbeitskraft ankommt, eine Gesamtheit von Arbeitnehmern, die durch ihre gemeinsame Tätigkeit dauerhaft verbunden ist, eine wirtschaftliche Einheit darstellen kann. In diesen Fällen kommt der Übernahme des Personals ein gleichwertiger Rang neben den anderen möglichen Kriterien zur Annahme eines Betriebsübergangs zu. An der bislang vom BAG angenommenen These, der Übergang sei Rechtsfolge und nicht Tatbestandsvoraussetzung des Betriebsübergangs, hält der nunmehr für Rechtsfragen des Übergangs eines Arbeitsverhältnisses nach § 613 a BGB einschließlich der Wirksamkeit damit im Zusammenhang stehender Kündigungen allein zuständige 8. Senat des BAG nicht mehr fest und schließt sich der vom EuGH vertretenen Interpretation an. Der Senat bemüht sich auch um eine weitgehende Angleichung an die in der Rechtsprechung des EuGH gebräuchliche Terminologie. Bereits im ersten nach der *Ayse Süzen* - Entscheidung ergangenen einschlägigen Urteil des BAG vom 24. 4. 1997[449] übernahm das BAG die Kernpassage des *Ayse Süzen* – Ur-

447 Vgl. *Preis* in: *Dietrich / Hanau / Schaub* (Hrsg.), Erfurter Kommentar zum Arbeitsrecht, § 613 a BGB Rn. 14.
448 BAG, Urt. v. 22.05.1997 - 8 AZR 101/96, NJW 1997, 3188 = NZA 1997,1050.
449 BAG, Urt. v. 24. 4. 1997 - 8 AZP, 848/94, nicht amtlich veröffentlicht, NZA 1998, 253.

teils beinahe wörtlich wie folgt:

"Eine (wirtschaftliche) Einheit darf (...) nicht als bloße Tätigkeit verstanden werden. Ihre Identität ergibt sich auch aus anderen Merkmalen wie ihrem Personal, ihren Führungskräften, ihrer Arbeitsorganisation, ihren Betriebsmethoden und gegebenenfalls den ihr zur Verfügung stehenden Betriebsmitteln."

Damit kommt es nach der Rspr. des 8. Senat des BAG entscheidend auf die Übertragung der individualisierenden Betriebsstruktur an, die gerade nicht notwendig den Übergang von Betriebsmitteln im eigentlichen Sinne voraussetzt. Die Rechtsprechung zum Betriebsübergang läuft damit zwischen dem EuGH und dem BAG wieder in dieselbe Richtung. Zwischenzeitlich liegt hierzu eine Vielzahl von Judikaten des BAG[450] vor, so dass von einer Konsolidierung gesprochen werden kann. Es ist deshalb davon auszugehen, dass der Übernahme des Personals ein gleichwertiger Rang neben den anderen Kriterien eines Betriebsübergangs beizumessen ist.

3. *Die Folgeentscheidungen des EuGH zum Begriff des Unternehmensübergangs – die Rechtssachen Sánchez Hidalgo u.a.*[451]*, Hernández Vidal u.a.*[452] *und Allen*[453]

Auch auf der Grundlage der durch die *Ayse Süzen* – Entscheidung konkretisierten Vorgaben des EuGH ergaben sich weitere Folgeprobleme[454]. Die Maßstäbe für die erstmalige Fremdvergabe von Aufträgen („Outsourcing") sowie die Neuvergabe von bereits fremdvergebenen Aufgaben („Auftragsnachfolge") erschienen einigen nationalen Gerichten nicht so eindeutig, als dass sie ihre Vorlagen, anders als das BAG, im Lichte dieses Urteils ebenfalls zurückgezogen oder gar nicht erst vorlegt hätten. So betrafen die verbundenen Rechtssachen *Sánchez Hidalgo u.a.*[455] den „klassischen" Fall der Auftragsvergabe von einem Unterneh-

450 die wichtigsten sind: BAG, Urt. v. 22.5.1997 - 8 AZR 101/96, NJW 1997, 3188 = NZA 1997, 1050; BAG, Urt. v. 13.11.1997 - 8 AZR 295/95; NJW 1998, 1885 = NZA 1998, 251; BAG, Urt. v. 11.12.1997 - 8 AZR 729/96, DB 1998, 883 = ZIP 1998, 666.

451 EuGH, Urt. v. 10.12.1998 in den verbundenen Rechtssachen C-173/96 und C-247/96, Slg. 1998, I-8237.

452 EuGH, Urt. v. 10.12.1998 in den verbundenen Rechtssachen C-127/96, C-229/96 und C-74/97, Slg. 1998, I-8179.

453 EuGH, Urt. v. 02.12.1999, Rs. C-234/98.

454 Vgl. hierzu ausführlich für das deutsche Recht: *Schiefer*, Outsourcing, Auftragsvergabe, Betriebsübergang – nach geänderter Rechtsprechung, NZA 1998, 1095 ff.

455 EuGH, Urt. v. 10.12.1998 in den verbundenen Rechtssachen C-173/96 und C-247/96, Slg. 1998, I-8237.

men an ein zweites mit der entsprechenden Dienstleistung, während den verbundenen Rechtssachen *Hernández Vidal u.a.*[456] die umgekehrte Situation zugrunde lag, dass ein Unternehmen die früher fremdvergebenen Arbeiten fortan selbst durchführte[457]. Gegenstand der Entscheidung *Allen* war die Auftragsvergabe an eine andere Gesellschaft desselben Konzerns.

a) Die verbundenen Rechtssachen Sánchez Hidalgo u.a und Hernández Vidal u.a.

aa) Die Entscheidung Sánchez Hidalgo u.a [458]

In der Entscheidung *Hidalgo* ging es wie in der Rechtssache *Ayse Süzen* um einen Auftragnehmerwechsel, mit der Besonderheit, dass es sich bei den Auftraggebern um öffentliche Einrichtungen handelte. Das Tribunal Superior de Justicia de Castilla-La Mancha[459] und das ArbG Lörrach[460] legten dem Gerichtshof gem. Art. 234 EG Fragen nach der Auslegung der Richtlinie 77/187/EWG zur Vorabentscheidung vor. Diese Fragen stellten sich zum einen in einem Rechtsstreit *Sánchez Hidalgo* u.a. gegen Asociacón de Servicios Aser und Sociedad Cooperativa Minerva und zum anderen in einem Rechtsstreit *Ziemann* gegen Ziemann Sicherheit GmbH und Horst Bohn Sicherheitsdienst. Im Anschluss an die Verkündung des *Ayse Süzen* - Urteils[461] wurde das Verfahren in den vorliegenden Rechtssachen jeweils durch Beschluss des Präsidenten des Gerichtshofs vom 18.03.1998 ausgesetzt. Der EuGH forderte die vorlegenden Gerichte auf, ihm mitzuteilen, ob sie ihre Fragen im Lichte dieses Urteils und der *Christel Schmidt* – Entscheidung vom 14.04.1994[462] aufrechterhalten wollen. Die Gerichte bejahten dies. Daraufhin erfolgte die Wiederaufnahme des Verfahren in den vorliegenden Rechtssachen durch Beschlüsse des Präsidenten des Gerichtshofs vom

---

456 EuGH, Urt. v. 10.12.1998 in den verbundenen Rechtssachen C-127/96, C-229/96 und C-74/97, Slg. 1998, I-8179.

457 Da ein solcher Vorgang gewissermaßen das Gegenstück zum Outsourcing darstellt, kann er als „Insourcing“ bezeichnet werden.

458 Die folgenden Entscheidungen werden lediglich unter den für die vorliegende Untersuchung erheblichen Gesichtspunkte der Vorlagepraxis und der Rechtsfortentwicklung sowie der Rechtssicherheit dargestellt.

459 Mit Beschl. v. 24.05.1996, Rs. C-173/96 – *Sánchez Hidalgo*

460 Mit Beschl. v. 28.11.1995, Rs. C-247/96 – *Ziemann.*

461 EuGH, Urt. v. 11.03.1997, Rs. C-13/95, Slg. 1997,I-1259 = EUZW 1997, 244 = NJW 1997, 2039 – *Ayse Süzen.*

462 EuGH, Urt. v. 14.04.1994, Rs. C-392/92, Slg. 1994, I-1311 = EUZW 1994, 374 = NJW 1994, 2343 – *Christel Schmidt.*

02.06.1997[463] und vom 18.06.1997[464]. Die beiden Rechtssachen wurden schließlich durch Beschluss des Präsidenten der Fünften Kammer vom 27. 10. 1998 zu gemeinsamer mündlicher Verhandlung und Entscheidung verbunden.
Die Vorabentscheidungsfragen der vorlegenden Gerichte in den verbundenen Rechtssachen betreffen die Problematik, ob und unter welchen Voraussetzungen die Richtlinie 77/187/EWG auf einen Fall anwendbar ist, in dem eine öffentliche Einrichtung, die ein erstes Unternehmen mit ihrem Haushilfedienst für Personen in einer Notlage[465] oder mit der Bewachung bestimmter eigener Räumlichkeiten[466] betraut hat, beschließt, zum Ablauf oder nach Kündigung des Vertrages mit diesem Unternehmen ein zweites Unternehmen mit der betreffenden Dienstleistung zu beauftragen[467].
Das ArbG Lörrach vertrat als vorlegendes Gericht in der Rechtssache *Ziemann* [468] die Auffassung, aus der Rechtsprechung des Gerichtshofes, insbesondere aus dem Urteil Christel Schmidt, ergebe sich, dass die Richtlinie 77/187 immer dann anwendbar sei, wenn ein Unternehmen wie hier eine bis dahin von einem anderen Unternehmen ausgeübte Tätigkeit fortsetze oder wiederaufnehme. Das Gericht weist in diesem Zusammenhang auf die völlige Übereinstimmung zwischen den Tätigkeiten hin, die von den verschiedenen Unternehmen, die nacheinander die Bewachung des Sanitätsdepots in Efringen-Kirchen übernommen hätten, ausgeübt worden seien. Die Organisation und die Durchführung der Bewachung würden weitgehend von der Bundeswehr festgelegt. Diese greife in die Auswahl der Wachleute ein und gebe deren Verpflichtungen, die Art ihrer Aufgaben, den Umfang ihres Einsatzes, ihre Ausbildung an der Waffe oder aber ihre Ausstattung detailliert vor[469].

---

463 Rs. C-173/96 – *Sánchez Hidalgo.*

464 Rs. C-247/96 – *Ziemann.*

465 Rs. C-173/96 – *Sánchez Hidalgo.*

466 Rs. C-247/96 – *Ziemann.*

467 EuGH, Urt. v. 10.12.1998 in den verbundenen Rechtssachen C-173/96 und C-247/96, Slg. 1998, I-8237, Rn. 19.

468 Vgl. EuGH, Urt. v. 10.12.1998 in den verbundenen Rechtssachen C-173/96 und C-247/96, Slg. 1998, I-8237, Rn. 16.

469 Das ArbG Lörrach legte daher dem Gerichtshof folgende Fragen zur Vorabentscheidung vor (Vgl. : EuGH, Urt. v. 10.12.1998 in den verbundenen Rechtssachen C-173/96 und C-247/96, Slg. 1998, I-8237, Rn. 18):1.Ist Artikel 1 Abs. 1 und somit auch Artikel 4 Absatz 1 der Richtlinie 77/187/EWG des Rates auch auf den Übergang von Betriebsteilen wie die Wachaufgaben einer militärischen Einrichtung anwendbar, wenn eine direkte vertragliche Übertragung zwischen Nachfolgeauftragsunternehmen (Bewachungsunternehmen) nicht besteht? 2. Gilt dies jedenfalls dann, wenn der Betriebsteil nach Beendigung des Auftrags an den Auftraggeber zurückfällt und sodann in unmittelbarem zeitlichem Anschluss wieder ein Dienstleistungsauftrag mit im wesentlichen gleichen inhaltlichen Vorgabenkonditionen einem Nachfolgeauftragnehmer übertragen wird?

Der EuGH resümiert in der Entscheidungsbegründung seine bisherige Rechtsprechung zu Art. 1 Abs. 1 Richtlinie 77/187/EWG und präzisiert den Begriff der „wirtschaftlichen Einheit“ unter Bezugnahme auf sein Urteil in der Rechtssache *Ayse Süzen*[470]. Eine solche Einheit muss nach Auffassung des EuGH zwar hinreichend strukturiert und selbständig sein, nicht aber notwendigerweise bedeutsame materielle oder immaterielle Betriebsmittel umfassen[471]. Bei der anschießenden Prüfung, ob in den beiden Ausgangsverfahren die Voraussetzungen für den Übergang einer solchen Einheit erfüllt sind, zieht der EuGH seine unter anderem in den Urteilen *Spijkers*[472] und *Ayse Süzen*[473] aufgestellten Kriterien heran und stellt fest:

„Der bloße Umstand, dass die von dem alten und dem neuen Auftragnehmer erbrachten Dienstleistungen einander ähnlich sind, lässt somit nicht auf den Übergang einer wirtschaftlichen Einheit von einem Unternehmen auf das nächste schließen. Eine solche Einheit darf nämlich nicht als bloße Tätigkeit verstanden werden. Ihre Identität ergibt sich auch aus anderen Merkmalen wie ihrem Personal, ihren Führungskräften, ihrer Arbeitsorganisation, ihren Betriebsmethoden und gegebenenfalls den ihr zur Verfügung stehenden Betriebsmitteln (Urteil Süzen, Randnr. 15).“[474]

Daneben behandelt das Urteil die bedeutsame Frage, ob es sich um einen Betriebsübergang handelt, wenn eine Einrichtung des öffentlichen Rechts einen Auftrag nach Ablauf des Vertrages mit einem Privatunternehmen einem weiteren privaten Unternehmen überträgt.

Nach der Rechtsprechung des EuGH kommt es bei der Definition des Betriebsübergangs im Sinne der Richtlinie nicht darauf an, ob es sich beim Veräußerer um eine öffentlich-rechtliche oder privatrechtliche juristische Person handelt. Dies ergibt sich bereits aus dem Wortlaut der Definition des Veräußerers in Artikel 2 Buchstabe a der Richtlinie. Nach dieser Vorschrift sind alle - und nicht etwa nur privatrechtliche - juristischen Personen als Veräußerer im Sinne der

---

3.Ist jedenfalls dann ein Betriebsübergang im Sinne des Artikels 1 Absatz 1 der Richtlinie 77/187 des Rates zu bejahen, wenn im wesentlichen immer die gleichen Arbeitnehmer die gleichen Wachaufgaben unter im wesentlichen gleichen Konditionen, die weitgehend vom Auftraggeber bestimmt werden, verrichten?

470 EuGH, Urt. v. 11.03.1997, Rs. C-13/95, Slg. 1997,I-1259 = EUZW 1997, 244 = NJW 1997, 2039 - *Ayse Süzen*, Rn. 13 und Rn. 15.

471 EuGH, Urt. v. 10.12.1998 in den verbundenen Rechtssachen C-173/96 und C-247/96, Slg. 1998, I-8237, Rn. 26.

472 EuGH, Urt. v. 18.03.1984, Rs.C-24/85, Slg. 1986, 1119 – *Spijkers,* Rn. 13.

473 EuGH, Urt. v. 11.03.1997, Rs. C-13/95, Slg. 1997,I-1259 = EUZW 1997, 244 = NJW 1997, 2039 - *Ayse Süzen*, Rn. 14.

474 EuGH, Urt. v. 10.12.1998 in den verbundenen Rechtssachen C-173/96 und C-247/96, Slg. 1998, I-8237, Rn. 30.

Richtlinie erfasst. Dieses Ergebnis wird durch den Schutzzweck der Richtlinie bestätigt. Dies liegt darin, die Rechte der Arbeitnehmer in allen Fällen zu schützen, in denen sie den typischen Risiken ausgesetzt sind, die regelmäßig aus einem Inhaberwechsel in der Unternehmensführung resultieren. Mit steter Regelmäßigkeit bezieht sich der EuGH in seiner Rechtsprechung zum Betriebsübergang auf diesen Schutzzweck[475]. Angesichts dieses Schutzzwecks kann es nicht darauf ankommen, ob der Veräußerer dem Staat oder der Privatwirtschaft zuzuordnen ist. Dieses Ergebnis steht auch in Einklang mit der Entscheidung des EuGH in der Rechtssache *Daddys Dance Hall*[476]. Dort hat der Gerichtshof entschieden, dass Umstrukturierungsprozesse innerhalb der öffentlichen Verwaltung, wie die Übertragung von Verwaltungsaufgaben zwischen verschiedenen Stellen der Verwaltung, nicht in den Anwendungsbereich der Richtlinie fallen. In seiner Begründung hat der Gerichtshof vor allem darauf abgestellt, dass die Umstrukturierung keine wirtschaftlichen Tätigkeiten betraf. Daraus kann geschlossen werden, dass der Anwendungsbereich der Richtlinie nicht durch den Veräußerer und seine Zuordnung zum öffentlichen Recht oder zum Privatrecht geprägt wird, solange dieser eine wirtschaftliche Tätigkeit ausübt. Entscheidend ist also nicht die Art des Veräußerers, sondern die Art der ausgeübten Tätigkeit. Hoheitliche Tätigkeiten können nicht Gegenstand eines Betriebsübergangs im Sinne der Richtlinie sein.
Auch diese bedeutsame Abgrenzung bestätigt der EuGH in dem Urteil *Hidalgo u. a.*[477]. Der EuGH führt in Anwendung der oben angeführten Grundsätze auf den Sachverhalt aus:

> „Auch dass der fragliche Auftrag durch eine Einrichtung des öffentlichen Rechts vergeben worden ist, steht der Anwendung der Richtlinie 77/187 nicht entgegen, da weder die häusliche Hilfe für Personen in einer Notlage noch die Bewachung hoheitliche Tätigkeiten sind."[478].

bb) Die Entscheidung Hernández Vidal u.a.

In den ebenfalls verbundenen Rechtssachen *Hernández Vidal u.a.* legten das Tribunal Superior de Justicia Murcia[479], das ArbG Frankfurt am Main[480] und das

---

475 Vgl. etwa EuGH, Urt. v. 18.03.1986, Rs. 324/86, Slg. 1986, 1119 - *Spijkers* Rn. 9 und EuGH, Urt. v. 11.03.1997, Rs. C-13/95, Slg. 1997,I-1259 = EUZW 1997, 244 = NJW 1997, 2039 - *Ayse Süzen*, Rn. 10.

476 EuGH, Urt. v. 10.02.1988, Rs. C – 324/86, Slg. 1988, 739, *Daddys Dance Hall*, Rn. 11.

477 EuGH, Urt. v. 10.12.1998 in den verbundenen Rechtssachen C-173/96 und C-247/96, Slg. 1998, I-8237.

478 EuGH, Urt. v. 10.12.1998 in den verbundenen Rechtssachen C-173/96 und C-247/96, Slg. 1998, I-8237, Rn. 24.

479 Mit Beschl. vom 22.02.1996, Rs. C-127/96.

Juzgado de lo Social Nr. 1 Pontevedra[481] dem EuGH Fragen nach der Auslegung der Richtlinie 77/187/EWG vor, die sich in den Rechtsstreitigkeiten erstens *Francisco Hernández Vidal SA* gegen Prudencia Gómez Pérez, María Gómez Pérez und Contratas y Limpiezas SL, zweitens Herr *Santner* gegen Hoechst AG und drittens *Gómez Montaña* gegen Claro Sol SA und Red Nacional de Ferrocarriles Españoles stellten. Auch hier setzte der EuGH die Verfahren wie in der Entscheidung *Sánchez Hidalgo u.a.* im Anschluss an die Verkündung des *Ayse Süzen* – Urteils aus und fragte bei den vorlegenden Gerichten nach, ob sie ihre jeweiligen Vorlagefragen auch im Lichte dieser Entscheidung aufrechterhalten wollen.
In der im folgenden beispielhaft kurz dargestellten Rechtssache C-229/96 – *Santer* legte das ArbG Frankfurt a.M. dem EuGH folgende Fragen zur Vorabentscheidung vor:

„1. Können die Reinigungsaufgaben einzelner Betriebsteile eines Betriebes, wenn sie nach Kündigung der vertraglichen Übertragung auf eine Fremdfirma wieder vom Unternehmer selbst ausgeführt werden, einem Betriebsteil im Sinne der Richtlinie 77/187/EWG gleichgestellt werden?

2. Gilt dies auch dann, wenn diese Reinigungsaufgaben einzelner Betriebsteile des Betriebes nach Rückübertragung auf den Unternehmer wieder in den Reinigungsaufgaben des gesamten Betriebes aufgehen?“ [482]

Der Ausgangssachverhalt vor dem ArbG Frankfurt a.M. betraf die Fallkonstellation, in der ein Unternehmen, das ein anderes Unternehmen mit der Reinigung seiner Räumlichkeiten beauftragt hat, beschließt, den Vertrag mit diesem Unternehmen zu kündigen und fortan selbst für die Durchführung der fraglichen Arbeiten zu sorgen:
Herr *Santner* war als Reinigungskraft bei der B + S GmbH beschäftigt. Er reinigte im Rahmen seines Arbeitsverhältnisses ausschließlich Badehäuser der Firma Hoechst AG, die mit dem vorgenannten Unternehmen einen Reinigungsvertrag abgeschlossen hatte. Die Hoechst AG kündigte diesen Vertrag mit der B + S GmbH und organisierte die Reinigungsarbeiten in ihren Badehäusern um. Sie werden nunmehr teils von ihren eigenen Arbeitnehmern, teils in Kooperation mit anderen Fremdfirmen geleistet. Die B + S GmbH wiederum kündigte ihrerseits daraufhin den Arbeitsvertrag mit Herrn *Santner*. Da nach dessen Ansicht ein Betriebsübergang mit der Folge der Fortsetzung seines Arbeitsverhältnisses bei der Hoechst AG erfolgte, erhob er beim Arbeitsgericht Frankfurt a. M. Klage

480 Mit Beschl. vom 11.06.1996, Rs. C-229/96.
481 Mit Beschl. vom 28.01.1997, Rs. C-74/97.
482 EuGH, Urt. v. 10.12.1998 in den verbundenen Rechtssachen C-127/96, C-229/96 und C-74/97, Slg. 1998, I-8179, *Hernández Vidal u.a.*, Rn. 14.

gegen die Hoechst AG.
Begründung und Tenor des Urteils entsprechen bis auf die unterschiedliche Ausgangsposition der unter der am selben Datum ergangenen Entscheidung *Sánchez Hidalgo u.a.* . Der EuGH entschied:

„Artikel 1 Absatz 1 der Richtlinie 77/187/EWG des Rates vom 14. Februar 1977 zur Angleichung der Rechtsvorschriften der Mitgliedstaaten über die Wahrung von Ansprüchen der Arbeitnehmer beim Übergang von Unternehmen, Betrieben oder Betriebsteilen ist dahin auszulegen, dass diese Richtlinie auf einen Fall, in dem ein Unternehmen, das ein anderes Unternehmen mit der Reinigung seiner Räumlichkeiten beauftragt hat, beschließt, den Vertrag mit diesem Unternehmen zu kündigen und fortan selbst für die Durchführung der fraglichen Arbeiten zu sorgen, anwendbar ist, sofern der Vorgang mit dem Übergang einer wirtschaftlichen Einheit zwischen den beiden Unternehmen einhergeht. Der Begriff der wirtschaftlichen Einheit bezieht sich dabei auf eine organisierte Gesamtheit von Personen und Sachen zur Ausübung einer wirtschaftlichen Tätigkeit mit eigener Zielsetzung. Der bloße Umstand, dass die erst vom Reinigungsunternehmen und danach von dem Unternehmen, dem die Räumlichkeiten gehören, ausgeführten Unterhaltsarbeiten einander ähnlich sind, lässt nicht auf den Übergang einer solchen Einheit schließen."

cc) Analyse und Auswirkungen der Entscheidungen

Die Bedeutung der Entscheidungen für die vorliegende Untersuchung erschließt sich erst beim zweiten Hinsehen. Sie resultiert zum einen aus der Prozessgeschichte der Vorabentscheidungen: Das Tribunal Superior de Justicia de Castilla-La Mancha[483] und das ArbG Lörrach[484] haben mit Beschlüssen vom 25. April 1996 und vom 28. November 1995 ihre Fragen zur Vorabentscheidung vorgelegt. Damit liegt der Eingang zeitlich vor der „konkretisierenden" *Ayse Süzen* – Entscheidung, aber nach dem Urteil *Christel Schmidt*. Ebenso verhält es sich mit den Vorlagebeschlüssen der später verbundenen Rechtssachen *Hernández Vidal u.a.* [485] des Tribunal Superior de Justicia Murcia vom 22. Februar 1996[486], des Arbeitsgerichts Frankfurt am Main vom 11. Juni 1996[487] und des Juzgado de lo Social Nr. 1 Pontevedra vom 28. Januar 1997[488]. Alle Vorlagebeschlüsse weisen die Gemeinsamkeit auf, dass die Verfahren in den vorliegenden Rechtssachen im Anschluss an das *Ayse Süzen* – Urteil ausgesetzt wurden. Trotz dieses Urteils erklärten sämtliche nationalen Gerichte nach Aufforderung durch den EuGH,

483 Rs. C-173/96 – *Sánchez Hidalgo.*
484 Rs. C-247/96 – *Ziemann.*
485 EuGH, Urt. v. 10.12.1998 in den verbundenen Rechtssachen C-127/96, C-229/96 und C-74/97, Slg. 1998, I-8179.
486 Rs. C-127/96 – *Hernández Vidal.*
487 Rs. C-229/96 – *Santner.*
488 Rs. C-74/97 – *Gómez Montaña.*

dass sie ihre Fragen aufrechterhalten wollen. Diese Vorgehensweise verdeutlicht die auch nach der *Ayse Süzen* bestehende Rechtsunsicherheit hinsichtlich der Voraussetzungen der Richtlinie 77/187/EWG. Die vorgelegten Fragen wären, soweit sie den Betriebsbegriff betreffen, bereits anhand der herausgebildeten Kasuistik des EuGH zu lösen gewesen. Dies unterstreicht die Rückfrage des EuGH bei den vorlegenden Gerichten, ob eine Entscheidung überhaupt benötigt wird. Es handelte sich daher auch bei diesen Verfahren in erster Linie mehr um Verständnis- als um Auslegungsfragen, die auf die nach der *Ayse Süzen* – Entscheidung verbliebenen Schwierigkeiten bei der Anwendung der durch den EuGH herausgebildeten Kriterien zurückzuführen sind.
Der EuGH wiederholt in diesen Entscheidungen gebetsmühlenhaft, dass es allein Sache des vorlegenden Gerichts sei, „anhand aller vorstehenden Auslegungskriterien festzustellen, ob in dem Ausgangsverfahren ein Übergang stattgefunden hat“[489]. Auf die jeweiligen den unterschiedlichen Rechtssachen zugrundeliegenden Ausgangssachverhalte geht der EuGH in den Entscheidungsbegründungen nicht näher ein. Dies entspricht der Theorie, dass der EuGH nur über eine abstrakte Auslegungsfrage entscheidet. In seiner üblichen Entscheidungspraxis geht der EuGH jedoch oft den umgekehrten Weg und berücksichtigt bei der Beantwortung der Vorlagefragen die Besonderheiten des jeweiligen Einzelfalls[490]. Auch hinsichtlich einer weiteren Konkretisierung der herausgebildeten Kriterien beschränkt sich der EuGH auf deren – wenn auch ausführliche – großteils wörtliche Wiederholung[491]. Die Entscheidungen bringen daher in der Sache wenig Neues[492]. Bei der Begriffsbestimmung nimmt er nicht nur auf die Rechtssache *Ayse Süzen*[493] Bezug, sondern auch auf seine früheren Auslegungen in Fällen wie *Spijkers*[494] und *Christel Schmidt*[495], womit die Bedeutung dieser Entschei-

489 EuGH, Urt. v. 10.12.1998 in den verbundenen Rechtssachen C-173/96 und C-247/96, Slg. 1998, I-8237, Rn. 33 und EuGH, Urt. v. 10.12.1998 in den verbundenen Rechtssachen C-127/96, C-229/96 und C-74/97, Slg. 1998, I-8179, Rn. 34.

490 So muss bei der *Christel Schmidt* – Entscheidung davon ausgegangen werden, dass die Feststellungen des EuGH maßgeblich von dem Übernahmeangebot beeinflusst waren.

491 Vgl. insbesondere EuGH, Urt. v. 10.12.1998 in den verbundenen Rechtssachen C-173/96 und C-247/96, Slg. 1998, I-8237 – *Sánchez Hidalgo u.a.*, Rn. 30.

492 So auch die Analyse der Entscheidungen von *Tinhofer*, Reinigungskräfte beschäftigen weiter den EuGH, RdW 1999, 33.

493 Vgl. oben Teil 3, III 2 c); EuGH, Urt. v. 11.03.1997, Rs. C-13/95, Slg. 1997,I-1259 = EUZW 1997, 244 = NJW 1997, 2039 – *Ayse Süzen*, insbesondere Rn. 16, 18 und 21.

494 Vgl. oben Teil 3, III, 1 und EuGH, Urt. v. 18.03.1986, Rs. 24/85, Slg. 1986, 1119.

495 Vgl. oben Teil 3, III, 1 c) und EuGH, Urt. v. 14.04.1994, Rs. C-392/92, Slg. 1994, I-1311.

dungen auch nach dem Urteil *Ayse Süzen* zum Ausdruck kommt[496]. Der EuGH sah in den Verfahren *Hidalgo* und *Vidal* keine Notwendigkeit seine Rechtsprechung zu dem Betriebsbegriff entscheidend weiter zu entwickeln. Klarstellende Bedeutung kommt den Entscheidungen dennoch unter dem Gesichtspunkt zu, dass sie den deutlichen Willen des EuGH erkennen lassen, an diesen Kriterien auch in der Zukunft festhalten zu wollen.

b) Die Entscheidung Allen

Das Industrial Tribunal Leeds legte dem Gerichtshof unter anderem folgende Fragen zur Vorabentscheidung vor:

„1. Ist die Richtlinie 77/187/EWG über erworbene Rechte auf zwei Gesellschaften desselben Konzerns mit gemeinsamem Eigentümer und Management, gemeinsamen Gebäuden und gemeinsamer Arbeit anwendbar oder sind diese Gesellschaften ein einziges Unternehmen im Sinne der Richtlinie? Liegt insbesondere ein Unternehmensübergang im Sinne der Richtlinie vor, wenn die Gesellschaft A einen wesentlichen Teil ihrer Belegschaft auf die Gesellschaft B innerhalb desselben Konzerns überträgt?

2.Wenn die Frage 1 zu bejahen ist: Nach welchen Kriterien ist zu entscheiden, ob ein solcher Übergang stattgefunden hat? ...“ [497]

Frage 2 enthält weiter eine Auflistung zahlreicher tatsächlicher Gegebenheiten des Ausgangsfalls und die Frage, ob diese Umstände die Annahme eines Betriebsübergangs rechtfertigen[498].

---

496 Vgl. hierzu auch *Court of Appeal*, IRLR 1999, 559 – *ECM-Vehicle Delivery Service Ltd. v. Cox and others*, Rn. 22/23. Vgl. auch Anmerkung und auszugsweise Übersetzung der Entscheidung von *Kocher* in: AuR 2000, 112.

497 EuGH, Urt. v. 02.12.1999, Rs. C-234/98, Rn. 11.

498 Im einzelnen:
„a)Während eines bestimmten Zeitraums wurden die in Frage kommenden Arbeitnehmer von der Gesellschaft A wegen angeblichen Arbeitsmangels entlassen, und es wurde ihnen eine Beschäftigung bei der Konzerngesellschaft B angeboten, deren Unternehmenstätigkeit räumlich getrennt oder Teil der Unternehmenstätigkeit der Gesellschaft A ist, nämlich der Streckenvortrieb in Bergwerken.
b)Zwischen den Gesellschaften A und B fand keine Übertragung von Gebäuden, kein Wechsel von Führungskräften, keine Übertragung der Infrastruktur, von Material oder Wirtschaftsgütern statt, und der überwiegende Teil der bedeutenden Wirtschaftsgüter, die von beiden Gesellschaften beim Vortrieb der Hauptstollen eingesetzt wurden, wurde von einem Dritten, dem Grubenbetreiber geliefert.

Den ersten Teil der ersten Frage entschied der EuGH dahingehend, dass die Richtlinie auf einen Übergang zwischen zwei Gesellschaften desselben Konzerns, die denselben Eigentümer, dasselbe Management, dieselben Räumlichkeiten haben und die am selben Vorhaben arbeiten, angewendet werden kann[499]. Zur Begründung bezieht sich der EuGH auf seine Rechtsprechung in den Rechtssachen *Ny Mølle Kro*[500] und *Daddy's Dance Hall* [501], in denen er bereits die Anwendbarkeit der Richtlinie für den Fall des Wechsels der natürlichen oder juristischen Person, die für den Betrieb des Unternehmens verantwortlich ist, bejahte, ohne dass es darauf ankam, ob das Eigentum an dem Unternehmen übertragen wurde. Zu Recht führt der EuGH unter Berücksichtigung des Schutzzwecks der Richtlinie aus, dass es durch nichts gerechtfertigt erscheint, dem einheitlichen Verhalten der Muttergesellschaft und ihrer Tochtergesellschaften auf dem Markt Vorrang vor der förmlichen Trennung dieser Gesellschaften, die voneinander getrennte Rechtspersönlichkeiten darstellen, einzuräumen[502].
Von weit größerer praktischer Relevanz sind jedoch die Aussagen des EuGH zum zweiten Teil der ersten Frage und zur zweiten Frage, die im wesentlichen darauf abzielen, welche Kriterien entscheidend dafür sind, ob ein Übergang vorliegt, und ob diese Kriterien im Ausgangsfall erfüllt sind. Zur Beantwortung dieser Frage verweist der EuGH, wie in den vorangegangenen Verfahren, auf die in der *Ayse Süzen* - Entscheidung[503] konkretisierten Kriterien und listet diese Umstände der vorzunehmenden Gesamtbewertung nochmals auf[504]. Abermals führt

---

c)Die Gesellschaft A blieb der einzige Vertragspartner des Dritten und Auftraggebers, der das Unternehmen mit Arbeiten im Rahmen von Bauprojekten betraute, die auf „gleitender" Basis durchgeführt wurden.

d)Der Wechsel der Arbeitnehmer von der Gesellschaft A zur Gesellschaft B und der Beginn und/oder das Ende der Verträge, aufgrund deren die Arbeiten durchgeführt wurden, fielen zeitlich kaum oder überhaupt nicht zusammen.

e)Die Gesellschaft A und die Gesellschaft B haben die gleiche Leitung und die gleichen Gebäude.

f)Nach ihrer Anstellung bei der Gesellschaft B führen die Arbeitnehmer die Arbeit sowohl für die Gesellschaft A als auch für die Gesellschaft B je nach Bedarf der örtlichen Leitung aus, die für beide Gesellschaften verantwortlich ist.

g)Die Arbeiten wurden ständig weitergeführt, es gab zu keinem Zeitpunkt eine Unterbrechung der Tätigkeiten oder eine Änderung der Art, in der diese durchgeführt wurden?"

499 EuGH, Urt. v. 02.12.1999, Rs. C-234/98, Rn. 21.

500 EuGH, Urt. v. 17.12.1987, Rs. 287/86, Slg. 1987, 5465, Rn. 12.

501 EuGH, Urt. v.10. 02.1988, Rs. 324/86, Slg. 1988, 739 *–Daddy's Dance Hall (Tellerup)*,, Rn. 9.

502 EuGH, Urt. v. 02.12.1999, Rs. C-234/98, Rn. 20.

503 EuGH, Urt. v. 11.03.1997, Rs. C-13/95, Slg. 1997, I-12459, Rn. 13.

504 EuGH, Urt. v. 02.12.1999, Rs. C-234/98, Rn 26.

er aus, dass eine Einheit nicht als bloße Tätigkeit verstanden werden dürfe und dass allein der Umstand, dass die übertragenen Dienstleistungen einander ähnlich sind, nicht den Schluss zulasse, dass der Übergang einer wirtschaftlichen Einheit vorliege. Der EuGH betont damit seine im Urteil *Süzen*[505] getroffene Klarstellung, die er in den verbundenen Rechtssachen *Sánchez Hidalgo u. a.*[506] und *Hernández Vidal u. a.*[507] bereits ausführlich wiederholte. Damit setzt der EuGH auch mit dieser Entscheidung seine Rechtsprechung zum Tatbestand des Betriebsübergangs fort.

Allerdings liegt das Problem bei der Bestimmung, ob ein Übergang der wirtschaftlichen Einheit stattgefunden hat oder nicht, vielmehr bei der Anwendung der vom EuGH aufgestellten und nun mehrfach bestätigten Kriterien. Dies zeigt auch die Entscheidung *Allen* sehr anschaulich, nicht umsonst hat das Industrial Tribunal Leeds in seiner zweiten Frage gleich eine ganze Reihe von Umständen aufgeführt und nachgefragt, ob diese die Annahme eines Übergangs rechtfertigen können[508]. Der EuGH weist zwar abermals daraufhin, dass es Sache des nationalen Gerichts sei, „anhand aller vorstehenden Auslegungsgesichtspunkte festzustellen, ob im vorliegenden Fall ein Übergang stattgefunden hat“[509]. Anders als in den unmittelbar vorangegangenen Vorabentscheidungen *Sánchez Hidalgo u. a* und *Hernández Vidal u. a.* gibt der EuGH dem nationalen Gericht jedoch sehr ausführliche Hilfestellungen, indem er betont, dass die aufgezählten Umstände des Ausgangssachverhalts einen Betriebsübergang gerade nicht ausschließen. So setzt sich der EuGH in den Erwägungsgründen sehr ausführlich mit dem Einwand der Beklagten des Ausgangsverfahrens auseinander, dass der zugrunde liegende Sachverhalt dem des Urteil *Rygaard*[510] entspreche. In der Rechtssache *Rygaard* entschied der Gerichtshof, dass ein Sachverhalt, in dem ein Unternehmen eine seiner Baustellen einem anderen Unternehmen zwecks Fertigstellung überträgt und sich dabei darauf beschränkt, dem letztgenannten Unternehmen Arbeitnehmer und Material zur Durchführung der laufenden Arbeiten zur Verfügung zu stellen, nicht in den Anwendungsbereich der Richtlinie fällt. Der EuGH zeigt aber auf, dass sich diese Fallgestaltung insoweit von der Rechtssache *Allen* unterscheidet, als der anderen Gesellschaft desselben Konzerns von der Beklagten des Ausgangsverfahrens die vollständigen Arbeitsaufträge als Subunternehmerin übertragen worden sind. Außerdem sei bereits im Urteil *Rygaard* ausgeführt[511], dass eine Übertragung einer Baustelle zwecks

505 EuGH, Urt. v. 11.03.1997, Rs. C-13/95, Slg. 1997, I-12459, Rn. 15.
506 C-173/96 und C-247/96, Slg. 1998, I-8237, Rn.. 30.
507 C-127/96, C-229/96 und C-74/97, Slg. 1998, I-8179, Rn. 30
508 Vgl. oben, Fn. 445.
509 EuGH, Urt. v. 02.12.1999, Rs. C-234/98, Rn. 38.
510 EuGH, Urt. v. 19.09.1995, Rs. C-48/94, Slg. 1995, I-2745.
511 EuGH, Urt. v. 19.09.1995, Rs. C-48/94, Slg. 1995, I-2745, Rn. 21.

Fertigstellung unter die Richtlinie fallen könnte, wenn sie mit der Übertragung einer organisierten Gesamtheit von Faktoren einherginge, die eine dauerhafte Fortsetzung bestimmter Tätigkeiten des übertragenden Unternehmens erlauben würde[512]. Nach der Ansicht des EuGH spricht vieles im Ausgangsfall ganz offensichtlich für die Annahme eines Betriebsübergangs. Die Ausführlichkeit der Urteilsbegründung in der Rechtssache *Allen* verdeutlichen die Bemühungen des EuGH die Anwendung der von ihm aufgestellten Kriterien zu erläutern und damit dem Interesse nach Rechtsklarheit in diesem Punkt Rechnung zu tragen. Positiv wirkt sich dabei die exakte Fragestellung des vorlegendenden Gerichts aus. Dies ermöglicht es dem EuGH seine bisherige Rechtsprechung zu Art. 1 Abs. 1 Richtlinie 77/187/EWG zu resümieren und diese zu dem Ausgangsfall anhand der sehr ausführlich gestellten Fragen in Bezug zu setzten.

4. Zusammenfassung der Auswirkungen der Entscheidungen

Die untersuchten Vorabentscheidungen des EuGH zur Auslegung des Tatbestandsmerkmals „Übergang von Unternehmen, Betrieben, oder Unternehmens- bzw. Betriebsteilen“ sind unter dem Gesichtspunkt der Fortentwicklung des Gemeinschaftsrechts zu begrüßen, da sie zum einen die Erkenntnis bestehender Divergenzen in diesem Bereich verdeutlicht haben und zum anderen zu der rechtlich gebotenen Ansicht gelangen, dass ein Betriebsübergang auch in der Übernahme der Hauptbelegschaft liegen kann. Diese Auslegung des EuGH wird den Vorgaben der Richtlinie gerecht, da sich ein Erwerber der wirtschaftlichen Einheit, der den größten Teil der Beschäftigten übernimmt, gerade für die anderen nicht übernommenen Arbeitnehmer die Voraussetzung schafft, sich auf einen Betriebsübergang zu berufen.
Trotz der äußerst umfangreichen Rechtsprechung des EuGH infolge der *Christel Schmidt* – Entscheidung blieben diejenigen Fälle fraglich, in denen lediglich bestimmte Funktionen ohne die entsprechenden Betriebsmittel anderen Rechtsträgern zugewiesen wurden. Es benötigte einige Urteile um den vagen Begriff der „wirtschaftlichen Einheit" mit Leben zu füllen. Nach Ansicht des EuGH bezieht sich der Begriff „Einheit" auf eine organisatorische Gesamtheit von Personen und Sachen zur Ausübung einer wirtschaftlichen Tätigkeit mit eigener Zielsetzung. Er kann sich aus verschiedenen Merkmalen, wie dem Personal, den Führungskräften, der Arbeitsorganisation, den Betriebsmethoden oder den zur Verfügung stehenden Betriebsmitteln ergeben. Diese Beschreibung des Begriffs der „wirtschaftlichen Einheit" lässt allerdings offen, welchem der genannten Kriterien im Einzelfall ausschlaggebendes Gewicht beizumessen ist. Auch mit der in

512 EuGH, Urt. v. 02.12.1999, Rs. C-234/98, Rn. 37.

der geänderten Richtlinie 77/187/EWG erfolgten Kodifikation des nicht abschließend geklärten Kriteriums der „wirtschaftlichen Einheit“ kann folglich die notwendige Rechtsklarheit allein nicht geschaffen werden. Dies zeigen auch die Folgeverfahren *Sánchez Hidalgo u.a.* und *Hernández Vidal u.a.* sowie *Allen*, deren Entscheidung durch den EuGH auch nach dem *Ayse Süzen* – Urteil nicht entbehrlich wurde. Selbst die klarstellenden Feststellungen der Rechtssache *Ayse Süzen* gaben somit nicht allen Gerichten die nötige Sicherheit in der Rechtsanwendung. Durch die Folgeentscheidungen kann hinsichtlich des Betriebsbegriffs zumindest von einer Kontinuität in der Rechtsprechung des EuGH hinsichtlich der Definition des Kriteriums der „wirtschaftlichen Einheit“ gesprochen werden. Für die weitere Ausgestaltung dieses Kriteriums kommt es allerdings auch weiterhin auf die genaue Verfolgung der Rechtsprechung des EuGH an. Angesichts der Vielgestaltigkeit der von der Richtlinie 77/187/EWG erfassten möglichen Lebenssachverhalte, obliegt es dem EuGH und den nationalen Gerichten durch eine schutzzweckorientierte Anwendung der Voraussetzungen des Tatbestandes eines Betriebsüberganges das Eingreifen der in der Richtlinie 77/187/EWG enthaltenen Rechtsfolgenanordnung so voraussehbar wie möglich zu machen. Die nationalen Gerichte dagegen sollten den Gestaltungsspielraum, den ihnen der EuGH einräumt, auch nutzen und im jeweiligen Ausgangssachverhalt selbst entscheiden, ob ein Übergang i.S.d. durch den EuGH herausgebildeten Kriterien vorliegt oder nicht.

5. *Ableitung verallgemeinerungsfähiger Prinzipien für die Praxis des Vorabentscheidungsverfahrens*

a) *Die unzureichende Begründung im Fall Christel Schmidt*

Literatur und Rechtsprechung entnahmen der *Christel Schmidt* – Entscheidung[513] vorschnell etwas, was sie so nicht enthält. Weder Tenor noch Entscheidungsgründen lässt sich entnehmen, dass jegliche Funktionsnachfolge als Betriebs- bzw. Betriebsteilübergang angesehen werden muss. Vielmehr ist der Tenor der Entscheidung eng gefasst und bezieht sich nur auf den im Vorlagebeschluss beschriebenen Ausgangssachverhalt[514]. Der Hauptgrund für diese Überinterpretation der Vorabentscheidung liegt in der außerordentlich knappen Entscheidungsbegründung. Der EuGH reagierte auf die abstrakte und unpräzise

513 Vgl. zur Analyse und Auswirkungen der Entscheidung oben Teil 3, III, 1.

514 Vgl. *Heither*, Verfahrenskoordination bei der EG-Richtlinie über den Betriebsübergang, RdA 1996, S. 102; *Willemsen,* Aktuelle Tendenzen zur Abgrenzung des Betriebsübergangs – Die Zeit nach „Christel Schmidt“ –, DB 1995, S. 924, 925.

Fragestellung[515] des vorlegenden Gerichts mit recht allgemein gehaltenen Ausführungen zur Problematik des Betriebsbegriffs. Die durch die Entscheidung eingetretene Rechtsunsicherheit verdeutlicht wie kein zweites Urteil des EuGH die Gefahr einer zu knappen Entscheidungsbegründung für die Akzeptanz und Legitimität der Rechtsprechung[516]: Die dürftigen Ausführungen, zu denen sich der EuGH durch die Vorlagefrage veranlasst sah, konnten kaum die für die Praxis erforderliche Rechtsklarheit schaffen, die angesichts der Bedeutung dieses Themas für die Umstrukturierungsprozesse in der Wirtschaft dringend benötigt wird. Insbesondere blieb undeutlich, was genau unter „wirtschaftlicher Einheit" und unter der „Wahrung ihrer Identität" verstanden werden muss . Einige Autoren erkannten daher auch schon früh, dass der EuGH so weitreichende Thesen - wie teilweise in den ersten Stellungnahmen angenommen - keineswegs aufstellen wollte und dass nur weitere Vorlagen an den EuGH für die notwendige Konkretisierung der Begrifflichkeiten sorgen könnten[517].
Die knappe Begründung der Rechtsauffassung durch den EuGH findet seinen Ausgangspunkt zum einen in dessen generellem Urteilsstil. Der EuGH fasst seine Urteile nach französischem Vorbild in knappem Prozessstil ab. Entscheidende Bedeutung kommt daher den Schlussanträgen des Generalanwalts zu, die einen unverbindlichen Entscheidungsvorschlag enthalten, der meist wesentlich länger begründet ist als das spätere Urteil, und eine eingehende juristische Analyse der bisherigen Rechtsprechung[518] enthält. Die Kenntnis der Schlussanträge ist daher für das Verständnis des Urteils oft unentbehrlich. Allerdings zeigt die *Christel Schmidt* – Entscheidung, dass auch diese mitunter nicht ausreicht, um die Entscheidung in ihrem Kontext richtig einordnen zu können. Zum anderen ließ der Vorlagebeschluss des LAG Schleswig-Holstein[519] eine Auseinandersetzung mit der in vielen Urteilen entwickelten und sorgfältig begründeten Rechtsprechung des BAG zu diesem Problemkreis vermissen und zeichnete sich durch eine unklare Fragestellung aus. Die erste Frage nach der Anwendbarkeit der Richtlinie auf einen Fall der Fremdvergabe von Tätigkeiten hatte der EuGH bereits im Jahre 1992 in der Rechtssache *Watson Rask / Christensen*[520] entschie-

515 Vgl. oben, Teil 3, III, 1, a.

516 Vgl. zum Urteilsstil auch *Everling*, EuR 1994, 127: der vorschlägt, den Urteilsstil von der autoritativen zur argumentativen Form fortzuentwickeln.

517 *Dieterich*, Die Arbeitsgerichte zwischen Bundesverfassungsgericht und Europäischem Gerichtshof, NZA 1996, S. 679.

518 Vgl. *Zuleeg*, Europäischer Gerichtshof und nationale Arbeitsgerichte aus europarechtlicher Sicht, RdA 1996, S. 71.

519 Vorlagebeschluss: LAG *Schleswig-Holstein*, LAGE § 613 a BGB Nr. 28 = ZIP 1994, 1040.

520 EuGH, Urt. v. 12.11.1992, Rs.C-209/91, Slg. 1992, 5755, vgl. ausführlich oben Teil 3, III, 1 c.

den. Bei der Beantwortung von Frage zwei führte der EuGH die in *Watson Rask / Christensen* aufgestellten Grundsätze insofern konsequent fort als er dem Umstand, dass die übertragene Aufgabe nur von einer Arbeitnehmerin wahrgenommen wurde, keine die Anwendbarkeit der Richtlinie ausschließende Bedeutung beilegte. Schon in der Fragestellung des vorlegenden Gerichts fehlte somit der Bezug zur eigentlichen Auslegungsproblematik. Statt der allgemeinen Frage nach der Anwendbarkeit der Richtlinie bei der vertraglichen Übertragung bestimmter Tätigkeiten auf eine Fremdfirma, hätte die Fragestellung auf die Grenzen einer solchen Anwendbarkeit der Richtlinie abzielen müssen. Insbesondere hätte sich die Frage angeboten, ob ein Betriebsübergang auch dann angenommen werden kann, wenn weder materielle noch immaterielle Betriebsmittel auf den Übernehmer übergehen und auch nicht die Übernahme des nur aus einer Arbeitnehmerin bestehenden Personals stattfindet. Das LAG hat, ohne Zweifel an der Rechtsprechung des BAG zu äußern, gleich den zulässigen Weg des Vorabentscheidungsverfahrens nach Art. 234 EG eingeschlagen[521]. Dagegen bietet es sich an, dem EuGH im Vorlagebeschluss hinreichend klar darzulegen, wo innerhalb der nationalen Rechtsordnung das Problem steckt und warum es für dessen Lösung auf die Auslegung von Gemeinschaftsrecht ankommen soll. Die nationalen Richter dürfen bei der Formulierung der Vorlagefrage nicht die Kenntnis des nationalen Rechts durch den EuGH voraussetzen. Durch solche Ausführungen hätte sich der EuGH mitunter veranlasst gesehen, seine Entscheidung ausführlicher und mit mehr Problembewusstsein zu begründen.

b) *Die Ayse Süzen – Entscheidung als wiederholte Vorlage*

Die Rechtssache *Ayse Süzen*[522] stellt im Anschluss an die *Christel Schmidt* – Entscheidung eine wiederholte Vorlage zum Betriebsbegriff dar. Wiederholte Vorlagen zum gleichen Auslegungsproblem können notwendig werden, um Unklarheiten und Missverständnissen im Dialog zwischen nationalem Gericht und EuGH entgegenzuwirken. Probleme entstehen dann, wenn sich durch Rechtsprechungsklarstellungen bzw. Rechtsprechungskorrekturen des EuGH und die dadurch notwendig werdenden Umsetzungsakte der nationalen Gerichte immer neue Auslegungsprobleme ergeben, die zwangsläufig ebenfalls das Gemein-

---

521 Dass durch diese Vorgehensweise die Rechtsprechung der nationalen Obergerichte übergangen werden kann, dient unter anderem als Begründung für die Forderung nach der Einschränkung des Vorlagerechts auf die letztinstanzlichen Gerichte, vgl. hierzu ausführlich Teil 3, II.

522 Zur Analyse und Auswirkungen der Entscheidung vgl. oben Teil 3, III, 2.

schaftsrecht berühren und somit die Gefahr eines „endlosen Hin und Her“[523] zwischen EuGH und nationalem Gericht besteht. In diesem Fall obliegt es den nationalen Gerichten durch ergänzende Feststellungen, die sich nicht unmittelbar aus der Rechtsprechung des EuGH ergeben, das gemeinschaftlich determinierte Recht weiter auszugestalten und nicht gleich wieder den EuGH anzurufen. Von einer erneuten Vorlage an den EuGH kann nämlich dann abgesehen werden, soweit sich das nationale Gericht bei der Entscheidung des konkreten Sachverhalts im Rahmen der vom EuGH vorgegebenen Auslegung bewegt. Ob dies der Fall ist, hat das nationale Gericht zu entscheiden. Die Ausgangslage der *Ayse Süzen* - Entscheidung machte dagegen eine wiederholte Vorlage erforderlich: Die im Rahmen der *Christel Schmidt* – Entscheidung bestätigten Kriterien der „wirtschaftlichen Einheit“ und der „Wahrung Ihrer Identität“ waren zumindest hinsichtlich ihrer Bedeutung für die Funktionsnachfolge und Fremdvergabe nicht eindeutig, Ergänzungen und Klarstellungen durch weitere Vorlagen waren daher geboten. Dass sich die nationalen Gerichte auch bei „klargestellter“ Rechtsprechung aufgrund der entstandenen Verunsicherung mit wiederholten Vorlagen an den EuGH wenden, zeigen die Folgeentscheidungen *Sánchez Hidalgo u.a., Hernández Vidal u.a*[524] zum Begriff des Unternehmensübergangs. Sämtliche fünf Rechtssachen hätten anhand der vom EuGH konkretisierten Kriterien gelöst werden können. Eine Entscheidung der Vorlagen war nur aus Klarstellungsgründen sinnvoll.

IV. Begriffsbestimmung durch den EuGH bei der Frage der Anwendbarkeit der Richtlinie 77/187/EWG auf die Auslagerung staatlicher Aufgaben

1. *Das Henke – Urteil*[525]

a) *Sachverhalt*

Die Klägerin, Frau *Henke*, war als Sekretärin des Bürgermeisters und Sachbearbeiterin im Bereich Wirtschaftsförderung und Fremdenverkehrsangelegenheiten der Gemeinde Schierke beschäftigt. Aufgrund der Gemeindeordnung Sachsen-Anhalt[526] schlossen sich mehrere Gemeinden durch öffentlich-rechtliche Verein-

---

523 So: *Dieterich*, Die Arbeitsgerichte zwischen Bundesverfassungsgericht und Europäischem Gerichtshof, NZA 1996, S. 680.

524 Vgl. oben Teil 3, III, 3.

525 EuGH, Urt. v. 15.10.1996, Rs. C-298/94, Slg. 1996, I-5013 – *Henke*.

526 Vgl. § 75 der Gemeindeordnung für das Land Sachsen-Anhalt: Danach können benachbarte Gemeinden eines Landkreises durch öffentlichrechtliche Vereinbarungen eine

barung zu einer Verwaltungsgemeinschaft „Brocken“[527] zusammen, der von den Gemeinden sämtliche Aufgaben übertragen wurden. Die Bildung der Verwaltungsgemeinschaft diente zugleich als Maßnahme der Personalumstrukturierung, da die Beschäftigten der Mitgliedsgemeinden mit der Verwaltungsgemeinschaft neue Arbeitsverträge mit z.T. geänderten Bedingungen abschließen sollten. Als die Gemeinde Schierke das Arbeitsverhältnis mit der Klägerin, die auf einem Übergang zu unveränderten Bedingungen bestand, kündigte, stellte sich die Frage der Wirksamkeit der Kündigung nach § 613 a Abs. 4 BGB.
Das Arbeitsgericht Halberstadt legte dem EuGH zwei Fragen zur Vorabentscheidung vor, mit denen es wissen wollte, ob die Bildung einer solchen Verwaltungsgemeinschaft als Übergang eines Unternehmens oder eines Betriebes nach Art. 1 Abs. 1 der Richtlinie 77/187/EWG einzustufen sei und ob dieser Übergang auf einer vertraglichen Vereinbarung beruhe, wenn die Beteiligten eine öffentlich-rechtliche Vereinbarung abgeschlossen hätten[528].
In seinen Schlussanträgen bejahte GA *Lenz* die Anwendbarkeit der Richtlinie 77/187/EWG auch auf Gemeinden und stellt dabei nicht auf die aus seiner Sicht zu formale Frage ab, ob die Personen nach innerstaatlichen Vorschriften als Arbeitnehmer geschützt sind oder nicht[529].

b) Entscheidung des EuGH

Der EuGH schloss sich dieser Argumentation nicht an. Er verneinte die erste Vorlagefrage im Hinblick auf den Unternehmensbegriff, womit sich die Beantwortung der zweiten Frage erübrigte. Als Kern der eigentlichen Urteilsbegründung führt der EuGH aus:

> „Somit stellt die strukturelle Neuordnung der öffentlichen Verwaltung oder die Übertragung von Verwaltungsaufgaben von einer öffentlichen Verwaltung auf eine andere keinen ‚Unternehmensübergang‘ i. S. d. Richtlinie dar.“[530]

Der EuGH stützt seine Argumentation auf die Präambel der Richtlinie[531], nach der diese die Arbeitnehmer vor den Nachteilen schützen soll, die sich für sie aus

---

Verwaltungsgemeinschaft bilden. Diese werden Träger der durch Gesetz oder Verordnung zugewiesenen Aufgaben des übertragenden Wirkungskreises der Gemeinden; die Selbstverwaltungsaufgaben der Mitgliedsgemeinden können auf die Gemeinschaft übertragen oder differenziert aufgeteilt werden.

527 Eine Körperschaft öffentlichen Rechts mit Dienstherrenfähigkeit.

528 EuGH, Urt. v. 15.10.1996, Rs. C-298/94, Slg. 1996, I-5013 – *Henke*, Rn. 6 ff.

529 Schlussanträge des GA Lenz vom 11.06.1996, Rn. 29.

530 EuGH, Urt. v. 15.10.1996, Rs. C-298/94, Slg. 1996, I-5013 – *Henke*, Rn. 13, 14.

531 Vgl. EuGH, Urt. v. 15.10.1996, Rs. C-298/94, Slg. 1996, I-5013 – *Henke*, Rn. 13.

den Änderungen in den Unternehmensstrukturen ergeben können, die durch die wirtschaftliche Entwicklung bedingt und unter anderem Folge eines Betriebsübergangs auf einen anderen Inhaber durch vertragliche Übertragung oder Verschmelzung sind. Gegenstand der Richtlinie soll daher nach Ansicht des EuGH nicht jeder denkbare Inhaberwechsel sein, sondern der „wirtschaftsorientierte" Übergang von Unternehmen. Dies belege auch der Wortlaut der meisten Sprachfassungen für die Bezeichnung des Gegenstands der Übertragung oder des Erwerbers[532]. Zweck der Zusammenlegung sei im Ausgangsfall aber lediglich die Verbesserung der Durchführung der Verwaltungsaufgaben dieser Gemeinden[533]. Der EuGH hebt in diesem Zusammenhang hervor, dass die Übertragung „offensichtlich nur hoheitliche Tätigkeiten" betroffen habe. „Selbst wenn diese Tätigkeiten wirtschaftliche Aspekte eingeschlossen haben sollten, wären diese nur von untergeordneter Bedeutung"[534].
Demgegenüber hat der EuGH in seiner *Mayeur* – Entscheidung[535] ausdrücklich bestätigt, dass die Übertragung einer wirtschaftlichen Tätigkeit von einer juristischen Person des Privatrechts auf eine juristische Person des öffentlichen Rechts grundsätzlich in den Anwendungsbereich der Richtlinie 77/187/EWG fällt. Art. 1 Abs. 1 und Art. 2 Abs. 1 erlaube es nicht, die Übertragung einer wirtschaftlichen Tätigkeit allein deshalb allein deshalb vom Anwendungsbereich der Richtlinie auszunehmen, weil der Erwerber der Tätigkeit eine öffentlich-rechtliche Einrichtung sei. Ausgenommen seien nach dem Urteil *Henke* nur die strukturelle Neuordnung der öffentlichen Verwaltung oder die Übertragung von Verwaltungsaufgaben von einer öffentlichen Verwaltung auf die andere[536].

c) *Analyse der Entscheidung*

aa) *Unzulänglichkeiten der Entscheidung*

Die Begründung der Entscheidung ist abermals außerordentlich knapp ausgefallen[537]. Vor allem, wenn man bedenkt, dass der EuGH den Schlussanträgen des GA *Lenz*[538] nicht gefolgt ist und wesentliche Fragen, die in diesen Anträgen gebührende Berücksichtigung fanden, völlig ignoriert hat. So wird die Frage, ob die Gemeinde Schierke überhaupt ein Unternehmen i.S.d. Richtlinie ist, in der

---

532 EuGH, Urt. v. 15.10.1996, Rs. C-298/94, Slg. 1996, I-5013 – *Henke*, Rn. 15.
533 EuGH, Urt. v. 15.10.1996, Rs. C-298/94, Slg. 1996, I-5013 – *Henke*, Rn. 16.
534 EuGH, Urt. v. 15.10.1996, Rs. C-298/94, Slg. 1996, I-5013 – *Henke*, Rn. 17.
535 EuGH, Urt. v. 26.09.2000, Rs. C-175/99 – *Mayeur*.
536 EuGH, Urt. v. 26.09.2000, Rs. C-175/99 – *Mayeur*, Rn. 33.
537 Vgl. *Resch*, Betriebsübergang und Auslagerung staatlicher Aufgaben, AuR 2000, 89.
538 Schlussanträge des GA Lenz vom 11.06.1996.

Entscheidung nicht explizit erörtert[539]. Dabei hätte der EuGH durchaus Veranlassung gehabt, sich mit diesem Problem auseinander zu setzen. Die Bundesregierung ging nämlich in ihrer Stellungnahme davon aus, dass generell Gemeinden keine Unternehmen i.S.d. Richtlinie 77/187/EWG sein könnten[540]. Nur der Umstand, dass der EuGH nicht dazu Stellung nimmt, ob Körperschaften des öffentlichen Rechts unter den Unternehmensbegriff i.S.d. Richtlinie fallen, sondern nur darlegt, aus welchen Gründen kein Übergang i.S.d. Richtlinie anzunehmen ist, lässt darauf schließen, dass Tätigkeiten von juristischen Personen des öffentlichen Rechts, auch von Gebietskörperschaften, nicht grundsätzlich vom Anwendungsbereich der Richtlinie ausgeschlossen sind. Andernfalls hätte der EuGH die Anwendbarkeit schon aus Gründen des Fehlens der Unternehmenseigenschaft ablehnen können[541].
Die äußerst knappe Entscheidungsbegründung hat offenbar auch dazu geführt, dass der EuGH den Sachverhalt nicht zutreffend gewürdigt hat. Der Feststellung des EuGH, dass sich die Übertragung „offensichtlich nur auf hoheitliche Tätigkeiten"[542] bezogen habe, kann nicht gefolgt werden. Die Klägerin war als Sekretärin und Sachbearbeiterin im Bereich Wirtschaftsförderung und Fremdenverkehr in Bereichen beschäftigt, die keinesfalls zwingend als hoheitliche Aufgaben anzusehen sind. Auch hätte der EuGH weiter prüfen müssen, inwieweit die juristische Person Gemeinde Schierke in verschiedene Betriebsteile untergliedert ist. Nur für den einzelnen Betrieb bzw. Betriebsteil der Gemeinde ist dann zu prüfen, ob überwiegend Hoheitsverwaltung vorliegt oder nicht[543].

bb) Richtlinie 77/187/EWG als Teilharmonisierung marktorientierter Betriebsübergänge

Die Entscheidung stellt klar, dass eine juristische Person des öffentlichen Rechts dem Anwendungsbereich der Richtlinie 77/187/EWG unterliegt, sofern die je-

---

539 Vgl. hierzu die zu Recht kritische Anmerkung von *Kiendl*, Jüngste Entwicklungen in der Rechtsprechung des EuGH zur Betriebsübergangsrichtlinie, Wbl 1997, 57 ff.

540 Diese Aussage bleibt jedoch schon hinter der nationalen Judikatur zurück. Körperschaften des öffentlichen Rechts können danach je nach ihrer Tätigkeit und den davon in sonstiger Weise betroffenen Wettbewerbern als Unternehmen eingestuft werden; vgl. *Kohte*, Betriebsübergang im öffentlichen Dienst, BB 1997, 1739; BGHZ 102, 280 ff.

541 So *Kiendl*, Jüngste Entwicklungen in der Rechtsprechung des EuGH zur Betriebsübergangsrichtlinie, Wbl 1997, 58.

542 EuGH, Urt. v. 15.10.1996, Rs. C-298/94, Slg. 1996, I-5013 – *Henke*, Rn. 17.

543 So auch: *Resch*, Betriebsübergang und Auslagerung staatlicher Aufgaben, AuR 2000, 90.

weilige Einheit nicht überwiegend hoheitlich tätig wird[544]. Im Gegensatz zur zugrundeliegenden Argumentation und daraus gezogen Schlussfolgerungen in der Rechtssache *Henke* überzeugt diese vom EuGH vorgenommene Begriffsbestimmung, da sie sich methodisch in die bisherige Rechtsprechung des EuGH einfügt[545]. Der EuGH spart bestimmte Übertragungen von Betrieben und Unternehmen aus dem Anwendungsbereich der Richtlinie aus, wenn sie eng mit national bzw. hoheitlich geprägten Verfahren und Tätigkeiten verbunden sind[546]. Die Richtlinie bewirkt damit nur die Teilharmonisierung des nationalen Rechts. In der Literatur wird daher davon ausgegangen, dass eine Rechtsangleichung der speziell geregelten Verfahren und Rechtsbereiche eine ausdrückliche Regelung im sekundären Gemeinschaftsrecht erfordere[547]. Damit kommt der Differenzierung verschiedener Arten von Betriebsübertragungen entscheidende Bedeutung zu[548]. Das Abstellen auf die Hoheitsverwaltung erscheint zutreffend[549], auch wenn die Abgrenzung zwischen hoheitlichem und nicht hoheitlichem Handeln der Verwaltung nicht immer leicht durchführbar ist. GA *Lenz* weist in diesem Zusammenhang auf die Probleme hin, wenn ein Arbeitnehmer sowohl hoheitliche als auch nichthoheitliche Tätigkeiten vollbringt[550]. Allerdings ermöglicht die von GA *Lenz* vorgeschlagene Lösung, die darauf abzielt, als Anknüpfungspunkt den geschützten Personenkreis heranzuziehen, ebenfalls keine klare Abgrenzung. Wer als Arbeitnehmer den Schutz der Richtlinie für sich in Anspruch nehmen kann, bereitet gerade in den Fällen der Auslagerung staatlicher Aufgaben Probleme.

cc) Staatliche Bedienstete als Arbeitnehmer i.S.d. Richtlinie 77/187/EWG

Die durch das Urteil *Henke* eröffnete Anwendbarkeit der Richtlinie

544 Vgl. *Kohte*, Betriebsübergang im öffentlichen Dienst, BB 1997, 1739, *Resch*, Betriebsübergang und Auslagerung staatlicher Aufgaben, AuR 2000, 88.

545 Diese Rechtsprechung hat auch nach dem neu eingefügten Art. 1 Abs. 1 lit. b und c der Richtlinie 77/187/EWG i.d. F. der Richtlinie 98/50/EG bestand. Zu den in lit. c angeführten Aufgaben einer Verwaltungsbehörde, deren Übertragung nach Satz 2 erster Halbsatz der lit. c keinen Übergang i.S.d. Richtlinie darstellt, gehören gerade nicht die wirtschaftlichen Tätigkeiten. Vgl. hierzu ausführlich: *Resch*, Betriebsübergang und Auslagerung staatlicher Aufgaben, AuR 2000, 91.

546 Als Beispiel dient hier insbesondere die Rechtsprechung des EuGH zur Anwendbarkeit der Richtlinie 77/187/EWG in der Insolvenz, vgl. Teil 3, VI.

547 Vgl. *v. Alvensleben*, Die Rechte der Arbeitnehmer bei Betriebsübergang im europäischen Gemeinschaftsrecht, Baden-Baden, 1992

548 Vgl. *Kohte*, Betriebsübergang im öffentlichen Dienst, BB 1997, 1740.

549 Ebenso: *Resch*, Betriebsübergang und Auslagerung staatlicher Aufgaben, AuR 2000, 90.

550 Schlussanträge des GA Lenz vom 11.06.1996, Rn. 29.

77/187/EWG auf bestimmte Umstrukturierungen im öffentliche Dienst, steht im untrennbaren Zusammenhang mit der Frage nach dem persönlichen Anwendungsbereich der Richtlinie. Nur wenn die Personen, die für ein staatliches Unternehmen gearbeitet haben, als Arbeitnehmer im Sinne der Richtlinie angesehen werden können, besteht für sie die Möglichkeit sich auf die Richtlinie 77/187/EWG zu berufen.

Nach ständiger Rechtsprechung des Gerichtshofes nimmt die Richtlinie 77/187/EWG nur eine teilweise Harmonisierung vor, indem sie hauptsächlich den den Arbeitnehmern durch die Rechtsvorschriften der einzelnen Mitgliedstaaten selbst bereits gewährten Schutz auch auf den Fall des Betriebsübergangs ausdehnt. Sie will kein für die gesamte Gemeinschaft aufgrund gemeinsamer Kriterien einheitliches Schutzniveau schaffen, woraus folgt, „dass sich auf die Richtlinie 77/187 nur Personen berufen können, die auf die eine oder andere Weise nach den Rechtsvorschriften des betreffenden Mitgliedstaats als Arbeitnehmer geschützt sind. In diesem Fall stellt die Richtlinie sicher, dass ihre Rechte aus dem Arbeitsvertrag oder dem Arbeitsverhältnis nicht durch den Übergang geschmälert werden"[551]. Die vom EuGH entwickelte Definition des Arbeitnehmerbegriffs knüpft somit allein an die Arbeitnehmerschaft in der jeweiligen nationalen Rechtsordnung an[552]. Wurde in der Richtlinie 77/187/EWG a.F.[553] noch gänzlich auf die Definition des Arbeitnehmerbegriffs durch den Gemeinschaftsgesetzgeber verzichtet, so beschränkt sich die Richtlinie i.d.F. der Änderungsrichtlinie 98/50/EG[554] in Art. 2 Abs. 1 lit. d, Abs. 2 darauf, die vom EuGH entwickelte Definition zu kodifizieren. Ein einheitlicher und autonom zu bestimmender Arbeitnehmerbegriff existiert auch nach der geänderten Richtlinie nicht.

Eine bedeutsame Frage in diesem Zusammenhang betrifft die Feststellung, ob auch Personen, die für ein staatliches Unternehmen gearbeitet haben, als Arbeitnehmer im Sinne der Richtlinie angesehen werden können. Dieses Problem stellt sich typischerweise bei der Privatisierung öffentlicher Unternehmen oder der Umstrukturierung von Verwaltungsbehörden. Als eine mögliche Definition des persönlichen Anwendungsbereichs der Richtlinie kann wie bei der Auslagerung staatlicher Aufgaben die Art und Weise der ausgeübten Tätigkeit herangezogen werden[555]. Bei einer wirtschaftlichen Tätigkeit in Abgrenzung zu einer hoheitli-

551 EuGH, Urt. v.11.05.1985, Rs. 105/84, Slg. 1985, 2639 – *Danmols Inventar*, Rn. 26.

552 EuGH, Urt. v.11.05.1985, Rs. 105/84, Slg. 1985, 2639 – *Danmols Inventar*: Der EuGH nahm in dieser Entscheidung in erster Linie eine Abgrenzung von Arbeitnehmern gegenüber Arbeitgebern vor.

553 Vgl. Anhang 2.

554 Vgl. Anhang 3.

555 So die Ansicht der finnischen Regierung, vgl. die Schlussanträge des Generalanwalts *Alber* v.18.01.2000,. Rs. C-343/98 – *Collino,* Rn. 57.

chen fällt danach der Staatsbedienstete wie der in der Privatwirtschaft beschäftigte Arbeitnehmer in den Schutzbereich der Richtlinie. Dieser Ansatzpunkt findet jedoch keine Anerkennung in der Rechtsprechung des EuGH. In dem Urteil *Hidalgo*[556] bejahte dieser die Anwendbarkeit der Richtlinie, da es in diesem Fall nicht um eine hoheitliche Tätigkeit ging. Allerdings prüfte er anschließend unter Bezugnahme auf das Urteil *Danmols Inventar*[557] weiter, ob die Beschäftigten als Arbeitnehmer nach nationalem Arbeitsrecht geschützt sind. Wörtlich führt der EuGH aus:

> „Auch dass der fragliche Auftrag durch eine Einrichtung des öffentlichen Rechts vergeben worden ist, steht der Anwendung der Richtlinie 77/187 nicht entgegen, da weder die häusliche Hilfe für Personen in einer Notlage noch die Bewachung hoheitliche Tätigkeiten sind (in diesem Sinne Urteil vom 15. Oktober 1996 in der Rechtssache C-298/94, Henke, Slg. 1996, I-4989). Ferner gilt die Richtlinie 77/187 für alle Personen, die als Arbeitnehmer nach nationalem Arbeitsrecht geschützt sind ... ."[558]

Diese Rechtsprechung hat der EuGH in der *Collino* – Entscheidung[559] bestätigt. Der EuGH spricht entgegen dem Vorbringen der finnischen Regierung und der Kommission gegen die Anwendbarkeit der Richtlinie auf Personen aus, die nicht als Arbeitnehmer nach nationalem Recht geschützt sind, und zwar unabhängig von der Art der Tätigkeiten, die diese Personen ausüben[560]. Es fragt sich, ob ein solches Ergebnis überhaupt mit dem Schutzzweck der Richtlinie vereinbar ist. Nach der Rechtsprechung fallen nur die Beschäftigten einer öffentlichen Einrichtung bzw. eines staatlichen Unternehmens unter die Richtlinie, die nach nationalem Recht als Arbeitnehmer geschützt sind. Alle anderen sind aus dem Anwendungsbereich der Richtlinie ausgeschlossen, auch wenn sie lediglich eine wirtschaftliche Tätigkeit ausübten. Dies wird aber bei der Privatisierung eines staatlichen Unternehmens regelmäßig der Fall sein.

Aus der Übernahme der Definition der Rechtsprechung in die Richtlinie 77/187/EWG n.F. können keine neue Erkenntnisse gezogen werden, zumal sich aus der sechsten Begründungserwägung dieser Richtlinie ergibt, dass sie eine Klärung des Arbeitnehmerbegriffs lediglich im Lichte der (zwischenzeitlichen) Rechtsprechung des Gerichtshofes vornehmen soll. Da der EuGH diese Frage noch nicht abschließend geklärt hat, kann einer solcher Fall auch nicht von dieser Definition umfasst sein. Die Definition des Arbeitnehmerbegriffs des EuGH

---

556 EuGH, Urt. v. 10.12.1998 in den verbundenen Rechtssachen C-173/96 und C-247/96, Slg. 1998, I-8237.

557 EuGH, Urt. v.11.05.1985, Rs. 105/84, Slg. 1985, 2639.

558 EuGH, Urt. v. 10.12.1998 in den verbundenen Rechtssachen C-173/96 und C-247/96, Slg. 1998, I-8237, Rn. 24.

559 EuGH, Urt. v. 14.09.2000, Rs. C-343/98 – *Collino*.

560 Vgl. EuGH, Urt. v. 14.09.2000, Rs. C-343/98 – *Collino*, Rn. 38.

erfolgte im übrigen gerade nicht im Hinblick auf die Abgrenzung gegenüber den Beschäftigten des öffentlichen Dienstes, sondern unter dem Gesichtspunkt einer Abgrenzung von Arbeitnehmern gegenüber Arbeitgebern[561].
Auch die Kommission zieht in ihrer Stellungnahme in der Rechtssache *Collino*[562] allein das Kriterium der Art der Tätigkeit zur Abgrenzung heran. Sie geht dabei davon aus, dass die Bedeutung der Begriffe „Arbeitsvertrag" und „Arbeitsverhältnis" in Art. 3 Abs. 1 der Richtlinie nicht gleichgesetzt werden könnten. Der Begriff „Arbeitsverhältnis" sei in Abgrenzung zum „Arbeitsvertrag" so auszulegen, dass er im Anwendungsbereich der Richtlinie alle Arbeitnehmer umfasse, deren Arbeitsverhältnis nicht durch einen Vertrag, sondern durch Verwaltungsbestimmungen geregelt sei. Dem Begriff könne danach eine wichtige Auffangfunktion zukommen, um die Anwendbarkeit der Richtlinie auch im Fall des Übergangs staatlicher Unternehmen sicherzustellen. Allerdings lässt sich auch aus dem Begriff des Arbeitsverhältnisses noch nicht zwingend schließen, dass auch Arbeitsverhältnisse im Bereich des öffentlichen Dienstes umfasst sein sollen[563].
Die Lösung der Frage der Auslegung des Arbeitnehmerbegriffs kann sich daher nur aus dem Schutzzweck der Richtlinie ergeben. Nach ständiger Rechtsprechung des Gerichtshofes soll die Richtlinie die Aufrechterhaltung der Rechte der Arbeitnehmer bei einem Wechsel des Inhabers des Unternehmens gewährleisten, indem sie ihnen die Möglichkeit einräumt, ihr Beschäftigungsverhältnis mit dem neuen Arbeitgeber zu denselben Bedingungen fortzusetzen, wie sie mit dem Veräußerer vereinbart waren[564]. Die Arbeitsverhältnisse gehen dabei ipso iure auf den neuen Erwerber über[565]. Angesichts des besonderen Verhältnisses, in dem Staatsbedienstete zu ihrem Arbeitgeber, dem Staat, stehen, und der besonderen Rechte, die Staatsbedienstete genießen, könnten sie als nicht schutzbedürftig i.S. der Richtlinie anzusehen sein. Hinsichtlich dieser Rechte, wie z.B. die Unkündbarkeit steht zu Bedenken, dass diese nicht ausschließlich im öffentlichen Dienst gewährt werden. Auch in der Privatwirtschaft wird nach tarifvertraglichen Regeln aufgrund langer Betriebszugehörigkeit das Recht des Arbeit-

561 EuGH, Urt. v.11.05.1985, Rs. 105/84, Slg. 1985, 2639 – *Danmols Inventar;* Vgl. die Schlussanträge des Generalanwalts *Alber* v.18.01.2000,. Rs. C-343/98 – *Collino,* Rn. 74.

562 Vgl. die Schlussanträge des Generalanwalts *Alber* v.18.01.2000, Rs. C-343/98 – *Collino,* Rn. 16

563 Vgl. die Schlussanträge des Generalanwalts *Alber* v.18.01.2000, Rs. C-343/98 – *Collino,* Rn. 63.

564 Vgl. etwa EuGH, Urt. v. 25.07.1991, Rs. C - 362/89, Slg. 1991, I-4105 – *D'Urso*, Rn. 9 und EuGH, Urt. v. 05.05.1988, Rs. C - 144/87, Slg. 1988, 2559 – *Berg und Buschers*, Rn. 12, 13.

565 EuGH, Urt. v. 25.07.1991, Rs. C-362/89, Slg. 1991, I-4105 – *D'Urso*, Rn. 12.

gebers zu einer ordentlichen Kündigung ausgeschlossen. Es kann ferner nicht grundsätzlich vorausgesetzt werden, dass ein Bediensteter des öffentlichen Dienstes aufgrund seiner besonderen Stellung durch das nationale Recht auch im Fall der Privatisierung stets adäquat geschützt ist. In der Rechtssache *Collino* wechselten die Personen, die im öffentlichen Dienst tätig waren, aus ihrer „privilegierten“ Stellung, die aus ihrem „besonderen Treueverhältnis" zum Arbeitgeber resultierte, in ein normales privatrechtliches Arbeitsverhältnis, mit der Folge, dass sie nach abgeschlossener Privatisierung unstreitig Arbeitnehmer im Sinne der Richtlinie waren. Zwar hätten die Kläger nach italienischem Recht die Möglichkeit gehabt, im öffentlichen Dienst zu verbleiben. Da die Kläger in diesem Fall ein neues Amt in der Verwaltung übernommen hätten, wäre der Verbleib im öffentlichen Dienst notwendig mit einem Wechsel des Arbeitsplatzes und der Tätigkeit und möglicherweise sogar einem Ortswechsel verbunden gewesen. Wollten die Kläger ihr bisheriges Tätigkeitsfeld unter geringst möglichen Veränderungen der äußeren Rahmenbedingungen beibehalten, blieb ihnen nur die Möglichkeit aus dem öffentlichen Dienst auszuscheiden und ihre bisherige Tätigkeit im Rahmen eines privatrechtlichen Beschäftigungsverhältnisses fortzusetzen. Da den staatlichen Bediensteten im Fall der Beibehaltung der ausgeübten Tätigkeit keinerlei Schutz gewährt wird, obwohl sie ihre besondere Stellung gegenüber dem Staat verlieren, gebietet der Schutzzweck der Richtlinie auch die Anwendung im Falle der Privatisierung eines öffentlichen Unternehmens. Zutreffend führte daher der Generalanwalt *Alber* aus, dass „es sinnvoll wäre, gerade bei Richtlinien zum Schutz der Arbeitnehmer einen einheitlichen - weiten - Arbeitnehmerbegriff zu definieren“[566]. Er spricht sich ebenfalls dafür aus „die Staatsbediensteten, die aufgrund der Privatisierung in private Arbeitsverhältnisse überwechseln, unter den Schutz der Richtlinie zu stellen“[567].

d) Auswirkungen der Entscheidung[568]

Bereits vor der Rechtssache *Henke* hat das BAG in Anlehnung an den herkömmlichen Betriebsbegriff die grundsätzliche Anwendung des § 613 a BGB

566 Vgl. die Schlussanträge des Generalanwalts *Alber* v.18.01.2000,. Rs. C-343/98 – *Collino,* Rn. 80.

567 Vgl. die Schlussanträge des Generalanwalts *Alber* v.18.01.2000,. Rs. C-343/98 – *Collino,* Rn. 82.

568 Vgl. zu den Auswirkungen auf § 3 Abs. 1 AVRAG im österreichischen Recht: *Kiendl*, Jüngste Entwicklungen in der Rechtsprechung des EuGH zur Betriebsübergangsrichtlinie, Wbl 1997, 57 ff

für öffentlich-rechtlich verfasste Organisationseinheiten bejaht[569]. Die erste Entscheidung nach der Rechtssache *Henke* brachte in der Begründung eine Angleichung an die Position des EuGH: Der 8. Senat des BAG wendete § 613 a BGB mit der Begründung an, dass in der Produktion und im Senden von Hörfunk- und Fernsehprogrammen keine hoheitliche Tätigkeit eines Trägers öffentlicher Verwaltung liege[570]. Das BAG stellte zudem klar, dass diese Entscheidung zumindest für Unternehmensübergänge, die keine hoheitliche Tätigkeit eines Trägers öffentlicher Verwaltung betreffen, nicht einschlägig ist. Diese Feststellung greift letztlich zu kurz, denn auch hier gilt Art. 7 der Richtlinie 77/187/EWG[571], wonach weitergehende Regelungen der Mitgliedstaaten von der Richtlinie unberührt bleiben[572]. Eine Anwendbarkeit des § 613 a BGB steht somit auch das Vorliegen einer hoheitlichen Tätigkeit nicht entgegen. Insgesamt fällt auf, dass die nationalen Gerichte den durch Art. 7 der Richtlinie gewährten Gestaltungsspielraum nicht ausschöpfen.

2. *Zusammenfassung*

Trotz der unzureichenden Begründung der *Henke* – Entscheidung und der fehlerhaften Entscheidung des Ausgangsfalls überzeugt der Ausgangspunkt des EuGH, auf das Kriterium der Hoheitsverwaltung abzustellen. Damit fallen die wirtschaftlichen Tätigkeiten von juristischen Personen des öffentlichen Rechts grundsätzlich unter den Anwendungsbereich der Richtlinie. Dagegen erscheint die in der Rechtsprechung des EuGH für eine bestimmte Fallkonstellation entwickelte Definition des Arbeitnehmerbegriffs angesichts der aufgezeigten Abgrenzungsprobleme als unzureichend. Auch der Gesetzgeber hat es bei der Erarbeitung der Richtlinie 98/50/EG versäumt, eine entsprechend klare Regelung zu treffen. Stattdessen erfolgte lediglich eine Kodifikation der Definition des EuGH. Zu einem einheitlich und autonom zu bestimmenden Arbeitnehmerbegriff konnte man sich nicht durchringen. Dies wird in der Literatur zurecht kritisiert[573]. Das Argument der nur teilweisen Harmonisierung auf dem Gebiet des

---

569 Vgl. BAG, Urt. v. 16.03.1994, 8 AZR 639/92, AuR 1994, 310 für eine öffentliche Schule als Betrieb; BAG, Urt. v. 21.07. 1994, 8 AZR 227/93, EWiR 1995, 119 für den Übergang einer staatlichen Zentralverwaltung.

570 Vgl. BAG, Urt. v. 20.03.1997, 8 AZR 856/95, AuR 1997, 334.

571 Siehe Anhang 3.

572 Vgl. hierzu auch *Kohte*, Betriebsübergang im öffentlichen Dienst, BB 1997, 1741.

573 vgl. *Staudinger / Richardi / Annuß*, BGB, 13. Aufl., § 613 a BGB; *Willemsen / Annuß*, Neue Betriebsübergangsrichtlinie – Anpassungsbedarf im deutsche Recht?, NJW 1999, S. 2073 ff.; *v. Alvensleben*, Die Rechte der Arbeitnehmer bei Betriebsübergang im Europäischen Gemeinschaftsrecht, 1991, S. 164 ff.

Betriebsübergangsrechts vermag hinsichtlich des Arbeitnehmerbegriffs nicht zu überzeugen. Das Ziel der Richtlinie – die Sicherstellung der Mindeststandards für abhängig Beschäftigte – könnte durch eine einheitliche Definition entscheidend verbessert werden. Mit der *Collino* – Entscheidung[574] hat sich der EuGH allerdings gegen die Anwendbarkeit der Richtlinie auf Personen ausgesprochen, die nicht als Arbeitnehmer nach nationalem Arbeitsrecht geschützt sind, und zwar unabhängig von der Art der Tätigkeiten, die diese Personen ausüben. Damit werden Arbeitsverhältnisse im öffentlichen Dienst automatisch aus dem Anwendungsbereich der Richtlinie ausgeschlossen. Die vom EuGH vorgenommene Begriffsbildung überzeugt m.E. nicht und steht in einem gewissen Widerspruch zu den Aussagen des *Henke* – Urteils. Einerseits wird der Anwendungsbereich der Richtlinie für wirtschaftliche Tätigkeiten juristischer Personen des öffentlichen Rechts eröffnet, anderseits der geschützte Personenkreis zumindest zum großen Teil nicht in den Schutzbereich der Richtlinie einbezogen. Entscheidendes Kriterium für die Anwendbarkeit der Richtlinie auf diesen Personenkreis sollte daher allein die Art und Weise der ausgeübten Tätigkeit sein. Handelt es sich um eine wirtschaftliche Tätigkeit, so spielt es keine Rolle, dass der Arbeitgeber der Staat bzw. eine öffentliche Einrichtung ist.

3. *Ableitung verallgemeinerungsfähiger Prinzipien für die Praxis des Vorabentscheidungsverfahrens*

Die Entscheidung in der Rechtssache *Henke* zeigt vergleichbar mit dem Fall *Christel Schmidt*[575], wie die zu knappe Begründung eines Urteils mit einer zumindest unpräzisen rechtlichen Bewertung des Ausgangssachverhalts korreliert. In beiden Fällen folgte der EuGH den Schlussanträgen des jeweiligen Generalanwalts nicht und ignorierte völlig die darin enthaltenen Vorschläge in den Entscheidungsbegründungen. Wesentliche Fragen, die in den Schlussanträgen gebührende Berücksichtigung fanden, klammerte der EuGH so völlig aus. Die eigentliche Ursache für die Unzulänglichkeiten der Entscheidung liegt aber in der methodischen Vorgehensweise des EuGH begründet. Anstatt sich auf die Beantwortung der abstrakten Auslegungsfrage zu beschränken, wagt sich der EuGH an die Subsumtion am konkreten, unzureichend festgestellten Sachverhalt[576]. Die Feststellung, ob die Gemeinde im Ausgangsfall eine hoheitliche Tätigkeit ausübt oder nicht, hätte der EuGH getrost dem sachnäheren nationalen Gericht überlassen können. Stattdessen hätte der EuGH sein Augenmerk auf die

---

574 EuGH, Urt. v. 14.09.2000, Rs. C-343/98 – *Collino*.

575 Vgl. oben Teil 3, III, 1.

576 Vgl. hierzu auch: : *Resch*, Betriebsübergang und Auslagerung staatlicher Aufgaben, AuR 2000, 90.

Beantwortung der abstrakten Rechtsfragen, wie der Unternehmenseigenschaft von Gemeinden, konzentrieren sollen. Ohne eine solche Klärung der abstrakten Rechtsfragen kann eine einheitliche Systematik für die Vielzahl der zu entscheidenden Fälle nicht entwickelt werden.

V. Kooperation des EuGH mit den nationalen Gerichten bei der Bestätigung des Widerspruchsrechts des Arbeitnehmers

Das Widerspruchsrecht des Arbeitnehmers im Falle des Betriebsübergangs ist weder in der Richtlinie noch in einer der einschlägigen nationalen Rechtsvorschriften ausdrücklich geregelt. Auch nach Erlass der Änderungsrichtlinie 98/50/EG hat sich daran nichts geändert, da die Rechtsprechung des EuGH zur Widerspruchsbefugnis des Arbeitnehmers keinen Eingang in die Richtlinie fand[577]. Dies mag zurecht verwundern, zumal die Frage der Europarechtskonformität des Widerspruchsrechts Gegenstand der im folgenden referierten *Katsikas* – Entscheidung des EuGH war, in der dieser ein solches Recht unter Bezugnahme auf die Berufsfreiheit des Arbeitnehmers ausdrücklich bejahte. Gerade aufgrund der Grundrechtsrelevanz wäre eine konkretisierende Kodifizierung der Rechtsprechung auch in diesem Punkt wünschenswert gewesen[578].
Obwohl die Entwicklung des Widerspruchsrechts des Arbeitnehmers vordergründig nur ein Teilgebiet des Betriebsübergangsrechts betrifft, liegt der Auseinandersetzung um dessen Anerkennung doch ein fundamentaler und vielschichtiger Fragenkomplex der Zusammenarbeit der nationalen Gerichte und des EuGH zur Harmonisierung des Gemeinschaftsrechts durch Vorabentscheidungen zugrunde. Erstens stellte sich für die deutschen Arbeitsgerichte nach der *Berg und Buschers* - Entscheidung[579] die Frage, in welchem Verhältnis das vom BAG als verfassungsrechtlich geboten angesehene Widerspruchsrecht und das Gemeinschaftsrecht zueinander stehen und wie dieser Konflikt zu lösen ist. Zweitens hatte der EuGH aufgrund mehrerer Vorlagen deutscher Arbeitsgerichte darüber zu befinden, wie weit seine Regelungskompetenz gerade im Bezug auf nationales Richterrecht, welches über die EG-rechtlichen Erfordernisse hinaus entwickelt worden ist, geht. Diese Fragen sollen im Zusammenhang mit den folgenden Überlegungen untersucht werden.

---

577 Siehe zu den Änderungen der Richtlinie 77/187/EWG durch die Richtlinie 98/50/EG oben Teil 3, II.

578 So auch: *Waas / Johanns,* Die Änderung der Richtlinie zum Betriebsübergang, EuZW 1999, S. 463.

579 EuGH, Urt. v. 05.05.1998, Rs. C-144/87, Slg. 1988, 2556 = EuZW 1990, 482.

1. Die Katsikas - Entscheidung[580]

a) Sachverhalt

In dem Ausgangsrechtsstreit vor dem ArbG Bamberg[581] ging es zwischen dem Kläger, Herrn *Katsikas*, und dem Beklagten, seinem früheren Arbeitgeber, um die Zahlung verschiedener Bezüge für die Zeit vor der Entlassung des Klägers. Der Kläger war in einem Restaurant beschäftigt, welches vom Beklagten betrieben wurde. Als dieser das Restaurant an einen Dritten weiterverpachtete, weigerte sich der Kläger, für den Dritten zu arbeiten. Daher kündigte der Beklagte das Arbeitsverhältnis fristlos wegen unberechtigter Arbeitsverweigerung. Der Beklagte machte geltend, seit der Weiterverpachtung nicht mehr Arbeitgeber des Klägers zu sein, da er sein Unternehmen zu diesem Zeitpunkt auf den Dritten übertragen habe. Er sei somit nicht passiv legitimiert. Der Kläger ging davon aus, dass sein Arbeitsverhältnis entsprechend der bisherigen Rechtsprechung des BAG zu § 613 a BGB bei einem Widerspruch nicht auf den Betriebserwerber übergehe und somit diesem gegenüber auch keine Arbeitspflicht bestanden habe. Für die Entscheidung des Falles kam es auf die Frage an, ob Art. 3 Abs. 1 oder Art 7 der Richtlinie 77/187/EWG es einem nationalen Gericht erlaubt, eine Vorschrift des nationalen Rechts dahin auszulegen, dass den im Zeitpunkt des Unternehmensübergangs beim Veräußerer beschäftigten Arbeitnehmern das Recht zusteht, dem Übergang ihres Arbeitsverhältnisses auf den Erwerber zu widersprechen[582].

b) Entscheidung des EuGH

Der EuGH entschied, eine Auslegung der Richtlinie, die es dem Arbeitnehmer verwehrt, dem Übergang des Arbeitsverhältnisses zu widersprechen, verletze die Grundrechte der Arbeitnehmer auf die freie Wahl des Arbeitsplatzes[583]. Als

---

580 EuGH Urt. v. 16.12.1992, Rs. C-132/91, Slg. 1992, I-6577.

581 Rs. C-132/91, daneben hat auch das ArbG Hamburg mit Beschlüssen gleichlautende Fragen (Rs. C-138/91 und Rs. C-139-91) nach der Auslegung des Art. 7 Richtlinie 77/187/EWG zur Vorabentscheidung dem EuGH vorgelegt. Die Verfahren wurden zur einheitlichen Entscheidung verbunden. Die in den beiden Rechtssachen des ArbG Hamburg gestellte Frage wurde dabei in ihren einzelnen Aspekten in den Fragen des ArbG Bamberg erläutert und näher ausgeführt. Vgl. hinsichtlich der vier Vorlagefragen des ArbG Bamberg: EuZW 1992, 160 L.

582 Vgl. EuGH Urt. v. 16.12.1992, Rs. C-132/91, Slg. 1992, I-6577 – *Katsikas*; Rn. 15.

583 Wörtlich formuliert der EuGH, dass die Verpflichtung des Arbeitnehmers, sein Arbeitsverhältnis mit dem Arbeitgeber fortzusetzen, „gegen Grundrechte des Arbeitnehmers, der bei der Wahl seines Arbeitsplatzes frei sein muss und nicht verpflichtet werden

Konsequenz des vom Arbeitnehmer ausgeübten Widerspruchs kommt es nicht zu einer Fortsetzung des Arbeitsverhältnisses mit dem Betriebserwerber. Damit allein wäre dem Arbeitnehmer noch nicht viel geholfen, da es im Interesse des Arbeitnehmerschutzes nicht nur darum gehen kann, dem Arbeitnehmer nicht einen neuen Arbeitgeber aufzudrängen, sondern ihm auch den ursprünglich frei gewählten Arbeitgeber zu erhalten. Der EuGH sieht es allerdings als Aufgabe der Mitgliedstaaten an, in ihren nationalen Regelungen für diesen Fall entweder die Fortsetzung des Arbeitsverhältnisses mit dem bisherigen Betriebsinhaber vorzusehen oder auch zu bestimmen, dass der Arbeitsvertrag dann als gekündigt gilt:

„Die Richtlinie 77/178/EWG verpflichtet die Mitgliedstaaten nicht, die Aufrechterhaltung des Arbeitsvertrages für den Fall vorzusehen, dass ein Arbeitnehmer frei darüber entscheidet, den Arbeitsvertrag oder das Arbeitsverhältnis nicht mit dem Erwerber fortzusetzen. Es ist Sache der Mitgliedstaaten, was in einem solchen Fall geschehe."[584]

Art. 3 Abs. 1 der Richtlinie stellt somit nach Ansicht des EuGH mit zwingender Wirkung nur sicher, dass der Arbeitnehmer im Falle eines Betriebsinhaberwechsels die Möglichkeit hat, sein Arbeitsverhältnis mit dem Betriebserwerber zu den bisherigen Bedingungen fortzusetzen. Auf die Frage, ob eine Auslegung mit der dem Arbeitnehmer ein Recht auf Widerspruch gegen den Übergang seines Arbeitsverhältnisses zuerkannt wird, eine für die Arbeitnehmer günstigere Regelung i.S. von Art. 7 Richtlinie 77/187/EWG darstellt, konnte daher offen bleiben. Schon Art. 3 Abs. 1 Richtlinie 77/187/EWG verwehrt es dem Arbeitnehmer nicht, dem Übergang seines Arbeitsverhältnisses zu widersprechen[585]. Der EuGH hat seine Rechtsprechung zum Widerspruchsrecht mit den Entscheidungen in den Rechtssachen *Merkx und Neuhuys*[586] und *Europièces*[587] mittlerweile wiederholt bestätigt, so dass von einer gefestigten Rechtsprechung gesprochen werden kann.

c) Analyse der Entscheidung

Das BAG hat dem Arbeitnehmer bereits mit Entscheidung vom 02.10.1974 ein

---

kann, für einen Arbeitgeber zu arbeiten, den er nicht frei gewählt hat" verstieße. EuGH Urt. v. 16.12.1992, Rs. C-132/91, Slg. 1992, I-6577 – *Katsikas*; Rn. 32.

584 EuGH Urt. v. 16.12.1992, Rs. C-132/91, Slg. 1992, I-6577 – *Katsikas*; Rn. 35.

585 EuGH Urt. v. 16.12.1992, Rs. C-132/91, Slg. 1992, I-6577 – *Katsikas*; Rn. 42.

586 EuGH, Urt. v. 07.03.1996, Verb. Rs. C-171/94 und C-172/94, Slg. 1996, I-1253.

587 EuGH, Urt. v. 12.11.1998, Rs. C-99/96, Slg. 1999, I-2277.

Widerspruchsrecht im Fall einer Betriebsübernahme zugebilligt[588] und in späteren Entscheidungen dieses Rechtsinstitut gegen Einwände im Schrifttum verteidigt[589]. Es begründete seine Rechtsprechung vor allem mit der verfassungsrechtlichen Stellung des Arbeitnehmers wie die Freiheit der Arbeitsplatzwahl (Art. 12 GG) und die Würde der Persönlichkeit (Art. 1, 2 Abs. 1 GG), die eine Verfügung über die Arbeitnehmer ohne ihren Willen nicht zuließen. Daneben verwies das BAG auch auf den schuldrechtlichen Grundsatz, dass ein Arbeitsverhältnis nur mit Zustimmung eines Gläubigers übertragen werden könne. Im übrigen werde der Arbeitnehmer mit der Zubilligung eines Widerspruchrechts nur begünstigt, weshalb die Rechtsprechung auch durch Art. 7 der Richtlinie gedeckt sei.

Im Anschluss an die *Berg und Buschers* – Entscheidung des EuGH vom 05.05.1988[590] kamen Zweifel an der Vereinbarkeit des vom BAG entwickelten Rechtsinstituts mit dem europäischen Recht auf. In dieser Rechtssache hatte der Gerichtshof festgestellt, dass der Betriebsveräußerer nach Art. 3 Abs. 1 der Richtlinie[591] ab dem Zeitpunkt des Betriebsübergangs allein aufgrund des Betriebsüberganges vom Arbeitsverhältnis und den Pflichten aus dem Arbeitsvertrag befreit ist. Dies sollte selbst dann gelten, wenn die im Unternehmen beschäftigten Arbeitnehmer dem nicht zustimmen und Einwände dagegen erheben. Nicht angesprochen wurde die Frage, ob über Art. 7 der Richtlinie, der den Mitgliedstaaten ausdrücklich das Recht einräumt, „für die Arbeitnehmer günstigere Rechts- und Verwaltungsvorschriften zu erlassen", den Übergang des Arbeitsverhältnisses von der Nichtausübung eines Widerspruchsrechts abhängig zu machen. Zu dem im Verfahren vorgebrachten Einwand, dass in den Mitgliedstaaten der allgemein anerkannte Grundsatz gelte, wonach Schuldverhältnisse nur mit Zustimmung des Gläubigers übertragen werden könnten, führt der EuGH aus:

„Ohne auf die Tragweite des Grundsatzes eingehen zu müssen genügt es festzustellen, dass die beim Übergang eines Unternehmens oder Betriebs auf einen anderen Unternehmensinhaber anwendbaren Bestimmungen den Bestand der Arbeitsverhältnisse, die Teil der übertragenden wirtschaftlichen Einheit sind, im Interesse der Beschäftigten wahren sollen. Aus diesem Grund sieht die Richtlinie unter Hintanstellung des von den Klägern der Ausgangsverfahren angezogenen Grundsatzes vor, dass die Pflichten aus den Arbeitsverträgen ipso iure auf

588 Vgl. BAG, Urt. v. 02.10.1974, Az.: 5 AZR 504/73 ,AP Nr. 1 zu § 613 a BGB.

589 Vgl. BAG, Urt. v. 06.02.1980, Az.: 5 AZR 275/78, AP Nr. 21 zu § 613 a BGB = NJW 1980, 249 ff.

590 Rs. C-144/87, Slg. 1988, 2556.

591 Art. 3 Abs. 1 der Richtlinie 77/187/EWG sieht vor, dass „die Rechte und Pflichten des Veräußerers aus einem bestehenden Arbeitsvertrag oder Arbeitsverhältnis aufgrund des Übergangs auf den Erwerber" übergehen.

den Erwerber übergehen."[592]

d) *Auswirkungen der Entscheidung*

Die Rechtsprechung des EuGH löste in der Literatur die Diskussion aus, wie diese sich auf das vom BAG entwickelte Rechtsinstitut zum Widerspruchsrecht des Arbeitnehmers beim Betriebsübergang auswirkt[593]. Das Spektrum der Auffassungen ging dabei weit auseinander: Von der Annahme, dass dieses Rechtsinstitut Makulatur geworden sei[594] bis zur Rechtfertigung des Widerspruchsrechts aufgrund der Günstigkeitsklausel des Art. 7 der Richtlinie[595] wurde alles vertreten.

Das BAG hat zunächst kein Vorlageverfahren eingeleitet, sondern seine Rechtsprechung in einem Urteil vom 20.04.1989[596] beibehalten, ohne auf die Auswirkungen der Richtlinie 77/187/EWG durch den EuGH einzugehen. Ein Verstoß gegen die Vorlageverpflichtung des Art. 234 EG kann darin nicht gesehen werden, da die *Berg und Buschers* – Entscheidung keine bindende Wirkung für die Rechtsprechung des BAG erzeugt. Das schließt indessen nicht aus, dass auf die in einem Vorabentscheidungsurteil aufgezeigten Lösungen auch im Rahmen anderer Verfahren zurückgegriffen werden kann, in denen es um gleiche oder ähnliche Vorlagen geht. Von einer solchen Präjudizwirkung ging das BAG zu Recht nicht aus, da es sich auf den Standpunkt stellte, die Anerkennung des Widerspruchsrechts sei nicht allein Frage des Art. 3 der Richtlinie, sondern des Art. 7. Auch bezog sich das *Berg und Buschers* – Urteil, wie dies der EuGH auch in der

---

592 EuGH, Urt. v. 05.05.1988, Rs. C-144/87, Slg. 1988, 2556 = EuZW 1990, 482 – *Berg und Buschers*, Rn. 13.

593 Vgl. *Bauer*, Kein Widerspruchsrecht der Arbeitnehmer bei Betriebsübergang, NZA 1990, S. 881; *ders.*, Nochmal: Kein Widerspruchsrecht, NZA 1991, S. 139; *Däubler*, Das Widerspruchsrecht der Arbeitnehmer bei Betriebsübergang – ein Verstoß gegen EG-Recht?, NZA 1990, 881; *Heither*, Zum Widerspruchsrecht der Arbeitnehmer bei Betriebsübergang, NZA 1991, S. 136, *Hitzfeld* , § 613 a BGB im System der europäischen Rechtsprechung, BB 1991, S. 199, *Meilicke*, Widerspruchsrecht des Arbeitnehmers bei Betriebsübergang – Wirkung des Europarechts, DB 1991, S. 1326; *Oetker*, Das Widerspruchsrecht des Arbeitnehmers bei Betriebsübergang und die Rechtsprechung des EuGH, NZA 1991, 137.

594 So *Bauer*, Kein Widerspruchsrecht der Arbeitnehmer bei Betriebsübergang NZA 1990, S. 883, *Meilicke*, Widerspruchsrecht des Arbeitnehmers bei Betriebsübergang – Wirkung des Europarechts DB 1991, S. 1326.

595 So *Hitzfeld*, § 613 a BGB im System der europäischen Rechtsprechung BB 1991, S. 199; vgl. auch: *Däubler*, Das Widerspruchsrecht der Arbeitnehmer bei Betriebsübergang – ein Verstoß gegen EG-Recht?, NZA 1990, 881.

596 BAG BB, 1989, S. 2118.

Katsikas – Entscheidung herausstellte, auf einen anderen Fall, da der Arbeitnehmer in diesem Urteil gerade nicht dem Übergang des Arbeitsverhältnisses widersprochen hatte, sondern nur dem Übergang der Verpflichtungen, die der Veräußerer ihm gegenüber vor dem Übergang aufgrund des Arbeitsverhältnisses übernommen hatte[597].

Auch die Instanzgerichte hielten in der überwiegenden Zahl an der ständigen Rechtsprechung des BAG zum Widerspruchsrecht fest. Das ArbG Hamburg begründete in einer Entscheidung vom 14.02.1991[598] die Nichtvorlage an den EuGH mit dem Argument, dass die verfassungskonforme Auslegung Vorrang vor der richtlinienkonformen Auslegung nationalen Rechts habe. Das ArbG Wesel[599] und das LAG Berlin[600] sahen die Zubilligung (Gewährung) eines Widerspruchsrechts als die für den Arbeitnehmer günstigere Regelung i.S. des Art. 7 an.

Dagegen haben die 2. Kammer des ArbG Hamburg[601] und das ArbG Bamberg[602] dem EuGH die Frage zur Entscheidung vorgelegt, ob ein Widerspruchsrecht des Arbeitnehmers eine günstigere Regelung i.S. des Art. 7 der Richtlinie 77/187/EWG sei oder ob die Anerkennung eines Widerspruchsrechts gegen das Gemeinschaftsrecht verstoße.

Diese Rechtsunsicherheit veranlasste den 2. Senat des BAG mit Beschluss vom 21.05.1992[603] dem EuGH folgende Fragen zur Auslegung der Art. 3 Abs.1 und Art. 7 vorzulegen:

a. Steht es Art. 3 Abs. 1 der Richtlinie 77/187/EWG des Rates der Europäischen Gemeinschaften vom 14.02.1977 entgegen, wenn ein zum Zeitpunkt des Übergangs im Sinne des Art. 1 Abs. 1 dieser Richtlinie 77/187/EWG beim Veräußerer beschäftigter Arbeitnehmer dem Übergang der Rechte und Pflichten aus dem zwischen ihm und dem Veräußerer bestehenden Arbeitsvertrag auf den Erwerber mit der Folge widerspricht, dass der Übergang dieser Rechte und Pflichten des Veräußerers auf den Erwerber nicht stattfindet?
b. Wenn Frage a. bejaht wird: Ist ein im nationalen Recht eines Mitgliedstaates vorgesehenes Widerspruchsrecht im vorstehenden Sinne eine für den Arbeitnehmer günstigere Regelung im Sinne des Art. 7 der Richtlinie 77/187/EWG?
c. Wenn Frage b. bejaht wird: Sind Art. 7 und 8 der Richtlinie 77/187/EWG dahingehend auszulegen, dass es sich um ausdrückliche Rechts- oder Verwaltungsvorschriften handeln muss?
d. Wenn Frage b. verneint wird: Ist es mit Art. 7 und 8 der Richtlinie 77/187/EWG vereinbar, dass die Rechtsprechungsorgane der Mitgliedstaaten durch Auslegung nationaler

---

597 Vgl. EuGH, Urt. v. 16.12.1992, Rs. C-132/91, Slg. 1992, I-6577 – *Katsikas*; Rn. 24..
598 DB 1991, S. 1333
599 Urt. v. 18.04.1991, BetR 1991, S. 281.
600 Urt. v. 12.06.1991, 12 Sa 19/91, BB 1991, S. 2160.
601 Beschl. v. 04.04.1991, EuZW 1992, S.32
602 Beschl. v. 07.05.1991, BB 1991, S. 2160
603 - 2 AZR 449/91 – Abgedruckt: DB 1992, S. 2043.

Rechts- oder Verwaltungsvorschriften für die Arbeitnehmer günstigere „Regelungen" im Sinne der Richtlinie im Wege der Rechtsfortbildung ermitteln?

Im Vorlagebeschluss und durch die Fragestellung brachte das BAG zum Ausdruck an der bisherigen Rechtsprechung zur Begründung festhalten zu wollen. Die *Katsikas* - Entscheidung erging allerdings nicht aufgrund des Vorlagebeschlusses des BAG[604], sondern in Beantwortung der zeitlich früher eingelegten Fragen der Arbeitsgerichte Hamburg und Bramberg.

2. *Zusammenfassung*

Zusammenfassend lässt sich konstatieren, dass sich der EuGH den verfassungsrechtlichen Wertungen des nationalen Rechtssystems angepasst hat. Zwar setzte er sich in seiner Entscheidung mit den verfassungsrechtlichen Erwägungen des BAG zur Begründung des Widerspruchsrechts des Arbeitnehmers nicht explizit auseinander[605]. Aus der Sicht des EuGH kommt diesem Einwand aber keine inhaltliche Bedeutung zu, da auch nach der Interpretation des EuGH eine Auslegung der Richtlinie mit dem gemeinschaftsrechtlichen Grundrechtsschutz der Arbeitnehmer nicht vereinbar ist. Inhaltlich vertritt der EuGH nunmehr eine Interpretation des Art. 3 der Richtlinie, die nicht nur die bisherige Rechtsprechung des EuGH abdeckt, sondern auch der Rechtsprechung der nationalen Gerichte, hier der deutschen Arbeitsgerichte, genügend Raum lässt. Damit betont der EuGH die bestehende Gestaltungsfreiheit der nationalen Gesetzgeber, welche in der Feststellung zum Ausdruck kommt, dass die Richtlinie den Übergang der Arbeitsverhältnisse nur teilweise harmonisiert. Dieser Ansatz des EuGH ist zu begrüßen, da somit auch der Diskussion über die gebotene Subsidiarität gemeinschaftsrechtlichen Handelns hinreichend Rechnung getragen wird.

---

604 Rücknahme durch Beschl. v. 07.04.1993 – 2 AZR 449/91; Streichung des Verfahrens durch den EuGH durch Beschl. v. 16.07.1993, C-348/92.

605 Dies hat dem EuGH die Kritik eingebracht, sich nicht hinreichend mit der verfassungsrechtlich begründeten Rechtsprechung der nationalen Gerichte auseinander zu setzen, zumal der EuGH auf Gemeinschaftsebene ein Grundrechtssystem unter Rückgriff auf die verfassungsrechtlichen Wertentscheidungen der Mitgliedstaaten entwickelt, vgl.: *Buchner,* Die Rolle des Europäischen Gerichtshofes bei der Entwicklung des Arbeitsrechts, ZfA 1993, S. 340.

3. *Ableitung verallgemeinerungsfähiger Prinzipien für die Praxis des Vorabentscheidungsverfahrens*

Die Vorgeschichte der *Katsikas* - Entscheidung verdeutlicht die Notwendigkeit der Zusammenarbeit der nationalen Gerichte und des EuGH: Die deutschen Arbeitsgerichte standen nach der *Berg und Buschers* – Entscheidung des EuGH zum Niederländischen Recht vor dem Problem, ob diese Rechtsprechung Auswirkung auf das vom BAG infolge richterlicher Rechtsfortbildung entwickelte Rechtsinstitut des Widerspruchsrechts des Arbeitnehmers bei einem Betriebsübergang hat. Zu Recht haben die deutschen Gerichte zur Klärung dieser Frage so aktiv das Vorlageverfahren gem. Art. 234 EG genutzt und versucht, vom EuGH eine Bestätigung des vom BAG entwickelten Rechtsinstituts des Widerspruchsrechts des Arbeitnehmers beim Betriebsübergang zu erlangen. Ebenso wie bei den Zweifeln an der Auslegung des Betriebsbegriffs versuchten die deutschen Arbeitsgerichte weitgehend, diese im Rahmen einer Vorlage nach Art. 234 EG zu artikulieren. Unterinstanzliche Gerichte, die sich über die Rechtsprechung des EuGH hinwegsetzen, blieben die Ausnahme. Anders ging der BFH vor, der sich bewusst über die Rechtsprechung des EuGH[606] hinwegsetzte, und anstatt das Vorlageverfahren nach Art. 234 EG zu nutzen, dem EuGH eine Kopie seiner Entscheidung übersandte[607]. Eine solche gemeinschaftsrechtswidrige Vorgehensweise scheint wenig geeignet, eine Harmonisierung der Rechtsvorschriften zu fördern. Dagegen zeigt die Entwicklung des Widerspruchsrechts des Arbeitnehmers, dass die Auslegungsstreitigkeiten nicht durch Konfrontation, sondern durch systemadäquate Kooperation zu lösen sind[608].

---

606 Vgl. BFH, Beschl. v. 16.07.1981, Az. V B 51/80, m. Anm. *Millarg;* Vgl auch *Beisse,* Funktion und praktische Auswirkung der richterlichen Vorlagen an den Europäischen Gerichtshof aus der Sicht des Bundesfinanzhofs, in: Deutsche Sektion der Internationalen Juristen-Kommission (Hrsg.), Das Zusammenwirken der europäische und nationalen Gerichtsbarkeit, Heidelberg 1989, S. 39 ff.

607 Vgl. *Pescatore*, The Doctrine of „Direct Effect“: An infant Disease of Community Law, ELR 1983, S. 155.

608 Vgl. *Selmayr / Prowald*, Abschied von den Solange-Vorbehalten, DVBl. 1999, S. 271 ff., Stein, „Bananen Split“ - Entzweien sich BVerfG und EuGH über den Bananenstreit? EuZW 1998, S. 261; im Bezug auf Kompetenzstreitigkeiten: *Schroeder,* Zu eingebildeten und realen Gefahren durch kompetenzüberschreitende Rechtsakte der Europäischen Gemeinschaft, EuR, 1999, S. 466,

VI. Schwierigkeiten der Harmonisierung am Beispiel der Arbeitnehmerrechte beim Betriebsübergang in der Insolvenz

Zu den umstrittensten Fragen im Betriebsübergangsrecht zählt die Anwendbarkeit der Richtlinie 77/187/EWG auf die Veräußerung eines insolventen Unternehmens. Hier stehen sich das Interesse des Arbeitnehmers am Bestand seines Arbeitsverhältnisses und das Interesse an der Fortführung des gesamten Unternehmens durch eine übertragende Sanierung[609] gegenüber.
Bis zum Erlass der Änderungsrichtlinie war auf europäischer Ebene allein die Rechtsprechung des EuGH für die Frage nach der Anwendbarkeit der Richtlinie 77/187/EWG in der Insolvenz maßgeblich. Die Richtlinie a.F. enthielt diesbezüglich keine Bestimmungen[610]. Aufgrund der Änderung der Richtlinie 77/187/EWG durch die Richtlinie 98/50/EG[611] wird der bisher heftig umstrittene Problemkreis ausdrücklich geregelt, wobei auch hier wiederum in weitem Umfang eine Kodifizierung der bisherigen Judikatur des EuGH erfolgte[612].
Im Zusammenhang mit der Anwendbarkeit der Richtlinie 77/187/EWG in der Insolvenz stellt sich die zentrale Frage, wie die verschiedenen staatlichen Verfahren in den Mitgliedstaaten, die in dem Bereich der Zahlungsunfähigkeit existieren, einzuordnen sind. Da die Änderungsrichtlinie hierzu eine Antwort schuldig geblieben ist und aufgrund deren weiten Interpretationsspielraumes, muss für die Abgrenzung nach wie vor die Rechtsprechung des EuGH herangezogen werden. Im folgenden soll untersucht werden, inwieweit die in diesem Zusammenhang ergangenen Vorabentscheidungen des EuGH zu einer positiven Klärung dieser Frage beigetragen haben.

---

609 Vgl. zum Begriff der "übertragenden Sanierung": *Berscheid*, Probleme der Massenentlassung und Sozialauswahl nach dem neuem Insolvenzrecht und bei „Übertragender" Sanierung, S. 1043 ff., in: Arbeitskreis für Insolvenz- und Schiedsgerichtswesen e.V., Köln (Hrsg.), Kölner Schrift zur Insolvenzordnung: das neue Insolvenzrecht in der Praxis, 1997.

610 Vgl. zum Wortlaut der Richtlinie a.F. Anhang 2.

611 Vgl. allgemein zu den Änderungen der Richtlinie 77/187/EWG durch die Richtlinie 98/50/EG: Teil 3, II. 3.

612 Vgl. *Waas / Johanns,* Die Änderung der Richtlinie zum Betriebsübergang, EuZW 1999, S. 459.

1. Die Entscheidungen Dethier[613] *und Europièces*[614]

a) Sachverhalt und Verfahren vor dem EuGH

Das Arbeitsgericht Lüttich hatte in der Rechtssache *Dethier* an den Gerichtshof insbesondere die Vorlagefrage gerichtet, ob die Richtlinie 77/187/EWG auf den Übergang eines belgischen Unternehmens, das sich in Liquidation befindet, anwendbar sei. Ein vom Gericht bestellter Liquidator entließ mehrere Arbeitnehmer, darunter den Kläger. Kurz darauf veräußerte er das gesamte Unternehmen. Der entlassene Arbeitnehmer verklagte Veräußerer und Erwerber als Gesamtschuldner und begehrte von beiden u.a. die Zahlung einer Abfindung. Der Erwerber machte demgegenüber zunächst geltend, die Übernahme eines in der Liquidation befindlichen Unternehmens sei kein Betriebsübergang. Darüber hinaus vertrat er die Auffassung, eine gesamtschuldnerische Haftung komme nicht in Betracht, da der Kläger vor der Übernahme entlassen worden sei.
In der Rechtssache *Europièces* hatte der EuGH ebenfalls über die Auswirkungen eines belgischen Liquidationsverfahrens zu befinden. Im Unterschied zur *Dethier* – Entscheidung handelte es sich dabei allerdings um ein freiwilliges Liquidationsverfahren und nicht um ein gerichtliches. Die freiwillige Liquidation entspricht im wesentlichen einer gerichtlichen Liquidation, mit der Ausnahme, dass die Hauptversammlung der Gesellschaft und nicht das Gericht die Entscheidung über die Liquidation trifft sowie die Liquidatoren ernennt und deren Befugnisse festlegt. Die Cour du travail Brüssel legte dem Gerichtshof folgende Frage zur Vorabentscheidung vor:

„Ist die Richtlinie77/187 auf den Fall anwendbar, dass eine Gesellschaft in Liquidation ihre Aktiva ganz oder teilweise auf eine andere Gesellschaft überträgt, die sodann dem Arbeitnehmer Weisungen erteilt, deren Ausführung die Gesellschaft in Liquidation anordnet?“[615]

Der EuGH erachtete die Vorlage als zulässig, obwohl das vorlegende Gericht keine Angaben zum rechtlichen und tatsächlichen Zusammenhang dieser Frage machte. Zwar müsse das nationale Gericht die Sach- und Rechtslage schildern, in der sich die von ihm aufgeworfenen Fragen stellen, oder zumindest die tatsächlichen Annahmen erläutern, auf denen diese Fragen beruhen, weil sonst eine sachdienliche Auslegung des Gemeinschaftsrechts nicht möglich sei[616]. Im vor-

---

613 EuGH, Urt. v. 12.03.1998, Rs. C-319/94, Slg. 1998, I-1061 = EuZW 1998, 11 = NZA 1998, 529.

614 EuGH, Urt. v. 12.11.1998, Rs. C-399/96, Slg. 1999, I-227.

615 EuGH, Urt. v. 12.11.1998, Rs. C-399/96, Slg. 1999, I-227 – *Europièces,* Rn. 21.

616 Unter Verweis auf: EuGH, Urt. v. 26.01.1993, Rs. C - 320/90 bis C-322/90, Slg. 1993, I-393 - *Telemarsicabruzzo u. a.*, Rn.. 6; EuGH, Beschl. v. 26.04.1993, Rs. C-386/92,

liegenden Fall geht der EuGH davon aus, dass er aufgrund der vom vorlegenden Gericht übersandten Akten über genügend Angaben verfügt, um die Bestimmungen des Gemeinschaftsrechts im Hinblick auf den dem Rechtsstreit im Ausgangsverfahren zugrunde liegenden Sachverhalt auslegen zu können. Außerdem füge sich das Ausgangsverfahren in einen rechtlichen Rahmen ein, der aufgrund eines früheren Vorabentscheidungsersuchens, der Rechtssache *Dethier* zum belgischen Liquidationsverfahren weitgehend bekannt sei[617].
Aufgrund dieser Kenntnis des Ausgangssachverhalts sollte durch die vom EuGH entsprechend umformulierte Vorlagefrage „erstens geklärt werden, ob Artikel 1 Absatz 1 der Richtlinie dahin auszulegen ist, dass diese auf den Fall anwendbar ist, dass eine Gesellschaft in freiwilliger Liquidation ihre Aktiva ganz oder teilweise auf eine andere Gesellschaft überträgt, die sodann dem Arbeitnehmer Weisungen erteilt, deren Ausführung die Gesellschaft in Liquidation anordnet. Zweitens ist unter Berücksichtigung der Umstände des Ausgangsverfahrens und um dem nationalen Gericht eine zweckdienliche Antwort zu erteilen, zu klären, ob Artikel 3 Absatz 1 der Richtlinie es einem zum Zeitpunkt des Unternehmensübergangs beim Veräußerer beschäftigten Arbeitnehmer verwehrt, sich dem Übergang seines Arbeitsvertrags oder Arbeitsverhältnisses auf den Erwerber zu widersetzen“[618].

b) *Entscheidungen des EuGH*

Der EuGH hat sich in der Rechtssache *Dethier* zunächst mit der Frage auseinandergesetzt, unter welchen Voraussetzungen das im belgischen Recht vorgesehene Liquidationsverfahren als Betriebsübergang anzusehen ist. Das belgische Liquidationsverfahren weist parallele Züge zu dem deutschen Insolvenzverfahren auf, ist jedoch nicht mit diesem identisch[619]. Im Ergebnis hat der EuGH dabei unter Bezugnahme auf die bisherige Judikatur[620] die Anwendbarkeit der Richtli-

---

Slg. 1993, I-2049 - *Monin Automobiles*, Rn. 6; EuGH, Beschl. v. 08.07.1998, Rs. C-9/98, Slg. 1998, 4263 – *Agostini*, Rn. 4.

617 Vgl. EuGH, Urt. v. 12.11.1998, Rs. C-399/96, Slg. 1999, I-2277 – *Europièces*, Rn. 24.

618 Vgl. EuGH, Urt. v. 12.11.1998, Rs. C-399/96, Slg. 1999, I-2277 – *Europièces*, Rn. 26.

619 Geregelt ist das Liquidationsverfahren für Gesellschaften im belgischen Recht in den Art. 178 bis 188 der koordinierten Gesetze über die Handelsgesellschaften. Dieses Verfahren soll der Handelsgesellschaft nach ihrer Auflösung ermöglichen, die begonnenen Geschäfte zu beenden, grundsätzlich jedoch ohne neue Geschäfte durchführen zu können.

620 Vgl. EuGH, Urt. v.07.02.1985, Rs. 185/83, Slg. 1985, 469 – *Abels* = EwiR 1985, 561; EuGH, Urt. v. 25.07.1991 – Rs. C 362/89, Slg. I 1991, 4105 – *D`Urso*, AP Nr. 94 zu § 613 a BGB = EuZW 1992, 505 mit Anm. v. *Langer-Stein* = EwiR 1993, 1069 mit Anm.

nie 77/187/EWG bejaht. Ein Ausschluss der Richtlinie sei nicht zu rechtfertigen, da das Liquidationsverfahren im konkreten Fall darauf gerichtet sei, die Tätigkeit des Unternehmens weiterzuführen[621]. Mit der Entscheidung in der Rechtssache *Europièces* bestätigte der EuGH dieses Kriterium und wendet es „erst recht" für den Fall einer freiwilligen Liquidation an, da sich dieses Verfahren zumindest in einigen Punkten noch stärker von der Insolvenz unterscheide als die gerichtliche Liquidation[622].

Bezüglich der Kündigung und der Haftung des Erwerbers hat der EuGH zunächst festgestellt, dass die Richtlinie nur Kündigungen verbietet, die primär wegen des Betriebsüberganges ausgesprochen werden. Andere Kündigungen, insbesondere betriebsbedingte Kündigungen wegen geplanter Rationalisierungen, sind dagegen zulässig. Derartige Kündigungen kann nach dieser Entscheidung nicht nur der Erwerber nach dem Übergang aussprechen, sondern auch schon zuvor der Veräußerer. Sollte die Kündigung durch den Veräußerer rechtswidrig sein, z.B. weil die Voraussetzungen für eine betriebsbedingte Kündigung nicht erfüllt sind, kommt es zum Übergang des Arbeitsverhältnisses auf den Erwerber. Der Arbeitnehmer kann sich dann auch gegenüber dem Erwerber auf die Rechtswidrigkeit der Kündigung berufen und Ansprüche geltend machen.

c) *Analyse der Entscheidungen*

Die Bedeutung der Entscheidungen liegt zum einen darin, dass der EuGH ausdrücklich festgestellt hat, dass nicht nur der Erwerber nach dem Betriebsübergang Kündigungen aussprechen kann, sondern zuvor auch schon der Veräußerer. Damit besteht die Möglichkeit, dass der Veräußerer eine vom späteren Erwerber geplante Rationalisierung vorbereitet. Der potentielle Erwerber kann den Kauf des Unternehmens von vorherigen Kündigungen abhängig machen[623].

Zum anderen knüpft der EuGH mit dem Hinweis, dass die Richtlinie 77/187/EWG bei einer Betriebsveräußerung im Konkurs nicht anwendbar sei, an

v. *Mönning* = NZA 1993, 137 = ZIP 1993, 936; EuGH, Urt. v. 07.12.1995, Rs. C-472/93, Slg. 1995, I-4321 – *Spano* u. a., Rn. 24.

621 Vgl. EuGH, Urt. v. 12.03.1998, Rs. C-319/94, Slg. 1998, I-1061 – *Dethier*, Rn.. 31.

622 Vgl. EuGH, Urt. v. 12.11.1998, Rs. C-399/96, Slg. 1999, I-2277 – *Europièces*, Rn. 32 u. 35.

623 Für den Erwerber bestehen jedoch auch erhebliche Risiken: Sollte sich die Kündigung als rechtswidrig erweisen, gehen auch Arbeitnehmer auf den Erwerber über, die nicht übernommen werden sollten. Sollten diesen Arbeitnehmern noch Ansprüche zustehen, können sie den Erwerber in Anspruch nehmen.

seine früheren Entscheidungen an[624]. Das Novum der vorliegenden Entscheidungen liegt in der Feststellung, dass die Unternehmensfortführung als Abgrenzungskriterium für die Anwendbarkeit der Richtlinie 77/187/EWG herangezogen wird[625]. Nach Ansicht des EuGH fällt der Übergang eines insolventen Unternehmens dann in den Anwendungsbereich der Richtlinie, wenn die Tätigkeit des Unternehmens weitergeführt wird, da in diesem Fall die Kontinuität des Betriebes beim Übergang des Unternehmens gewahrt bleibt[626]. Damit kommt dem Ziel des Insolvenz- oder Liquidationsverfahrens entscheidende Bedeutung zu.

d) *Auswirkungen der Entscheidungen*

Die Auswirkungen der Entscheidungen und der Richtlinienänderung auf das deutsche Recht sind teilweise noch ungeklärt. Nach ständiger Rechtsprechung des BAG gilt § 613 a BGB auch in der Insolvenz[627]. Die Bestandschutzfunktion soll insoweit voll erhalten bleiben[628]. Modifiziert hat jedoch das BAG die haftungsrechtliche Funktion des § 613 a BGB: Wenn der Betriebsübergang nach Eröffnung des Insolvenzverfahrens erfolgt, ist die volle Haftung des Erwerbers nach Ansicht des BAG mit dem Grundsatz der gleichmäßigen Befriedigung aller Insolvenzgläubiger nicht vereinbar. Der Erwerber haftet daher nicht für Altverbindlichkeiten und für die bis zur Insolvenzeröffnung erdienten Versorgungsanwartschaften. § 128 InsO stellt die Anwendbarkeit der Vorschrift des § 613 a BGB auch für den Fall der Betriebsveräußerung innerhalb eines Insolvenzverfahrens nunmehr ausdrücklich klar[629].

---

624 Vgl. EuGH, Urt. v.07.02.1985, Rs. C 185/83, Slg. 1985, 469 – *Abels*; EuGH, Urt. v. 25.07.1991 – Rs. C 362/89, Slg. I 1991, 4105 - *D'Urso*, EuGH, Urt. v. 07.12.1995, Rs. C-472/93, Slg. 1995, I-4321 - *Spano u. a.*

625 EuGH, Urt. v. 12.03.1998, Rs. C 319/94, Slg. 1998, I-1061 – *Dethier*, Rn.25.

626 Vgl. zu dieser Begründung: EuGH, Urt. v. 12.03.1998, Rs. C 319/94, Slg. 1998, I-1061 – *Dethier*, Rn.31.

627 BAG, Urt. v. 17.01.1980 - 3 AZR 160/79, AP Nr. 18 zu § 613 a BGB = DB 1980, 308.

628 An dieser Geltung hat der Gesetzgeber trotz erheblicher Kritik, vgl. z.B. Arbeitskreis für Insolvenzrecht im DAV, AnwBl. 1988, 157 (158) festgehalten.

629 Zur Haftungsfunktion sagt die InsO nichts, so dass weiterhin die sich nach der Auffassung des BAG ergebenden Einschränkungen des § 613 a BGB zu beachten sein werden. Vgl. *Bergwitz*, Betriebsübergang und Insolvenz nach der neuen EG-Richtlinie zur Änderung der Betriebsübergangsrichtlinie, DB 1999, S. 2008. Vgl auch *Hess,* Die eingeschränkte Anwendbarkeit des § 613 a BGB in der Insolvenz, in: *Schmidt* (Hrsg.), Arbeitsrecht und Arbeitsgerichtsbarkeit, Festschrift zum 50 – jährigen Bestehen der Arbeitsgerichtsbarkeit in Rheinland – Pfalz, S. 485; *Zwanziger*, Das Arbeitsrecht der Insolvenzordnung, § 128 InsO Rn. 4. Zur Haftungsfunktion sagt die InsO nichts, so dass

Nach der Rechtsprechung des EuGH gilt die Richtlinie 77/187/EWG nicht für einen Übergang in der Insolvenz, jedoch haben die Mitgliedstaaten das Recht dies anders zu regeln[630]. Der EuGH begründet seine Entscheidung damit, dass die Anwendung der Richtlinie in der Insolvenz zu einer "ernsthaften Gefährdung" der sozialen Ziele des Art. 117 EG führen kann. Aufgrund dieser Vorgaben soll nach einer vor der Änderung der Richtlinie vertretenen Auffassung nicht darauf geschlossen werden können, dass die Anwendung des § 613 a BGB in der Insolvenz europarechtlich voraussetzungsfrei zulässig ist. Vielmehr sei die Anwendung des § 613 a BGB im Insolvenzverfahren lediglich dann statthaft, wenn die Gefahr sanierungsfeindlicher Wirkungen im nationalen Recht ausgeschlossen ist[631].

Teilweise wird angenommen, dass die *Dethier* – Entscheidung des EuGH zu einer teilweisen Anwendbarkeit der Richtlinie 77/187/EWG im Rahmen des Geltungsbereiches der Insolvenzordnung führen könne[632] und zwar in den Fällen des Verfahrens, die darauf abzielten, das Unternehmen fortzuführen, also im Rahmen eines Insolvenzplanes (§ 217 ff. InsO) oder der Eigenverwaltung (§§ 270 ff. InsO). Im Ergebnis wäre nach dieser Ansicht die deutsche Regelung, die die Anwendbarkeit des § 613 a BGB nur unter Ausschluss der Haftungsfunktion bejaht, nicht richtlinienkonform. Eine uneingeschränkte Anwendung der Richtlinie auf alle Fälle, in denen das Unternehmen fortgeführt werden soll, bedeutet aber auch, dass das Institut der übertragenden Sanierung – die Übertragung von insolventen Unternehmen auf Auffanggesellschaften unter gleichzeitiger Liquidierung des insolventen Unternehmensträgers – erheblich durch Haftungsrisiken des Erwerbers erschwert werden würde.

Gegen diese Ansicht sprechen die neu eingeführten Regelungen der Änderungsrichtlinie 98/50/EG, die auch bei nicht zur Liquidation führenden Zahlungsunfähigkeitsverfahren eine Haftungseinschränkung unter der genannten Voraussetzung zulassen. Dem Kriterium der Unternehmensfortführung kann daher im Bezug auf die Haftungsbeschränkung keine Bedeutung mehr zukommen. Ein Festhalten an dem Kriterium kann auch nicht damit begründet werden, dass die Änderungsrichtlinie auf einen Entwurf der Kommission von 1994 zurückgeht[633],

---

weiterhin die sich nach der Auffassung des BAG ergebenden Einschränkungen des § 613 a BGB zu beachten sein werden.

630 Vgl. EuGH, Urt. v.07.02.1985, Rs. C 185/83, Slg. 1985, 469 – *Abels* = EwiR 1985, 561 mit Anm. von *Seiter*. Vgl. ferner EuGH, Urt. v. 07.12.1995, Rs. C - 472/93, NZA 1996, S. 305 ff.: Anwendbarkeit im Krisenverfahren nach italienischem Recht.

631 Vgl. statt vieler: KR-*Pfeiffer*, § 613 a BGB Rn. 51.

632 Vgl. *Schipp*, EWiR 1998, S. 941 ff. (Anmerkung zur *Dethier* – Entscheidung); vor der *Dethier* - Entscheidung für das Verfahren der Eigenverwaltung vertreten von *Löw*, Die Betriebsveräußreung im europäischen Arbeitsrecht, 1992, S. 150.

633 vgl. oben Teil 3, 2..

also zu einem Zeitpunkt in dem das Kriterium der Unternehmensfortführung noch keinen Eingang in die Rechtsprechung des EuGH gefunden hatte. Darüber hinaus ist das Kriterium der Unternehmensfortführung auch nicht sachlich geboten. Dies nicht nur aus Gründen der negativen Folgen für die Möglichkeiten der übertragenden Sanierung[634], sondern auch aus Gründen der Rechtsklarheit und der Rechtssicherheit. Auch Arbeitnehmerschutzgesichtspunkte rechtfertigen ein Festhalten an dem Kriterium nicht, da Art. 4 a IV der Richtlinie 77/187/EWG i.d.F. der Richtlinie 98/55/EG[635] den Mitgliedstaaten Maßnahmen auferlegt, damit Zahlungsunfähigkeitsverfahren nicht in missbräuchlicher Weise in Anspruch genommen werden, um den Arbeitnehmern die in der Richtlinie vorgesehenen Rechte vorzuenthalten.

Zutreffend erscheint vielmehr, dass im deutschen Recht alle in einem Insolvenzverfahren nach der InsO erfolgenden Betriebsveräußerungen aus dem Geltungsbereich der Richtlinie unabhängig davon ausgenommen sind, ob sie mit einer Liquidation des Vermögens oder einer Sanierung enden[636]. In beiden Fällen ist nämlich ursprünglich ein Insolvenzverfahren eröffnet worden, welches gem. § 1 S. 1 InsO stets auch die Auflösung des Schuldnervermögens verfolgt[637]. Auch

634 Vgl. dazu *Weber*, Arbeitnehmerschutz contra Sanierung, EuZW, 1998, S. 583 ff. , die aufgrund der „im allgemeinen sehr sanierungsfreundlichen und wirtschaftliche Gegebenheiten berücksichtigenden Tendenz in der Änderungsrichtlinie" einen Grund zur Hoffnung sieht, dass die übertragende Sanierung als ein Ausnahmetatbestand i. S. d. § 4 Abs. 2 lit. a zu sehen ist.

635 Die wichtigsten Regeln des § 4 RL 77/187/EWG n.F. sind: Gem. Art. 4 a 1 der Richtlinie 77/187/EWG i.d.F. der Richtlinie 98/50/EG gelten die Betriebsübergangsregelungen nicht, wenn gegen den Veräußerer unter der Aufsicht einer zuständigen öffentlichen Stelle (worunter auch ein von einer zuständigen Behörde ermächtigter Insolvenzverwalter verstanden werden kann) ein Konkursverfahren oder ein entsprechendes Verfahren mit dem Ziel der Auflösung des Vermögens des Veräußerers eröffnet wurde. Bei sonstigen Zahlungsunfähigkeitsverfahren, die unter der Aufsicht einer staatlichen Stelle stehen und nicht der Auflösung des Vermögens zu dienen brauchen, sieht Art. 4 a Abs. 2 weitreichende Erleichterungen vor.

636 Vielmehr erscheint die umgekehrte Fragestellung die Gerichte zu beschäftigen. So hatte sich das LAG Hamm mit der Frage zu beschäftigen, ob die Vorschrift des § 613 a Abs. 4 BGB über § 128 InsO bei einer übertragen Sanierung weiterhin noch gilt. Das Gericht bejahte dies und stellte fest, dass die Gerichte für Arbeitssachen die Vorschriften der §§ 613 a BGB, 128 InsO im Lichte des Art. 4a der Richtlinie 98/50/EG sanierungsfreundlich auslegen müssten. Vgl. LAG Hamm, Urt. v. 04.04.2000, Az. 4 Sa 1220/99, ZInsO 2000, S. 292 ff.

637 Die Unternehmenssanierung stellt somit kein eigenständiges Ziel der InsO dar, sondern nur ein neben der Zerschlagung gleichwertiges Mittel der Gläubigerbefriedigung dar. Vgl. hierzu *Bergwitz*, Betriebsübergang und Insolvenz nach der neuen EG-Richtlinie zur Änderung der Betriebsübergangsrichtlinie, DB 1999, S. 2008; Heidelberger Kommentar zur Insolvenzordung, § 1 InsO Rn. 4.

die Auffassung, die aufgrund der Ähnlichkeit des Insolvenzplanverfahrens mit dem Vergleichsverfahren davon ausgeht, dass diese Verfahrensart auf die Weiterführung des Unternehmens gerichtet ist, kommt zur Zulässigkeit der deutschen Regelung gem. Art. 4 Abs. 2 lit. a der Richtlinie. Danach kann auch geregelt werden, dass die vor Eröffnung des Zahlungsunfähigkeitsverfahrens bereits fälligen Verbindlichkeiten nicht auf den Erwerber übergehen, sofern ein System zum Schutz der Arbeitnehmer bei Zahlungsunfähigkeit des Arbeitgebers entsprechend der Richtlinie 80/987/EWG die Ansprüche der Arbeitnehmer absichert. Abs. 2, Lit. b lässt zudem Änderungen der Arbeitsbedingungen zu, wenn dies der Erhaltung von Arbeitsplätzen dient.
Hiervon getrennt zu sehen ist die Frage, ob bei den Zahlungsunfähigkeitsverfahren i.S.d. Art. 4 a Abs. 2 der Richtlinie Voraussetzung ist, dass bereits bei Verfahrenseröffnung Zahlungsunfähigkeit eingetreten war. Da ein Verfahren nach der InsO schon bei drohender Zahlungsunfähigkeit eröffnet werden kann, kann ein vor Zahlungsunfähigkeit eröffnetes Verfahren, das zu keiner Liquidation führt, dann nicht als ein Verfahren i.S.d. Art. 4 a Abs. 2 zu bewerten sein, womit die im deutschen Recht vorgenommene Haftungsbeschränkung nicht zulässig wäre[638]. Diese Frage der uneingeschränkten Anwendung des § 613 a BGB sollte, sobald sie in einem bei drohender Zahlungsunfähigkeit eröffneten Verfahren in einem künftigen Rechtsstreit entscheidungserheblich wird, im Wege einer Vorlage an den EuGH gemäß Art. 234 EG geklärt werden. Auch für diesen Fall erscheint allerdings eine uneingeschränkte Anwendung der Richtlinie 77/187/EWG nicht zwingend geboten, da die Arbeitnehmer durch die oben angeführten Änderungen der Richtlinie hinreichend geschützt sind.
Festzuhalten bleibt, dass in der Neufassung der Richtlinie als Auswirkung der Rechtsprechung eine Trennung zwischen Konkurs- und sonstigen Zahlungsunfähigkeits- bzw. Sanierungsverfahren vorgenommen wird. Dies entspricht weitgehend den vom EuGH in den oben erörterten Entscheidungen aufgestellten Kriterien.

2. *Zusammenfassung und Ableitung verallgemeinerungsfähiger Prinzipien für die Praxis des Vorabentscheidungsverfahrens*

Die zurückhaltende Auslegung der Richtlinie für den Fall eines Betriebsübergangs in der Insolvenz durch den EuGH nimmt hinreichend Rücksicht auf die verschiedenen Rechtssysteme der Mitgliedstaaten. Schon in der *Abels* – Entscheidung hat der EuGH grundsätzlich festgestellt, dass dem nationalen Gesetz-

638 Vgl. *Weber*, Arbeitnehmerschutz contra Sanierung, EuZW, 1998, S. 586, wobei die Frage offengelassen wird.

geber die Möglichkeit verbleibe, „unabhängig vom Gemeinschaftsrecht“ die Grundsätze der Richtlinie auch für den Fall der Insolvenz in die nationale Rechtsordnung aufzunehmen[639]. Damit hält sich der EuGH an die Beschränkungen aus dem Subsidiaritätsprinzip und dem Prinzip der Verhältnismäßigkeit.
Allerdings führen die durch die Rechtsprechung aufgestellten Kriterien nach wie vor zu erheblichen Abgrenzungsproblemen. Dies liegt zum einen an der Vielzahl von Insolvenzverfahren in den Mitgliedstaaten der EU. Laut Anhang A zum EU-Insolvenzübereinkommen gibt es in der EU über 50 verschiedene Insolvenzverfahren. Für jedes einzelne Verfahren muss letztlich geprüft werden, ob es unter den Anwendungsbereich der Richtlinie fällt oder nicht. Zum anderen erschwert das Kriterium der Unternehmensfortführung eine eindeutige Abgrenzung. Nicht bei jedem Verfahren ist ohne weiteres erkennbar, ob es sich um ein auf Auflösung der Gesellschaft gerichtetes „Konkursverfahren“ oder um ein auf Fortführung gerichtetes sonstiges „Zahlungsunfähigkeitsverfahren“ handelt. Auch in diesem Punkt wird der EuGH seine Rechtsprechung in zukünftigen Vorabentscheidungsverfahren präzisieren müssen.
Verfahrensrechtlich zeigt die Entscheidung in der Rechtssache *Europièces* die wohlwollende Annahme der Vorlagebeschlüsse durch den EuGH: Obwohl das vorlegende Gericht keine Angaben zum rechtlichen und tatsächlichen Zusammenhang seiner Frage machte, nahm der EuGH die an sich unzulässige Vorlage zur Entscheidung an, da er sich aus den übersandten Akten die nötigen Angaben selbst heraussuchen konnte. Diese Praxis des EuGH hält die nationalen Gerichte nicht gerade dazu an, dem EuGH den Ausgangssachverhalt durch detaillierte tatsächliche Schilderungen im Vorlagebeschluss zu vermitteln.

VII. Zusammenfassende Bewertung

1. Die Auswirkungen der richterlichen Vorlagen zur Anwendung und Auslegung der Richtlinie 77/187/EWG

Die Vorlageverfahren innerstaatlicher Gerichte – gerade auch unterer Instanzen – haben in dem exemplarisch herausgegriffenen Bereich der Rechtsprechung zur Auslegung und Anwendung der Richtlinie 77/187/EWG zu einer wesentlichen Änderung der Inhalte des Betriebsübergangsrechts geführt. Nur die Grundstrukturen des Instituts des Betriebsübergangs sind erhalten geblieben. *Preis / Steffan* führen zutreffend aus: „Der (bisherige) Betriebsübergang ist tot – es lebe

639 Vgl. EuGH, Urt. v.07.02.1985, Rs. C 185/83, Slg. 1985, 469 – *Abels,* Rn. 24.

der (neue) Betriebsübergang.“[640]. Diese inhaltliche Umorientierung führte dazu, dass von einigen, das nationale Recht prägende Kriterien Abschied genommen werden musste[641]. Dies hat dem EuGH die Kritik eingebracht, dass bei der Rechtsfindung eine Auseinandersetzung mit der Rechtsprechung der nationalen Gerichte oft fehle. Ihm wird in diesem Zusammenhang vorgeworfen, dass er in den Entscheidungsbegründungen nicht auf die Rechtsprechung des BAG eingehe, selbst wenn es sich um die Vorlage eines deutschen Gerichts handle[642]. Ferner lasse der Verweis des EuGH auf Kündigungsmöglichkeiten des Erwerbers in seinen Entscheidungen erkennen, dass ihm das deutsche Kündigungsschutzrecht (Betriebsbedingtheit, Sozialauswahl) offenbar fremd sei[643]. In eine ähnliche Richtung geht die von *Junker* [644] im Zusammenhang mit den Entscheidungen des EuGH zur Anwendung und Auslegung der Richtlinie 77/187/EWG apostrophierte „Eindimensionalität des Gemeinschaftsrechts“, die sich darin ausdrücke, dass nicht in der Zielvorgabe der jeweiligen Richtlinie eingeschlossene, aber gleichwohl schutzwürdige Interessen, mitunter in den Entscheidungen nicht hinreichend berücksichtigt würden. Diese Stellungnahmen verkennen jedoch, dass die Harmonisierung des Gemeinschaftsrechts auf Seiten der mitgliedstaatlichen Rechtsordnung zu erfolgen hat[645]. Führt die Interpretation des Gemeinschaftsrechts durch den EuGH zu Unstimmigkeiten oder einem Systembruch innerhalb des nationalen Rechtssystems, werden diese nicht durch Änderungen gemeinschaftsrechtlicher Auslegungsergebnisse oder Bestimmungen beseitigt[646]. Aus der Sicht des EuGH kann es folglich nur sehr eingeschränkt auf die Eigenarten des nationalen Rechts der einzelnen Mitgliedstaaten ankommen, da die angestrebte Harmonisierung des Rechts innerhalb der Gemeinschaft durch den Erlass einer Richtlinie gerade davon ausgeht, dass es unterschiedliche Rechtsordnungen der Mitgliedstaaten gibt, die vereinheitlicht werden sollen. Dies führt im Er-

---

640 *Preis / Steffan,* Neue Konzepte des BAG zum Betriebsübergang nach § 613 a BGB, DB 1998, S. 315.

641 Wie z.B. die Begriffsbestimmung des Betriebsübergangs durch das BAG.

642 so etwa: *Röder / Baeck*, EuGH – Funktionsnachfolge als Betriebsübergang, NZA 1994, 542.

643 Zu dem Verweis des Erwerbers auf die Kündigungsmöglichkeit: vgl. die Begründung der *Christel Schmidt* – Entscheidung oben Teil 3, III.

644 *Junker,* Systembildung und Systemlücken im harmonisierten Arbeitsvertragsrecht, NZA 1999, S. 2 ff., vgl. auch *ders.,* Der EuGH im Arbeitsrecht – Die schwarze Serie geht weiter, NJW 1994, S. 2527 ff.

645 *Schlachter*, Der Europäische Gerichtshof und die Arbeitsgerichtsbarkeit, 1995, S. 11.

646 Vgl. *Hirsch,* Der Europäische Gerichtshof – Eine Ansicht von innen –, MDR 1999, S. 5, der in diesem Zusammenhang darauf hinweist, dass die heftige Kritik an der *Christel Schmidt* – Entscheidung in Deutschland auch auf die erheblich strengeren Kündigungsschutzvorschriften als in anderen Staaten zurückzuführen ist. Diese betreffen jedoch einen Bereich innerstaatlicher Souveränität, den der EuGH nicht zu berücksichtigen hat.

gebnis dazu, dass die Rechtsprechung des EuGH nicht rein an der nationalen Dogmatik und den Ergebnissen der nationalen Gerichte gemessen werden kann.
Die vorliegende Untersuchung der Vorabentscheidungen zur Anwendung und Auslegung der Richtlinie 77/187/EWG hat gezeigt, dass die Beeinflussung der nationalen Rechtslage durch die besprochenen Entscheidungen nicht zu einem Systembruch innerhalb des deutschen Rechts, sondern vielmehr zu sinnvollen Weiterentwicklungen und inhaltlichen Verschiebungen geführt hat. Selbst dort, wo durch die Auslegung des EuGH ein Systembruch denkbar ist, obliegt es mitunter den Mitgliedstaaten, die Begriffsbestimmungen durch den EuGH als Ausnahmen in die jeweilige Rechtsordnung zu integrieren[647]. Es fällt auf, dass im Rahmen dieser geäußerten Kritik oft nicht darauf eingegangen wird, dass das nationale Recht zwar inhaltlich den durch die Rechtsprechung des EuGH konkretisierten Vorgaben der Richtlinie entsprechen muss, aber gerade das Gemeinschaftsrecht oft nicht ausschließt, dass über den "Mindeststandard" des Gemeinschaftsrechts hinausgehende Schutzmaßnahmen getroffen werden[648].
Vielmehr liegen die Konfliktpotentiale in der für die Nationalstaaten teilweise „unbequemen" Aufgabe des EuGH begründet, dem Gemeinschaftsrecht zu einer einheitlichen Auslegung zu verhelfen. Die Verwirklichung des Binnenmarktes verlangt dabei die Harmonisierung einiger ausgewählter Bereiche des Arbeits- und Sozialrechts, um den Gemeinsamen Markt arbeits- und sozialrechtlich zu flankieren[649]. Gewisse Vorstellungen, die für die innerstaatliche Ordnung ansonsten prägend waren, können nicht uneingeschränkt auf die Vorabentscheidungsverfahren vor dem EuGH übertragen werden. Damit wird keineswegs übersehen, dass die Maßnahmen auf angleichungsfähigen Gebieten auch mit Nachteilen verbunden sein können. Diese Nachteile werden allerdings durch die Notwendigkeit einer Harmonisierung der Rechtsvorschriften für das Funktionieren des Gemeinsamen Marktes aufgehoben. Auch der Hinweis auf die zutreffende Feststellung, dass die Europäische Union in ihrem Kern eine Wirtschafts- und keine Sozialgemeinschaft bildet, vermag an der Notwendigkeit einer Harmonisierung nichts zu ändern, da diese ja gerade für das Funktionieren des Gemeinsamen Marktes unentbehrlich ist.
Auch weiterhin, nicht zuletzt aufgrund der Unklarheiten der Änderungsrichtlinie 98/50/EG, werden auf die nationalen Gerichte auf dem Gebiet des Betriebsübergangsrechts eine Vielzahl von Problemen zukommen, in denen ein Ergebnis nicht ohne die Klärung von Auslegungsfragen zu der Richtlinie 77/187/EWG

---

647 *Zwanziger*, Die Rechtsprechung des EuGH – Ein Sprengsatz für das nationale Arbeitsrechtssystem, BB 1995, S. 1408.

648 Vgl. z.B. für den hier gewählten Untersuchungsgegenstand: Art. 7 der Richtlinie 77/187/EWG.

649 So *Junker*, Systembildung und Systemlücken im harmonisierten Arbeitsvertragsrecht, NZA 1999, S. 2 ff.

durch den EuGH erfolgen kann. Die noch junge Rechtsprechung des EuGH wirft zudem eine Reihe von Folgeproblemen auf, die eine weitere Fortentwicklung der Rechtsprechung des EuGH erforderlich machen. Aufgabe der nationalen Gerichte ist es daher, aktiv auf die Rechtsprechung des EuGH Einfluss zu nehmen und so durch die Kooperation der Gerichtsbarkeiten das rechtsstaatliche Fundament der Europäischen Union weiter zu festigen. Nur eine in dem dafür vorgesehenen Vorabentscheidungsverfahren erzielte Klärung einer Auseinandersetzung über unterschiedliche Rechtspositionen entspricht der Verpflichtung zu vertrauensvoller Mitwirkung und gegenseitiger Rücksichtnahme, die Art. 10 Abs. 2 EG[650] verbindlich normiert[651].

2. *Praktische Fragen des Vorabentscheidungsverfahrens*

a) *Verständigungsprobleme im Dialog zwischen EuGH und nationalen Gerichten*

Die untersuchten Vorabentscheidungen lassen ein Grundmuster besonders in die Kritik geratener Entscheidungen des EuGH erkennen: Die Fälle betreffen typischerweise schwierige rechtliche Probleme, die eine exakte Formulierung der Vorlagefrage erschweren. Eine unklare Fragestellung bildet wiederum den Ausgangspunkt für die Probleme der Verständigung im Dialog des EuGH mit den nationalen Gerichten. So beruhte die Überinterpretation der *Christel Schmidt* – Entscheidung sicherlich zum einen auf der dürftigen Begründung durch den EuGH. Zum anderen zielte aber auch die Fragestellung schon auf die Beantwortung eines Einzelfalls ab. Gegenseitige Schuldzuweisungen erscheinen in diesem Zusammenhang jedoch wenig geeignet den Kern des Kommunikationsproblems zu lösen. Es ist offensichtlich, dass beide Partner eines Dialoges zu dessen Gelingen ihren Beitrag leisten müssen. Zunächst obliegt es dem vorlegenden Gericht seine Vorlagepflicht zu erkennen und sodann die Vorlagefrage hinreichend klar zu formulieren und schließlich die Entscheidung des EuGH sinnvoll bei der Rechtsanwendung im Ausgangsfall zu berücksichtigen. Der EuGH hat demgegenüber – gerade wenn er beabsichtigt über die Vorlagefragen hinauszugehen – das Verfahren durch entsprechende Hinweise oder Anforderung von Akten voranzutreiben. Da die Möglichkeiten eines „echten" Dialoges[652] zwischen den Gerichten noch nicht bestehen, erscheint eine Änderung des Verfahrens dringend erforderlich[653].

---

650 Ex-Art. 5 Abs. 2 EGV.

651 Vgl. EuGH, Beschl. v 13.07.1996, Rs. C-2/88, Slg. 1990, 3365 ff. – *Zwartfeld.*

652 Vgl. hierzu ausführlich Teil, V.

653 Vgl. zu den Lösungsansätzen eingehend: unten Teil 4.

b) *Einzelfallentscheidungen und wiederholte Vorlagen*

Der EuGH begegnet den rechtlichen Schwierigkeiten und der unklaren Fragestellung häufig dadurch, dass er nicht ausreichend die abstrakte Rechtsfrage, sondern den Einzelfall entscheidet[654]. Indem er bei der Beantwortung der Vorlagefrage den Besonderheiten des Einzelfalls weitgehend Rechnung trägt, liefert er dem nationalen Gericht nicht nur das nötige juristische Rüstzeug für die Falllösung, sondern gibt den Ausgang des Rechtsstreits bereits weitgehend selbst vor. Dies geschieht, obwohl der EuGH immer wieder betont, dass es Sache des nationalen Gerichts sei, anhand der vorgegebenen Auslegungsgesichtspunkte im Ausgangsrechtsstreit die notwendigen Feststellungen zu treffen[655]. Dennoch löst der EuGH die zentrale Fallfrage selbst, indem er sie konkret auf den Sachverhalt bezogen überprüft, ob auf einen bestimmten Übergang die Richtlinie anwendbar ist oder nicht. Angelehnt an die Tradition des angelsächsischen *case-law* entwickelt der EuGH dann seine Rechtsprechung zu bestimmten Problemkreisen von Einzelfall zu Einzelfall fort. Diese Vorgehensweise gefährdet die Sicherheit und Kalkulierbarkeit des Rechts, wenn dadurch die Rechtslage – sei es auch nur für die Zeit bis zu einer weiteren Entscheidung – unklar wird. Zwar verdeutlichen die in den Folgeentscheidungen oftmals vorgenommenen Konkretisierungen, dass auch der EuGH generell die Rechtssicherheit respektiert und pflegt[656], die nach *Radbruch* zum Inhalt der Rechtsidee gehört[657]. Dennoch verführt die Entscheidung eines Einzelfalls die nationalen Gerichte dazu, einen ähnlichen Fall ebenfalls einem Vorabentscheidungsverfahren zu unterziehen. Es verwundert deshalb nicht, dass mitunter erst eine wiederholte Vorlage an den EuGH zu einer vertretbaren, allgemeingültigen Lösung anstehender Rechtsfragen führt[658]. Gerade die konkreten, einzelfallbezogenen Rechtsausführungen des EuGH in einzelnen Entscheidungen lassen ein in sich geschlossenes Gedankengebäude zu einer Auslegungsproblematik oft nur schwer erkennen.

---

654 Vgl. *Dauses*, Das Vorabentscheidungsverfahren nach Art. 177 EGV, S.146; *Bauer / Diller*, Recht und Taktik des arbeitsrechtlichen EuGH - Vorabentscheidungsverfahrens, NZA 1996, S. 169 ff.

655 Vgl. nur EuGH, Urt. v. 02.12.1999, Rs. C-234/98 – *Allen*, Rn. 38.

656 EuGH, Urt. v. 17.05.1990, Rs. 262/88, Slg. 1990, I-1889 – *Barber.*

657 *Radbruch*, Rechtphilosophie, 4. Auflage 1950, S. 71.

658 Ein gutes Beispiel hierfür stellt die oben besprochene *Ayse Süzen* – Entscheidung als zweite Vorlage nach Christel Schmidt dar. Siehe weiteres Bsp.: EuGH, Urt. v. 02.05.1996, Rs. C – 206/94, Slg. 1996, 2357. - *Paletta II* nach EuGH, Urt. v. 03.06.1996, Rs. C – 45/90, Slg. 1992, 3423 – *Paletta I.*

c) *„Vorlagenflut“*

Diese Vorgehensweise führt dazu, dass Auslegungsfragen in praktisch unbegrenzter Zahl an den EuGH herangetragenen werden können. Unterstützt wird dies durch die in der Praxis sehr wohlwollende Aufnahme der Vorlagenfragen durch den EuGH nach den Grundsätzen der *C.I.L.F.I.T.* – Entscheidung[659], mit der Konsequenz einer stetig steigenden Anzahl der Vorabentscheidungsersuchen und einer Zunahme der Verfahrensdauer[660]. Dadurch wächst die Gefahr der erheblichen Beeinträchtigung der Interessen zumindest einer der Verfahrensbeteiligten[661]. So kam es im Anwendungsbereich der Richtlinie 77/187/EWG immer wieder zu Vorlagen, deren Beantwortung bereits aus der vorliegenden Rechtsprechung des EuGH folgt[662]. Auch diese Vorlagen hat der EuGH in der Vergangenheit durch Urteil entschieden, wenn auch aufgrund der Überlastung des EuGH nunmehr die Möglichkeit diskutiert wird, solche Fragen durch Beschluss zu entscheiden[663].

Der EuGH spricht im Zusammenhang mit dem Anstieg der eingehenden Rechtssachen von der „Gefahr eines strukturellen Ungleichgewichts zwischen der Zahl eingehender Rechtssachen und der Kapazität der Gerichte“[664]. Auch die Beiordnung des im Jahre 1989 auf der Grundlage der Einheitlichen Europäischen Akte errichteten Gerichts erster Instanz (EuG)[665] und die kontinuierliche weitere Ab-

---

659 EuGH, Urt. v. 06.10.1982, Rs. 283/81, Slg. 1982, 3425 – *C.I.L.F.I.T.;* vgl. hierzu oben Teil 1, IV, 2 b.

660 Zur Zeit durchschnittlich 2,5 Jahre; vgl. Jahresbericht des Gerichtshofs der Europäischen Gemeinschaften 1995, S. 204. Damit ist die Verfahrensdauer von anfangs durchschnittlich 6 Monaten auf mehr als das vierfache gestiegen.

661 Berücksichtigt man, dass es sich lediglich um ein Zwischenverfahren handelt, ist die Verfahrensdauer deutlich zu lang. Sie begegnet daher Bedenken im Hinblick auf Art. 6 Abs. 1 der Europäischen Menschenrechtskonvention, vgl. hierzu *Lipp*, Entwicklung und Zukunft der europäischen Gerichtsbarkeit, JZ 1997, S. 327.

662 Vgl. hierzu als besonders anschauliches Beispiel die oben untersuchte Entscheidung *Hernandez Vidal*, bei der der EuGH bei den vorlegenden Gerichten anfragte, ob sie ihre Vorlagen überhaupt im Lichte des *Ayse Süzen* – Urteils aufrechterhalten wollen: oben Teil 3, III.

663 Vgl. ausführlich hierzu: unten Teil 4.

664 Vgl. das Reflexionspapier des EuGH und des EuG vom 28.05.1999, Die Zukunft des Gerichtssystems der Europäische Union, S. 3.

665 Vgl. Erwägungsgrund im Beschluss des Rates v. 24.10. 1988 zur Errichtung eines Gerichts erster Instanz der Europäischen Gemeinschaften (88/591 EGKS, EWG, Euratom), ABl 1988 Nr. L 319, 1ff. mit den Berichtigungen ABI 1989 Nr. L 241,4ff., konsolidierte Fassung in ABI 1989 Nr. C 215, 1 ff: sowie den 1. Erwägungsgrund im Beschluss des Rates v. 8.6.1993 zur Änderung des Beschlusses 88/591 EGKS, EWG, Euratom (93/350 Euratom, EGKS, EWG), ABI 1993 Nr. L 144,21 f.

gabe von Zuständigkeiten des EuGH an dieses Gericht[666], konnten aufgrund des Anstieges neuer Verfahren keine dauerhafte Entlastung des EuGH herbeiführen. Diese Entwicklung wird mit Durchführung der in Angriff genommenen Osterweiterung zwangsläufig noch zunehmen[667]. Neben dem sicherlich wichtigen Gesichtspunkt der Entlastung des EuGH darf jedoch nicht vergessen werden, dass im Mittelpunkt der Diskussion über eine Reform des Vorabentscheidungsverfahrens die Bedeutung der Ausgestaltung der Europäischen Gerichtsbarkeit für die künftige Entwicklung der EU als Rechtsgemeinschaft stehen sollte[668], eine Voraussetzung, die nicht alle eingebrachten Reformvorschläge erfüllen[669]. Nur innerhalb eines tauglichen Gesamtkonzepts kann das Funktionieren der Europäischen Gerichtsbarkeit sichergestellt werden. Es liegt daher kein Widerspruch darin, einerseits den nationalen Gerichten bei ihren Entscheidungsbefugnissen im Hinblick auf die Anwendung des Gemeinschaftsrechts Freiraum zu lassen und auf der anderen Seite auch eine Stärkung der Rechtsstellung des EuGH insgesamt in Erwägung zu ziehen[670].
Die aufgezeigten Problemfelder des Verfahrens legen die Frage nach Lösungsansätzen für die notwendigen Reformen des Verfahrens nahe.

666 Weitere Zuständigkeiten wurden mit Wirkung zum 01.08.1993 und zum 15.03.1994 (Antidumpingklagen) auf das EuG übertragen.

667 Vgl. hierzu ausführlich: *Everling*, Die Zukunft der europäischen Gerichtsbarkeit in einer erweiterten Union, EuR 1997, 398;.; *Grévisse*, A propos de quelques institutions, Revue du marché commun, 1998, 569; *Scorey*, A new model for the Communities judical architecture in the new Union, ELR 1996, 224; *Sack*, Einige einfache Gedanken zur Reform des Gerichtshofs der Europäischen Gemeinschaften im Hinblick auf neue Erweiterungen der Europäischen Union, EuR 1999, S. 571 ff. Dabei stellt sich die spannende Frage, der hier nicht weiter nachgegangen werden soll, ob das Prinzip, dass jeder Staat einen Richter stellt, aufrechterhalten werden kann. Dies erscheint angesichts eines Gremiums von bis zu 20 Richtern zumindest als unwahrscheinlich.

668 *Lipp,* Entwicklung und Zukunft der europäischen Gerichtsbarkeit, JZ 1997, S. 327. So ausdrücklich auch *Dauses,* Gutachten zum 60. Deutschen Juristentag, 1994, S. D 14.

669 Vgl. u.a. *Everling,* Referat auf dem 60. DJT, Verhandlungen des 60. DJT Bd. 11/1, 1994, N 9ff.

670 Ein Vorschlag hinsichtlich der Stärkung der Rechtsstellung des EuGH betrifft die Einführung eines Verfahrens, in dem sich der einzelne Bürger - vergleichbar mit dem Verfahren vor dem EuMRK in Straßburg - persönlich an den EuGH wenden kann.

Teil 4: Lösungsansätze für eine Reform des Vorabentscheidungsverfahrens nach Art. 234 EG - Überlegungen de lege ferenda -

Die vorangegangene Analyse hat gezeigt, dass die beispielhaft dargestellten Vorabentscheidungsverfahren einen wichtigen Beitrag zur Konkretisierung und Entwicklung des Gemeinschaftsrechts geleistet haben. Daneben bestehen allerdings eine Reihe von aufgezeigten Problemen, die eine Reform des Verfahrens unerlässlich machen.

Die Diskussion um die Reform des Verfahrens hat insbesondere durch ein Reflexionspapier des EuGH und EuG[671], in dem dieser dem Rat der Justizminister Vorschläge und Gedanken zur Zukunft des Gerichtssystems unterbreitete, neuen Auftrieb bekommen[672]. Als Lösungsansätze werden dem Rat darin Überlegungen auf drei Ebenen vorgetragen. Erstens schlägt der EuGH Maßnahmen vor, die durch die Änderung der Verfahrensordnung sofort getroffen werden können. Diese Vorschläge sind für die vorliegende Untersuchung von besonderer Bedeutung, da sie in unmittelbarem Zusammenhang mit den angesprochenen Problemfeldern des Verfahrens stehen. Die vorgeschlagenen Änderungen auf der zweiten Ebene betreffen Änderungen, die zwar das Gefüge des Gemeinschaftsrechts nicht berühren, jedoch eine Änderung der für das Organ geltenden Vertrags- und Satzungsbestimmungen voraussetzen, während sich der EuGH unter drittens allgemein mit der Zukunft des Gerichtssystems befasst und einige umfassende Überlegungen im Hinblick auf die nächste Regierungskonferenz vorträgt[673].

Daneben hat die Europäische Kommission eine Reflexionsgruppe[674] eingerichtet, die Anfang 2000 ihren Bericht über die Zukunft des Gerichtssystems der Europäischen Gemeinschaften vorgelegt hat[675]. Dieser Bericht enthält unter ande-

---

671 Reflexionspapier des EuGH und des EuG vom 28.05.1999, Die Zukunft des Gerichtssystems der Europäischen Union; abgedruckt in: EuZW 1999, S. 750 ff.

672 Vgl. hierzu insbesondere die Beiträge von: *Hirsch,* Dezentralisierung des Gerichtssystems der Europäischen Union?, ZRP 2000, S. 57 ff., *Rabe*, Zur Reform des Gerichtssystems der Europäischen Gemeinschaften, EuR 2000, S. 811 ff., *Rösler*, Zur Zukunft des Gerichtssystems der EU, ZRP 2000, S. 52 ff.

673 Diese Überlegungen werden im Rahmen dieser Untersuchung nur kurz angesprochen, da sie in ihrem Ansatz über das eigentliche Thema hinausgehen und sich mit einer strukturellen Reform des gemeinschaftsrechtlichen Rechtsschutzes befassen.

674 Der Reflexionsgruppe gehörten an: *Ole Due* (Vorsitzender), *Yves Galmont*, *José Luis da Cruz Vilaça*, *Ulrich Everling*, *Aurelio Pappalardo*, *Rosario Silva de Lapuerta* und *Lord Slynn of Hadley*.

675 Abgedruckt als Sonderbeilage zu NJW Heft 19/2000 und EuZW Heft 9/2000. Aus diesem Bericht ist der Anfang März 2000 präsentierte ergänzende Beitrag der Kommission

rem auch einen Vorschlag für eine Neufassung des Art. 234 EG.
Diese Vorschläge werden mit den wichtigsten in der Literatur vertretenen Lösungsansätzen im folgenden erörtert und ihre Vor- und Nachteile aufgezeigt.

I. Lösungsansätze für eine Reform des Vorabentscheidungsverfahrens nach Art. 234 EG

1. Mögliche Änderungen des Verfahrensablaufes bei Vorlageverfahren

a) Der Ausbau der Zusammenarbeit des EuGH mit den nationalen Gerichten

Ein bedeutender Teil der Änderungsvorschläge hat zum Ziel, die Zusammenarbeit des EuGH mit den nationalen Gerichten zu verbessern[676]. Den Ausgangspunkt hierfür bildet die fehlende Beteiligung des vorlegenden Gerichts an dem Verfahren bis zur Entscheidung des EuGH mit Abgabe des Vorlagebeschlusses. Dieser Umstand hat zu der Forderung geführt, dem Gerichtshof ein Rückfragerecht bei dem nationalen Gericht, insbesondere zur Klarstellung der Vorlagefragen, einzuräumen[677]. In der Vergangenheit richtete der EuGH seine Fragen zu etwaigen Unklarheiten zur Sach- und Rechtslage ausschließlich an die Parteien des Ausgangsrechtsstreits, obwohl die vorlegenden Gerichte häufig die zuverlässigsten Auskünfte geben können[678]. Schließlich obliegt es den Gerichten den Vorlagebeschluss zu formulieren.
Der EuGH hat mit dem Ziel der Umsetzung seiner Reformvorschläge eine Reihe von Änderungen seiner Verfahrensordnung beschlossen, die zwischenzeitlich nach einstimmiger Genehmigung durch den Rat am 16.05.2000 verkündet wurden[679]. In einem neuen § 5 der Verfahrensordnung ist nunmehr die Möglichkeit vorgesehen, dass der EuGH das nationale Gericht um Klarstellungen ersucht[680]. Auf diese Weise werden die mitgliedstaatlichen Gerichte noch stärker in die

---

für die Regierungskonferenz zur Reform des Gerichtssystems der Gemeinschaft hervorgegangen, KOM (2000) 109 endg. V. 01.03.2000.

676 *Zuleeg*, Die Rolle der Rechtsprechenden Gewalt in der europäischen Integration, JZ 1994, S. 8.

677 Reflexionspapier des EuGH und des EuG vom 28.05.1999, Die Zukunft des Gerichtssystems der Europäischen Union, S. 15. Der EuGH spricht in diesem Zusammenhang um ein Ersuchen von Klarstellungen.

678 Vgl. hierzu ausführlich oben: Teil 1, IV.

679 ABl. Nr. L 122/43 v. 24.05.2000.

680 Vgl. zu den Änderungen der Verfahrensordnung: *Rabe*, Zur Reform des Gerichtssystems der Europäischen Gemeinschaften, EuR 2000, S. 817 f.

Verantwortung für die Entwicklung und die Wirksamkeit des Gemeinschaftsrechts einbezogen. Es bleibt allerdings abzuwarten, ob die Änderung der Verfahrensordnung allein ausreicht, um insbesondere mehrmalige Vorlagen aufgrund unklar gestellter Fragen zu vermeiden und damit insgesamt zur Verbesserung des Rechtsschutzes vor dem EuGH beizutragen. Als flankierende Maßnahme könnte der EuGH die formellen und materiellen Mindestanforderungen, die an einen Vorlagebeschluss zu stellen sind, weiter konkretisieren[681]. Dadurch könnte bereits am Ausgangspunkt des Verfahrens die Qualität der richterlichen Vorlagen positiv beeinflusst werden.

b) *Straffung des Verfahrens*

Hinsichtlich der gewünschten Verfahrensvereinfachung wird die Schaffung eines beschleunigten Verfahrens vorgeschlagen. Bisher sahen weder die Satzung noch die Verfahrensordnung des EuGH eine solche Möglichkeit vor. Lediglich gem. Art. 55 § 2 S. 1 der Verfahrensordnung konnte der Präsident in besonderen Fällen anordnen, dass eine Rechtssache mit Vorrang entschieden wird, ohne dass dies den EuGH ermächtigte von bestimmten Verfahrensvorschriften zur Verfahrenserleichterung abzusehen.

Nach einer britischen Initiative im Rahmen der Regierungskonferenz 1996[682] sollte der EuGH verpflichtet werden, Vorabentscheidungsurteile innerhalb von neun Monaten zu erlassen, um die grundlegenden Rechtsfragen schneller einer gerichtlichen Entscheidung zuzuführen. Dieser Ansatz musste jedoch zwangsläufig an den bestehenden Kapazitätsproblemen des EuGH scheitern, da eine generelle Verpflichtung zur beschleunigten Bearbeitung bestimmter Rechtssachen ohne strukturelle Umgestaltungen[683] angesichts der gegenwärtigen Überlastung des EuGH praktisch nicht realisierbar ist. Ein solches beschleunigtes Verfahren kann daher bei der Auslastung des EuGH nur für die Behandlung von offenkundig dringenden Rechtssachen ermöglicht werden, wobei dem EuGH selbst die Beurteilung der Dringlichkeit vorbehalten sein sollte[684].

---

681 So auch *Wägenbaur*, Stolpersteine des Vorabentscheidungsverfahrens, EuZW 2000, S. 42, der in diesem Zusammenhang ein vom EuGH herausgegebenes Muster eines Vorlagebeschlusses empfiehlt. Der EuGH könnte dann auch übergehen, von den nationalen Gerichten eine Art Kleinakte des Rechtsstreits anzufordern, vgl. hierzu Teil 1, VI.

682 Memorandum des Vereinigten Königreichs über den Europäischen Gerichtshof vom 23.07.1996, CONF 3883/96, Anhang E, Anlage, S. 25 f.

683 Zu denken wäre an eine deutliche Erhöhung der Richterstellen und die Errichtung weiterer Kammern.

684 So auch der Vorschlag des EuGH in: Reflexionspapier des EuGH und des EuG vom 28.05.1999, Die Zukunft des Gerichtssystems der Europäische Union, S. 12.

Der EuGH hat im Zuge der Änderung seiner Verfahrensordung[685] bereits auf die Straffung und Beschleunigung des Verfahrens unterhalb der Ebene der Vertragsänderung hingewirkt. Nach der neu eingefügten Vorschrift des Art. 104 a der Verfahrensordnung ist nunmehr ein beschleunigtes Verfahren in Fällen außerordentlicher Dringlichkeit der Entscheidung über die Vorlagefrage möglich. Der Präsident bestimmt nach Eingang des Vorabentscheidungsersuchens umgehend den Termin zur mündlichen Verhandlung. Die Parteien und Beteiligten müssen innerhalb einer auf 15 Tage abgekürzten Frist schriftliche Erklärungen einreichen[686]. Daneben erweitert Art. 104, § 3 der neuen Verfahrensordnung die Möglichkeiten des Beschlussverfahrens um Fälle, in denen die Antwort klar aus der Rechtsprechung abgeleitet werden kann oder keinen Raum für vernünftigen Zweifel lässt. Nach bisheriger Rechtslage konnte der EuGH durch Beschluss nur dann entscheiden, nachdem er den Beteiligten Gelegenheit zur Äußerung gegeben hatte und eine zur Vorabentscheidung vorgelegte Frage offensichtlich mit einer Frage übereinstimmte, über die der Gerichtshof bereits entschieden hatte. Diese Beschränkung des vereinfachten Verfahrens erschien für das Massengeschäft des Vorabentscheidungsverfahrens nicht mehr gerechtfertigt. Die vom EuGH in seinem Reflexionspapier vorgeschlagene Öffnung des Beschlussverfahrens[687] konnte somit zeitnah umgesetzt werden. Für alle Verfahren vor dem EuGH gilt die Änderung der Art. 44 a und Art. 104 § 4 der Verfahrensordnung dahingehend, dass eine öffentliche Sitzung stattfindet, wenn er dies beschließt oder wenn einer der in Art. 20 der Satzung des Gerichtshofes bezeichneten Beteiligten einen begründeten Antrag stellt, in dem die Punkte aufgeführt sind, zu denen er gehört werden möchte. Durch eine derartige Begründungspflicht erhofft sich der EuGH auch eine qualitative Verbesserung der mündlichen Verhandlung für das Verfahren[688]. Diese Änderungen der Verfahrensordnung erscheinen für Fälle ohne größere rechtliche Schwierigkeiten sehr sinnvoll[689], da

---

685 ABl. Nr. L 122/34 v. 24.05.2000.

686 Vgl. *Rabe*, Zur Reform des Gerichtssystems der Europäischen Gemeinschaften, EuR 2000, S. 817, der auch zutreffend auf das ungeklärte Verhältnis dieser Änderungen zur Satzung des EuGH hinweist. Art. 20 der Satzung des EuGH sieht für die Abgabe von schriftlichen Erklärungen eine Zwei-Monats-Frist vor. Die Satzung steht als Protokoll auf der Stufe des EG-Vertrages, während die Verfahrensordnung Sekundärrecht ist.

687 Vgl. Reflexionspapier des EuGH und des EuG vom 28.05.1999, Die Zukunft des Gerichtssystems der Europäischen Union, S. 16.

688 Vgl. Reflexionspapier des EuGH und des EuG vom 28.05.1999, Die Zukunft des Gerichtssystems der Europäischen Union, S. 14.

689 So Im Grundsatz auch: *Huff*, Nachdenken über das Gerichtssystem beim Europäischen Gerichtshof und beim Europäischen Gericht erster Instanz, EuzW 2000, S. 97, der jedoch Skepsis gegenüber der Möglichkeit durch Beschluss zu entscheiden, vorbringt: Dies könne für die mögliche Fortentwicklung des Rechts hinderlich sein und noch mehr neue Fragen aufwerfen.

hier in der mündlichen Verhandlung nicht immer neue Argumente vorgetragen werden.
Neben diesen bereits umgesetzten Maßnahmen hat die von der Kommission eingerichtete Reflexionsgruppe weitergehende Änderungen der Verfahrensordnung vorgeschlagen[690]. Besonders hervorzuheben sind die Möglichkeit prozessleitender Maßnahmen im schriftlichen und mündlichen Verfahren sowie die Abschaffung der in Art. 42 § 2 Verfahrensordnung des EuGH vorgesehenen Konzentrationsmaxime.

2. *Einschränkungen der Vorlagemöglichkeit*

Sucht man nach praktischen Lösungsansätzen, um der drohenden Überlastung des EuGH entgegenzuwirken, bietet sich die Einschränkung des Vorlagerechts der erstinstanzlichen Gerichte geradezu an. Es nimmt daher nicht Wunder, dass solche rechtspolitischen Bestrebungen immer wieder in der Diskussion um die Reform des Vorabentscheidungsverfahrens einen besonderen Stellenwert eingenommen haben[691], zumal der Gesetzgeber hinsichtlich der Kontrolle im Bereich der einheitlichen Auslegung des EuGVÜ die Möglichkeit der Vorlage auf die Rechtsmittelgerichte in bewusster Abweichung von Art. 234 EG aus Furcht vor der drohenden Überlastung des EuGH beschränkte[692]. In Betracht kommt eine Einschränkung der Ermächtigung zur Vorlage ausschließlich auf die obersten Gerichte oder die erstinstanzlichen Gerichte von der Vorlageberechtigung auszunehmen.
Die Forderung, die Anrufung des EuGH solle de lege ferenda den Obergerichten vorbehalten bleiben, wird neben der allgemeinen Überlastung des EuGH insbesondere auf folgende Erwägungen gestützt: Durch die Einschränkung des Vorla-

---

690 Vgl. Bericht der Reflexionsgruppe über die Zukunft des Gerichtssystems der Europäischen Gemeinschaften. Beilage zu NJW Heft 19/2000, S. 11f.

691 In diesem Sinne: *Blomeyer,* Der Einfluss der Rechtsprechung des EuGH auf das deutsche Arbeitsrecht, NZA 1994, S. 639, *Clever*, Grundsätzliche Bemerkungen zur Rechtsprechung des EuGH, DangVers 1993, S. 75, *Sowka*, Mittelbare Frauendiskriminierung – ausgewählte Probleme, DB 1992, 2032; dagegen: *Bertelsmann,* Vorabentscheidungen der Arbeitsgerichtsbarkeit zum Europäischen Gerichtshof, NZA 1993, S. 775 ff.; *Lenz,* Firnis oder Rechtsgemeinschaft - Einschränkung des Vorlagerechts nach Art. 177 EWGV auf letztinstanzliche Gerichte?, NJW 1993, 2664 ff., *ders.,* Die Rolle und der Wirkungsmechanismus des Vorabentscheidungsverfahrens, DRiZ 1995, S. 220, *Zuleeg,* Die Rolle der Rechtsprechenden Gewalt in der europäischen Integration, JZ 1994, S. 7, *Dauses*, Gutachten zum 60. Deutschen Juristentag, 1994, S. D 124.

692 Vgl. Art. 2 Nr. 2 des Protokolls betreffend die Auslegung des Übereinkommens durch den Gerichtshof v. 03.06.1971, BGBl. 1972, II, 846 (EuGVÜ); vgl. ferner dazu *Lipp,* Entwicklung und Zukunft der europäischen Gerichtsbarkeit, JZ 1997, S. 327.

gerechts könnte die teilweise erforderliche mehrmalige Anrufung des EuGH vermieden werden. Da es Sache des Richters ist, die Vorlagefrage zu formulieren[693], sind fehlerhaft formulierte Vorlagebeschlüsse nicht auszuschließen. Unterstellt, die letztinstanzlichen Gerichte wenden bei der Ausarbeitung des Vorlagebeschlusses größere Akribie an, würde die Einschränkung zu einem Rückgang unklarer oder falsch formulierter Vorlagefragen führen[694]. Ferner unterbindet eine solche Änderung zumindest teilweise die missbräuchliche Inanspruchnahme des Verfahrens als taktisches Mittel um Zeit zu gewinnen[695].

Diese angeführten Problembereiche sind jedoch ebenso wenig wie der allgemeine Hinweis auf die Aus- bzw. Überlastung des EuGH geeignet, eine so weitreichende Einschränkung des Vorlagerechts gem. Art. 234 EG zu rechtfertigen. Zwar steht die Effektivität einer solchen Maßnahme im Hinblick auf die angestrebte Entlastung des EuGH außer Frage, da rund 75 % der Vorabentscheidungsersuchen der letzten Jahre auf Vorlagen von Unter- und Mittelgerichten zurückgehen[696]. In dieser zu erwartenden starken Reduzierung der Vorabentscheidungsverfahren liegt jedoch zugleich der größte Nachteil dieses Vorschlages, da er über das Ziel der Entlastung hinausgeht und zu einer Abschwächung der Befugnisse des EuGH führt. *Zuleeg* hat überzeugend dargelegt, dass durch eine solche Maßnahme die dem EuGH durch den EG-Vertrag zugewiesene Aufgabe als Wahrer der Einheit des Gemeinschaftsrechts unangemessen eingeschränkt wird[697]. Diese Aufgabe konnte der EuGH in der Vergangenheit nur aufgrund des Vorlagerechts der Instanzgerichte erfüllen. Es wurde bereits ausgeführt, dass die Fortentwicklung des Gemeinschaftsrechts durch die Rechtsprechung des EuGH überwiegend in Vorabentscheidungen ergangen ist[698]. Alle maßgeblichen Strukturprinzipien der Gemeinschaftsrechtsordnung gehen auf die Rechtsprechung des EuGH in Vorabentscheidungsverfahren zurück. Ein großer Teil dieser „leading cases" des EuGH beruht auf Vorlagen von Instanzgerichten:

---

693 Vgl. oben, Teil I, III.

694 So *Blomeyer,* Der Einfluss der Rechtsprechung des EuGH auf das deutsche Arbeitsrecht, NZA 1994, S. 639.

695 Vgl. *Bauer / Diller,* Recht und Taktik des arbeitsrechtlichen EuGH-Vorabentscheidungsverfahrens, NZA 1996, S. 171, die davon ausgehen, dass angesichts der erheblichen Zeitverzögerung durch die Anrufung des EuGH die Vergleichsbereitschaft steigt.

696 Mit Stand 31.12.1998. Siehe Bericht der (von der Europäischen Kommission eingerichteten) Reflexionsgruppe über die Zukunft des Gerichtssystems der Europäischen Gemeinschaften, Beilage NJW Heft 19/2000, S. 6. Vgl. auch *Dauses* in: *ders. (Hrsg.)*Handbuch des EU-Wirtschaftsrechts, Das Vorabentscheidungsverfahren, Rn. 80 a.

697 *Zuleeg,* Die Rolle der Rechtsprechenden Gewalt in der europäischen Integration, JZ 1994, S. 7.

698 Vgl. Teil 2, I.

- die Entscheidungen *Van Gend & Loos* (Tarifkommissie, NL)[699] und *Lütticke* (FG Saarland)[700] zur unmittelbaren Anwendbarkeit des Primärrechts
- die Rechtssachen *Costa/ENEL* (Friedensgericht von Mailand)[701] und *Simmenthal II* (Vorlage Pretore von Susa)[702] zum Vorrang des Gemeinschaftsrechts über das nationale Recht
- die *Stauder* – Entscheidung (Vorlage VG Stuttgart)[703] zur Geltung von Grundrechten
- die Rechtssache *v. Deetzen* (FG Hamburg)[704] zur Geltung von allgemeinen Rechtsgrundsätzen
- das *Leberpfennig* – Urteil[705] (Vorlage FG München) zur unmittelbaren Wirkung von Richtlinien
- die *Frankovich* - Entscheidung[706] (Vorlage Pretura Vicebza und Pretura Bassano Grappa) zum Schadensersatzanspruch von Gemeinschaftsbürgern bei Verletzung des Gemeinschaftsrechts durch die Mitgliedstaaten.
- Diese Entscheidungen verdeutlichen die Bedeutung der unterinstanzlichen Vorlagen. Ohne das Vorabentscheidungsverfahren könnte der EuGH die ihm zufallende Funktion der Gestaltung der gemeinschaftlichen Rechtsordnung nur sehr eingeschränkt wahrnehmen[707].

Die Vorlagen der Instanzgerichte führen letztendlich auch zu einer Entlastung der Obergerichte des jeweiligen Mitgliedstaates. Gerade bei den Vorabentscheidungen zur Anwendung und Auslegung der Richtlinie 77/187/EWG wird deutlich, dass die Ausgangsverfahren häufig nach der Entscheidung des EuGH über die Auslegungsfrage durch Vergleich oder Entscheidung beendet werden, d.h. auf die Einlegung von Rechtsmitteln verzichtet wird. Dagegen hätte eine Begrenzung der Befugnis nationaler Gerichte zur Anrufung des Gerichtshofes wahrscheinlich zur Folge, dass die höchsten Gerichte der Mitgliedstaaten allein deshalb angerufen werden, um eine Vorlage an den Gerichtshof zu erreichen[708]. Eine Einschränkung der Vorlagebefugnis führt schließlich auch zu Einbußen in der Rechtsschutzqualität, da bestimmte Rechtssachen (z.B. Ordnungswidrigkei-

---

699 EuGH, Urt. v. 05.02.1962, Rs. 26/62, Slg. 1963, 1.

700 EuGH, Urt. v. 01.03.1966, Rs. 48/65, Slg. 1966, 257.

701 EuGH, Urt. v. 15.07.1964, Rs. 6/64, Slg. 1964, 1251.

702 EuGH, Urt. v. 09.03.1978, Rs. 106/77, Slg. 1978, 629.

703 EuGH, Urt. v. 12.11.1969, Rs. 29/69, Slg. 1969, 419.

704 EuGH, Urt. v. 28.04.1988, Rs. 170/86, Slg. 1988, 2355.

705 EuGH, Urt. v. 06.10.1970, Rs. 9/70, Slg. 1970, 825.

706 EuGH, Urt. v. 19.11.1991, verb. Rs. C-6/90 u. C-9/90 (*Bonifaci*), Slg. 1991, I-2466.

707 Vgl. auch: *Seidel,* A Europe-minded Action – a British one, Zum Vorabentscheidungsersuchen des High Court of Justice, EuZW 1999, S. 369 ff.

708 So: Reflexionspapier des EuGH und des EuG vom 28.05.1999, Die Zukunft des Gerichtssystems der Europäischen Union, S. 27.

ten), die in der Regel allein (im ersten und letzten Rechtszug) von der Eingangsinstanz entschieden werden, grundsätzlich von einer Klärung durch den EuGH ausgeschlossen werden. Damit wäre auch den Parteien, die den Rechtsweg nicht ausschöpfen können, z.B. aufgrund des damit verbundenen finanziellen Risikos, der Weg zum EuGH versperrt.
Aus diesen Gründen hat sich der EuGH selbst in einem Bericht von 1995[709] dafür ausgesprochen, dass die Möglichkeit ihn anzurufen, allen nationalen Gerichten erhalten bleibt:

„ Eine Einschränkung der Möglichkeit, den Gerichtshof anzurufen, würde die einheitliche Anwendung und Auslegung des Gemeinschaftsrechts in der gesamten Union gefährden und damit die Gefahr heraufbeschwören, dass der einzelne um einen effektiven Rechtsschutz gebracht und die Einheit der Rechtsprechung in Frage gestellt wird."

Diese Einschätzung hat der EuGH nochmals in seiner Stellungnahme zur Zukunft des Rechtssystems der EU vom 28.05.1999 ausdrücklich wiederholt. Auch die von der Europäischen Kommission eingerichtete Reflexionsgruppe hat diesen Lösungsvorschlag „ohne Zögern" verworfen[710]. Der Vorschlag hat ferner nicht die Zustimmung des Europäischen Parlaments gefunden[711], seine unmittelbare Umsetzung steht daher zumindest in nächster Zeit nicht mehr zu erwarten.

3. *Weitere Reformvorschläge*

a) *Modifikation der Maßgaben der C.I.L.F.I.T. - Entscheidung*

Eine weitere Möglichkeit, die Effizienz des Vorabentscheidungsverfahren zu verbessern, findet ihren Ausgangspunkt in der bisherigen sehr wohlwollenden Annahme der Vorlagen durch den EuGH. Der Vorschlag zielt auf eine Modifikation der Maßgaben der *C.I.L.F.I.T.* – Entscheidung[712] ab, indem das Vorlagerecht nach Art. 234 Abs. 2 EG nur dann in Anspruch genommen werden soll bzw. die Vorlageverpflichtung nach Art. 234 Abs. 3 EG nur dann wirksam wird,

---

709 Bericht des Gerichtshofes über bestimmte Aspekte der Anwendung des Vertrages über die Europäische Union.

710 Bericht der Reflexionsgruppe über die Zukunft des Gerichtssystems der Europäischen Gemeinschaften. Beilage zu NJW Heft 19/2000, S. 6.

711 Europäisches Parlament, Entschl. vom 16.09.1993, zum Bericht des institutionellen Ausschusses zur Rolle des EuGH in der Entwicklung des Verfassungssystems der Europäischen Gemeinschaft v. 11.06.1993 mit einer Stellungnahme des Ausschusses für Recht und Bürgerrecht (Bericht *Rothley*); Vgl auch Editorial Comment, CMLRev. 30 (1993) 899 – 903.

712 Vgl. dazu näher oben, Teil 1,

wenn es sich bei der Auslegungsfrage um eine Rechtsfrage von grundsätzlicher Bedeutung handelt[713].

Für eine Lösung der Probleme im oben genannten Sinne hat sich *GA Jacobs* in seinen Schlussanträgen vom 10.07.1997 in der Rechtssache C-338/95 geäußert. *GA Jacobs* sieht, ausgehend von der Prämisse, dass jede Anwendung einer Gemeinschaftsrechtsnorm auch Anlass für eine Auslegungsfrage geben könne, den Gerichtshof einer solchen Fallbelastung nicht mehr gewachsen[714]. Ein Ansatz zur Lösung dieser Schwierigkeiten könne darin liegen, „dass sich die nationalen Gerichte und der Gerichtshof in Vorabentscheidungsverfahren' stärker zurückhalten" [715]. Die Zurückhaltung bedeute dabei für ein gem. Art. 234 Abs. 2 EG zur Vorlage berechtigtes Gericht, dass es sein Vorlageermessen an dem Sinn und Zweck des Art. 234 EG, die einheitliche Anwendung des Gemeinschaftsrechts zu wahren, ausrichtet. Insbesondere in Fällen, in denen eine gefestigte Rechtsprechung besteht, die sich auf den zu entscheidenden Sachverhalt übertragen lässt, sei eine Vorlage an den EuGH nicht angebracht. Dies gelte auch für den Fall, dass die Auslegungsfrage einen eng umgrenzten rechtlichen Aspekt in Hinblick auf einen ganz spezifischen Sachverhalt betreffe und die Vorabentscheidung daher vermutlich über den betroffenen Einzelfall hinaus keine Anwendung finden werde[716]. Im Hinblick auf die Vorlagepflicht letztinstanzlicher Gerichte gem. Art. 234 Abs. 3 EG bedeute Zurückhaltung, dass die Grundsätze des *C.I.L.F.I.T.* – Urteils restriktiv und nur noch auf solche Fälle angewendet werden sollten, in denen eine Vorlage im Hinblick auf die Ziele des Art 234 EG tatsächlich angebracht sei, wenn also die Rechtsfrage von allgemeiner Bedeutung zu entscheiden und eine einheitliche Rechtsprechung zwecks Verhinderung der Herausbildung einer nationalen Rechtsprechung wirklich erforderlich sei. Auf den EuGH käme die Aufgabe zu, stärker als bisher in Fällen, in denen eine Lösung mit in früheren Entscheidungen entwickelten Auslegungsgrundsätzen möglich erscheint, die nationalen Gerichte anzuhalten, die Fragen selbst zu beantworten.

Die in der *C.I.L.F.I.T.* - Entscheidung sehr weit gefasste Vorlagepflicht der letztinstanzlichen Gerichte[717], müsste demnach dahingehend eingeschränkt werden,

---

713 So: *Müller-Eiselt*, Trendwende beim Vorabentscheidungsverfahren, ZfZ 1997, 417.

714 Rn. 15 a.E.

715 Zustimmend: *Müller-Eiselt*, Trendwende beim Vorabentscheidungsverfahren ZfZ 1997, 414ff.; *Borchardt,* Nachthemden und Vorabentscheidung, EuZW, , S. 257; Herlinghaus, Bedeutung und Reichweite der richtlinienkonformen Auslegung nationalen Rechts, 1997, 75 ff. m.w.N.; ablehnend, aber mit eigenen Reformvorschlägen: *Voß,* Trendwende beim Vorabentscheidungsverfahren (Art. 177 EGV)?, Eine Entgegnung auf Dr. Klaus Muller-Eiselt, ZfZ 1998, S.116 ff.

716 Rn. 20

717 Vgl. hierzu ausführlich Teil 1, IV.

dass lediglich solche Fälle einer Vorlagepflicht unterliegen, bei denen die Gefahr besteht, dass sich eine offensichtlich gemeinschaftsrechtswidrige nationale Rechtsprechung herausbildet. *Voß* wendet gegen diesen Vorschlag ein, dass die derzeitige Fassung des Art. 234 EG eine solche Auslegung nicht rechtfertige[718]. Dabei verkennt er offenbar, dass sich die bisher wohlwollende Annahme durch den EuGH allein in den Maßgaben des *C.I.L.F.I.T.* – Urteils liegt und gerade nicht von Art. 234 EG zwingend geboten ist.
Ein vergleichbarer Ansatz findet sich in der von der Reflexionsgruppe vorgeschlagenen Neufassung des Art. 234 EG[719]. Danach soll Art. 234 EG folgenden Wortlaut erhalten:

„Art. 234 (1) Vorbehaltlich nachstehender Bestimmungen sind die Gerichte der Mitgliedstaaten für Fragen des Gemeinschaftsrechts zuständig, die sich ihnen bei der Ausübung ihrer einzelstaatlichen Zuständigkeiten stellen.
(2) Der Gerichtshof entscheidet im Wege der Vorabentscheidung
a) über die Auslegung dieses Vertrages,
b) über die Gültigkeit und die Auslegung der Handlungen der Organe der Gemeinschaft
c) über die Auslegung der Satzungen der durch den Rat geschaffenen Einrichtungen, soweit diese Satzungen dies vorsehen.
(3) Wird eine derartige Frage einem einzelstaatlichen Gericht gestellt und hält dieses Gericht eine Entscheidung darüber zum Erlass eines Urteils für erforderlich, so kann es diese Frage dem Gerichtshof zur Entscheidung vorlegen. Bei der Beurteilung der Zweckmäßigkeit einer solchen Vorlage berücksichtigt das Gericht insbesondere, welche Bedeutung die Frage für das Gemeinschaftsrecht hat und ob ihre Beantwortung begründete Zweifel aufwirft.
(4) Wird eine derartige Frage einem einzelstaatlichen Gericht gestellt, dessen Entscheidungen selbst nicht mehr mit Rechtsmitteln des innerstaatlichen Rechts angefochten werden können, so ist dieses Gericht zur Anrufung des Gerichtshofes verpflichtet, sofern die Frage eine hinreichende Bedeutung für das Gemeinschaftsrecht besitzt und ihre Beantwortung begründete Zweifel aufwirft.
(5) Jedes einzelstaatliche Gericht ist verpflichtet, den Gerichtshof anzurufen, wenn es beabsichtigt, einen Gemeinschaftsakt wegen Ungültigkeit nicht anzuwenden.“

Durch die in Absatz 1 gewählte Formulierung sollen die nationalen Gerichte ermutigt werden, vermehrt selbst über die Anwendung des Gemeinschaftsrechts zu entscheiden. Ob allein die Kodifikation des Grundsatzes, dass die Gerichte der Mitgliedstaaten selbst zur Auslegung und Anwendung des Gemeinschaftsrechts berufen sind, dies gewährleistet, darf bezweifelt werden. Denn eine generelle Zurückhaltung bei Vorlagefragen kann nicht das Ziel einer solchen Neufassung des Art. 234 EG sein. Vielmehr sollten entscheidungsrelevante Fragen, die nicht

---

718 *Voß*, Trendwende beim Vorabentscheidungsverfahren (Art. 177 EGV)?, Eine Entgegnung auf Dr. Klaus Muller-Eiselt, ZfZ 1998, S.116 ff., ZfZ 1998, S.116.

719 Vgl. Bericht der Reflexionsgruppe über die Zukunft des Gerichtssystems der Europäischen Gemeinschaften. Beilage zu NJW Heft 19/2000, S. 7.

ohne weiteres und unter Berücksichtigung der bisherigen Rechtsprechung des EuGH beantwortet werden können, auch weiterhin dem EuGH vorgelegt werden[720]. Durch Änderungen in Absatz 2 sollen die nationalen Gerichte bei ihrer Entscheidung über die Vorlage an den EuGH dazu angehalten werden, die Bedeutung der Frage für das Gemeinschaftsrecht und das Bestehen eines vernünftigen Zweifels über Antwort auf diese Frage zu berücksichtigen[721]. Da der Begriff des „vernünftigen Zweifels" durch den EuGH sehr weit ausgelegt wird[722] erscheint der Erfolg einer solchen Regelung ebenfalls zweifelhaft. Eine Konkretisierung der *C.I.L.F.I.T.* – Rechtsprechung durch den EuGH wäre der vorgeschlagenen Vertragsänderung eindeutig vorzuziehen. Auch wenn die von GA *Jacobs* angesprochene Problematik im Urteil des EuGH in der Rechtssache C-338/95 vom 20.11.1997 keinen Eingang gefunden hat, sind die damit verbundenen Reformvorschläge dennoch zu begrüßen. Ohne dass es zu einer direkten Beschränkung der Vorlagerechte der Instanzgerichte kommt oder zu weite Voraussetzungen aufgestellt werden, unter denen das letztinstanzliche Gericht als nicht vorlagepflichtig anzusehen ist, kann eine übermäßige Inanspruchnahme des Vorabentscheidungsverfahrens verhindert werden, was wiederum der Qualität und der Zugänglichkeit der Entscheidungen zugute kommt.

b) Prüfung der Vorlagen durch die Obergerichte

Ein weiterer Lösungsansatz besteht darin, die jeweiligen obersten nationalen Gerichte eine Vorprüfung der Vorlage des unterinstanzlichen Gerichts vornehmen zu lassen. Dabei soll den Parteien die Möglichkeit gegeben werden, in einem Verfahren, das einem Kassationsverfahren ähneln würde, beim EuGH gegen das Urteil des nationalen Gerichts ein Rechtsmittel wegen eines Verstoßes gegen das Gemeinschaftsrecht einzulegen. Die Ansicht geht davon aus, dass die obersten Gerichte über die größten Fachkenntnisse in den jeweiligen Rechtsgebieten verfügen und deshalb auch die alleinige Verantwortung für die Vorlagen tragen sollten[723]. Dieser Lösungsansatz erscheint daneben auch noch unter dem Gesichtspunkt interessant, dass somit die höchsten Gerichte von den Instanzen bei der Vorlage nicht übergangen werden könnten, wie dies gelegentlich kritisiert

---

720 So auch: *Rabe*, Zur Reform des Gerichtssystems der Europäischen Gemeinschaften, EuR 2000, S. 817.

721 Vgl. Bericht der Reflexionsgruppe über die Zukunft des Gerichtssystems der Europäischen Gemeinschaften. Beilage zu NJW Heft 19/2000, S. 7.

722 Siehe oben: Teil 1, IV.

723 *Müller-Eiselt*, Trendwende beim Vorabentscheidungsverfahren (Art. 177 EGV), ZfZ 1997, S. 418.

wird[724]. Das letztinstanzliche Gericht hätte so auch immer die Möglichkeit dem EuGH seine Auffassung von der Auslegungsfrage zu begründen.
Trotz dieser Vorteile erscheint der Vorschlag konstruiert. Es unterliegt erheblichen Bedenken, ob die zu lange Verfahrensdauer des Vorabentscheidungsverfahrens als Zwischenverfahren durch ein zusätzliches Vorverfahren vor einem nationalen Gericht wesentlich reduziert werden kann. Damit wird die erstrebte Entlastung des EuGH durch eine mögliche Reduzierung der Zahl der Vorabentscheidungsverfahren konterkariert[725]. Könnten die Entscheidungen der nationalen Gerichte in einem hierarchischen System vom EuGH in Frage gestellt werden, würde dies auch zu einem grundlegenden Wandel des vom Kooperationsgedanken geprägten Verhältnisses zwischen nationalen Gerichten und dem EuGH führen[726]. Dies würde zunächst eine Entscheidung über eine fundamentale Änderung der Struktur der Union voraussetzen[727].

c) Einführung eines Filterungssystems in Form eines Vor- bzw. Auswahlverfahrens

Als langfristige Perspektive des Vorabentscheidungsmechanismus wird die Einführung eines Filterungssystems angeregt, um unter den vorgelegten Fragen diejenigen auszuwählen, die wegen ihrer Komplexität oder ihrer Bedeutung auf Gemeinschaftsebene entschieden werden müssen[728]. Eine solche Vorgehensweise würde sicherlich die nationalen Gerichte zur einer genaueren Prüfung der Vorlagefrage veranlassen. Diesem gewünschten Aspekt steht jedoch wie auch bei der Modifikation der Maßgaben der *C.I.L.F.I.T.* – Entscheidung[729] die Gefahr einer Störung der richterlichen Kooperation zwischen nationalen Gerichten und EuGH gegenüber. Um diesen erheblichen Nachteil abzumildern, könnten die mitgliedstaatlichen Gerichte dazu verpflichtet werden, das Ersuchen um Vorabentscheidung nicht nur zu begründen, sondern auch dem EuGH die für richtig gehaltenen Antworten vorzulegen. Der EuGH sollte dann die Befugnis erhalten, die Entscheidung in diesem Sinne zuzulassen, wenn er keine Gefahr für die Einheit des Gemeinschaftsrechts sieht und mit der rechtlichen Würdigung

724 Vgl. oben Teil 3, III.
725 Ebenso *Voß*, Trendwende beim Vorabentscheidungsverfahren (Art. 177 EGV)? Eine Entgegnung auf Dr. Klaus Müller Eiselt, ZfZ, 1998, S. 117.
726 Vgl. Rösler, Zur Zukunft des Gerichtssystems der EU, ZRP 2000, S. 55.
727 Bericht der Reflexionsgruppe über die Zukunft des Gerichtssystems der Europäischen Gemeinschaften. Beilage zu NJW Heft 19/2000, S. 7.
728 Vgl. Reflexionspapier des EuGH und des EuG vom 28.05.1999, Die Zukunft des Gerichtssystems der Europäische Union, S. 27 ff..
729 Vgl. hierzu ausführlich oben: Teil 4, I, 3 a.

übereinstimmt. Damit bräuchte der EuGH für den Fall seiner Zustimmung zu der vom mitgliedstaatlichen Gericht vorgenommenen Auslegung die Rechtsfragen inhaltlich nicht zu begründen. Will er die Rechtsfrage selbst klären, z.B. aufgrund deren grundsätzlicher Bedeutung, könnte er die Entscheidung an sich ziehen.

Dieser Vorschlag findet sich in dem Reflexionspapier des EuGH und des EuG vom 28.05.1999[730] und wurde davor bereits von *Zuleeg* unterbreitet[731]. Er überzeugt allerdings nur in seinem Ansatzpunkt die mitgliedstaatlichen Gerichte stärker in die Verantwortung für die Entwicklung des Gemeinschaftsrechts mit einzubeziehen. Den nationalen Gerichten die Beantwortung ihrer eigenen Auslegungsprobleme zu überlassen, scheint gerade unter dem Aspekt der einheitlichen Auslegung des Gemeinschaftsrechts bedenklich. Darüber hinaus würden die Gerichte im eigenen Verfahren eine Art Zwischenverfahren einleiten, was wiederum der Beschleunigung des Verfahrens abträglich ist.

Noch wesentlich weiter geht eine Variante dieses Vorschlags in dem die nicht zur Vorlage verpflichteten Gerichte die Fragen nach der Auslegung des Gemeinschaftsrechts zunächst selbst entscheiden und daran anschließend die Parteien des Ausgangsrechtsstreits das Recht haben, das nationale Gericht zur Übermittlung der ergangenen Entscheidung an den Gerichtshof und zur Stellung eines Ersuchens um Vorabentscheidung über die Punkte des Gemeinschaftsrechts aufzufordern. Ein solches einem Kassationsverfahren ähnelnden Verfahren hat für den EuGH den Vorteil, dass er die nationale Sach- und Rechtslage als Ausgangspunkt für die Auslegung des Gemeinschaftsrechts bereits kennen würde. Der Realisierung der Variante dieses Vorschlages steht jedoch das kaum lösbare praktische Problem entgegen, dass ein nationales Gericht ein bereits ergangenes Urteil im Anschluss an die Vorabentscheidung wieder ändern müsste[732].

d) Übertragung der Vorabentscheidungsverfahren auf das Gericht erster Instanz (EuG) und/oder Errichtung von Europäischen Fach- bzw. Regionalgerichten

Im Rahmen der allgemeinen Diskussion um die Reform der europäischen

---

730 Die Zukunft des Gerichtssystems der Europäischen Union, S. 29.

731 Vgl. *Zuleeg*, Bundesfinanzhof und Gemeinschaftsrecht, FS 75 Jahre Reichsfinanzhof – Bundesfinanzhof, 1993, S. 129; *ders.*, Die Rolle der Rechtsprechenden Gewalt in der europäischen Integration, JZ 1994, S. 7.

732 Dies erkennt auch der EuGH an, der allerdings dennoch einen solchen Filterungsmechanismus einer weiteren Prüfung unterziehen will; vgl. Reflexionspapier des Präsidenten des Gerichtshofes vom 28.05.1999, Die Zukunft des Gerichtssystems der Europäischen Union, S. 30.

Gerichtsbarkeit auf dem sechzigsten deutschen Juristentag fand der Vorschlag des Gutachters *Dauses*[733] breite Zustimmung, das Vorabentscheidungsverfahren schrittweise auf das Gericht erster Instanz zu übertragen[734]. Eine solche Verlagerung der Zuständigkeiten löst selbstverständlich allein nicht die Kapazitätsproblematik, da sie lediglich eine Umverteilung auf das ebenfalls ausgelastete EuG zur Folge hätte. Daher sind die in diesem Zusammenhang unterbreiteten Vorschläge in eines der im folgenden aufgezeigten Gesamtkonzepte eingebunden, deren Umsetzung aber in jedem Fall eine entsprechende Erhöhung der Zahl der Richter erforderlich macht[735].
Der Vorschlag der Übertragung von Zuständigkeiten im Bereich des Vorabentscheidungsverfahrens auf das EuG basiert auf der Erwägung bei diesem Gericht Fachkammern zu errichten[736]. Die Forderung, für verschiedene Rechtsgebiete europäische „Fachgerichte" unterhalb des EuGH zu schaffen, ist dabei keineswegs neu und wird gerade im Hinblick auf den gewerblichen Rechtsschutz immer wieder gerne aufgegriffen[737]. Neben der Errichtung von Fachkammern soll der Rechtsschutz insgesamt dadurch verbessert werden, dass neben dem EuGH ein besonderes Tatsachengericht eingerichtet wird, gegen dessen Entscheidung ein Rechtsmittel zum EuGH zur Verfügung steht[738].
Ein vergleichbarer, weiterführender Vorschlag findet sich auch in einer auf Anregung des Europäischen Parlaments entstandenen Studie zur künftigen Struktur der Gemeinschaftsgerichtsbarkeit[739]. Danach sollen vier regionale Gemeinschaftsgerichte mit der Zuständigkeit für Klagen Privater gegen die Gemeinschaften sowie für Vorlagen unterer nationaler Gerichte errichtet werden. Ein Rechtsmittel zum EuGH ist nur für Fälle mit allgemeiner Bedeutung vorgesehen. Ferner behält danach der EuGH weiterhin die Zuständigkeit für die Vorlagen der obersten nationalen Gerichte, für Klagen der Organe der Gemeinschaften untereinander sowie Streitigkeiten zwischen der Gemeinschaft und den Mitgliedstaaten. Insgesamt lehnt sich diese Konzeption an das System der Bundes-

733 Vgl. *Dauses*, Gutachten zum 60. Deutschen Juristentag, 1994, D S. 80 ff.

734 Vgl. die Meinungsäußerungen der Referenten *Everling*, *Sedemund* und *Voß*, Verhandlungen des 60. Deutschen Juristentages, Münster 1994, Bd. II/ 1, N 41, 28 ff. und 176 f.

735 So auch der EuGH in: Reflexionspapier des Präsidenten des Gerichtshofes vom 28.05.1999, Die Zukunft des Gerichtssystems der Europäische Union, S. 31.

736 Die Besetzung dieser Fachkammern mit Spezialisten aus den Nationalstaaten wird freilich kontrovers diskutiert, da die Qualität der Rechtsprechung des EuGH auch darauf beruht, dass sich die Richterschaft aus den verschiedensten Fachrichtungen mit der damit verbundenen Erfahrung aus mehreren Berufsfeldern zusammensetzt.

737 *Lipp*, Entwicklung und Zukunft der europäischen Gerichtsbarkeit, JZ 1997, S. 328.

738 So lautete auch die Begründung der Forderung nach Errichtung eines Gerichts erster Instanz, die schon bald nach Entstehen des EuGH erhoben wurde als von der Überlastung des EuGH noch keine Rede war.

739 *Jaque / Weiler* CMLRev 27(1990), S. 192 ff.

gerichte in den USA an, dessen Übernahme in der Errichtung eines neuen Systems von „europäischen Regionalgerichten" eine Alternative zum Ausbau des bisherigen „dualistischen Systems“ aus EuGH und nationalen Gerichten darstellt[740]. In dieselbe Richtung gehen die Überlegungen des EuGH zur „Dezentralisierung“ des Vorabentscheidungsverfahrens. Der EuGH erwägt in diesem Zusammenhang auch die Schaffung von Gerichtsinstanzen mit einem nationalen Status in jedem Mitgliedstaat, die mit der Behandlung von Vorabentscheidungsersuchen der Gerichte aus ihrem territorialen Zuständigkeitsbereich betraut werden könnten[741]. Um die Einheit des Gemeinschaftsrechts zu gewährleisten, müssten diese Entscheidungen wiederum einer Kontrolle durch den EuGH unterliegen. Für den Vorschlag spricht der Wegfall umfangreicher Übersetzungsarbeiten und die Sachnähe der dezentralen Gerichtsinstanzen zu den zu entscheidenden Auslegungs- bzw. Gültigkeitsfragen[742]. Neben der Gefahr für die Einheit des Gemeinschaftsrechts[743] führt eine derartig radikale Reform des Verfahrens zu Schwierigkeiten bei der Eingliederung dieser Instanzen in die verschiedenen Rechtsordnungen. Auch wenn die Vorschläge deshalb zur Zeit kaum realisierbar erscheinen, so tragen sie doch der angestrebten Erweiterung der Union Rechnung und könnten daher in der Zukunft an Bedeutung gewinnen.

II. Stellungnahme

Die untersuchten Lösungsansätze weisen gravierende Unterschiede im Hinblick auf ihre praktische Realisierbarkeit auf. Sie sind deshalb auch nur eingeschränkt vergleichbar, wenngleich sie auf derselben Zielsetzung, den Rechtsschutz vor dem EuGH zu verbessern, beruhen. Der EuGH definiert die wesentlichen Erfordernisse, an denen sich die Vorschläge messen lassen müssen, wie folgt:

„- Die Einheit der Rechtsprechung muss durch ein oberstes Gericht sichergestellt werden.
- Es muss gewährleistet sein, dass das Gerichtssystem für den Rechtssuchenden transparent, verständlich und zugänglich ist.
- Es muss in einer für die Rechtssuchenden annehmbaren Frist Recht gesprochen wer-

---

740 Vgl. *Lipp*, Entwicklung und Zukunft der europäischen Gerichtsbarkeit, JZ 1997, S. 329.

741 Vgl. Reflexionspapier des Präsidenten des Gerichtshofes vom 28.05.1999, Die Zukunft des Gerichtssystems der Europäische Union, S. 31 ff.

742 Ebenso: *Hirsch*, Dezentralisierung des Gerichtssystems der Europäischen Union?, ZRP 2000, S. 59, *Rösler*, Zur Zukunft des Gerichtssystems der EU, ZRP 2000, S. 57.

743 Selbst wenn dem EuGH das Letztentscheidungsrecht über die Auslegung sowie Gültigkeit einer Gemeinschaftsvorschrift vorbehalten bliebe, würde die Schaffung dezentraler Gerichtsinstanzen schon im Ansatz eine gewisse Regionalisierung zur Folge haben.

den.“[744]

Wendet man diese Kriterien auf die oben erörterten Vorschläge an, bietet sich eine Kombination der verschiedenen Ansätze als sinnvollste Lösung an, um der Überlastung des EuGH entgegenzuwirken. Da die Verbesserung des Rechtsschutzes im Bereich des Vorabentscheidungsverfahrens ganz maßgeblich von der Verfahrensdauer abhängt, überzeugt vor allem die Modifikation der durch das *C.I.L.F.I.T.* – Urteil vorgegebenen Grundsätze. Eine Änderung des Art. 234 EG erscheint in diesem Fall nicht zwingend erforderlich. Die aufgrund einer vermehrten Zurückweisung möglicherweise drohende Beeinträchtigung des Verhältnisses zwischen nationalem und europäischem Richter muss angesichts der negativen Folgen einer weiteren Zunahme der Verfahrensdauer in Kauf genommen werden. Daneben verweist der EuGH zurecht auf die mögliche Abnahme des Einflusses der Vorabentscheidungen, wenn häufiger zweitrangige oder nur für Einzelfälle relevante Fragen behandelt werden[745]. Gerade eine unüberschaubare Zahl von Vorabentscheidungen gefährdet das eigentliche Ziel des Verfahrens, die einheitliche Anwendung des Rechts innerhalb der Gemeinschaft sicherzustellen.
Für eine solche Vorgehensweise sprechen auch die neuen Möglichkeiten der Informationstechnologie. Durch das Internet sind die Entscheidungen des EuGH „tagesaktuell“ abrufbar. Diese Neuerung schafft zum einen die notwendige Transparenz und Zugänglichkeit der Vorabentscheidungen, die es den nationalen Gerichten ermöglicht sich besser über die Rechtsprechung des EuGH und insbesondere über gerade anhängige Verfahren zu informieren und gibt zum anderen dem EuGH die Gelegenheit die nationalen Gerichte auf seine bereits ergangene Rechtsprechung bzw. auf vergleichbare anhängige Rechtssachen zu verweisen. Durch eine solche Vorgehensweise kann zumindest in einigen Fällen eine unnötige, wiederholte Inanspruchnahme des EuGH vermieden werden. Dagegen überwiegen bei einer Einschränkung der Vorlagepflicht oder bei der Prüfung der Vorlagefragen durch die nationalen Obergerichte eindeutig die Nachteile der zu erwartenden Verbesserungen des Rechtsschutzes, so dass von deren Umsetzung nur abgeraten werden kann.

Die Lösungsansätze für eine Reform des Vorabentscheidungsverfahrens, die eine Schaffung neuer gerichtlicher Einrichtungen zum Gegenstand haben, stehen im direkten Zusammenhang mit der Entscheidung über die künftige Gestalt der europäischen Gerichtsbarkeit und damit zugleich über die Zukunft der EU als

744 Vgl. Reflexionspapier des Präsidenten des Gerichtshofes vom 28.05.1999, Die Zukunft des Gerichtssystems der Europäischen Union, S. 27 ff..

745 Vgl. Reflexionspapier des Präsidenten des Gerichtshofes vom 28.05.1999, Die Zukunft des Gerichtssystems der Europäischen Union, S. 25.

Rechtsgemeinschaft. Auf Dauer wird der EuGH seine Aufgaben nur erfüllen können, wenn das Gerichtssystem der Europäischen Union strukturell tiefgreifend verändert wird. In diesem Zusammenhang erscheint die Verlagerung von Vorabentscheidungsverfahren auf Gerichte der Mitgliedstaaten als bedenkenswerter Ansatz in die richtige Richtung. Durch die einzurichtenden dezentralen „Europagerichte" würden die jeweils zuständigen Richter über eine hohe regionale Rechts- und Sachkenntnis verfügen. Im Gegensatz zu anderen Vorschlägen, wie der Einführung eines Filtersystems, läuft das Dezentralisierungsmodell der Grundidee der Kooperation zwischen der Gemeinschaftsgerichtsbarkeit und den nationalen Gerichten nicht zuwider. Zur Sicherung der Rechtseinheit müsste gegen Entscheidungen der dezentralen Auslegungsgerichte ein Rechtsmittel zum EuGH sowie ein Vorlagerecht dieser Instanz gegeben sein. Dadurch bliebe die Verklammerung der nationalen Rechtsordnungen gewährleistet. Eine eingehende Auseinandersetzung und Weiterentwicklung dieses Vorschlages erscheint angesichts seiner Bedeutung dringend notwendig.

Teil 5: Fazit und Ausblick

I. Zusammenfassung

1. Die Auslegung des Gemeinschaftsrechts durch den EuGH hat in dem exemplarisch herausgegriffenen Bereich des Arbeitnehmerschutzes bei Betriebsübergang wichtige Fortschritte gebracht. Die **Beeinflussung der nationalen Rechtslage** durch die besprochenen Entscheidungen führte nicht zu einem Systembruch innerhalb des deutschen Rechts, sondern vielmehr zu sinnvollen Weiterentwicklungen und inhaltlichen Verschiebungen. Insbesondere die Fortentwicklung des Betriebsbegriffs und die Anerkennung des Widerspruchsrechts des Arbeitnehmers bei Betriebsübergang sind in diesem Zusammenhang als herausragende Beispiele zu nennen. Der EuGH hat mit den getroffenen Feststellungen auch nicht das Maß der als zulässig erachteten Rechtsfortbildung überschritten. Vielmehr hat er sich bei der Auslegung der Richtlinie entsprechend seiner methodischen Grundsätze maßgeblich vom Schutzzweck der Richtlinie leiten lassen.

2. Trotz der Vielzahl der ergangenen Vorabentscheidungsverfahren zur Anwendung und Auslegung der Richtlinie 77/187/EWG bleiben insbesondere einige Indizien für die Annahme eines Betriebsübergangs **klärungsbedürftig**: So fehlt es weiterhin an einer exakten Definition des Kriteriums der „Übernahme eines nach Zahl und Sachkunde wesentlichen Teils des Personals". Ungelöst bleibt, bei welchen Arbeitnehmern es sich um Personal handelt, das nach Sachkunde wesentlich ist und damit Grundlage eines Betriebsübergangs sein kann. Auch die Bestimmung des Arbeitnehmerbegriffs i.S.d. Richtlinie 77/187/EWG und die Frage deren Anwendbarkeit auf die Auslagerung staatlicher Aufgaben bedürfen einer Fortentwicklung bzw. einer Konkretisierung. Dem EuGH obliegt es in diesem Zusammenhang durch eine schutzzweckorientierte Auslegung der Voraussetzungen des Tatbestandes eines Betriebsüberganges das Eingreifen der in der Richtlinie 77/187/EWG enthaltenen Rechtsfolgenanordnung so voraussehbar wie möglich zu machen, was angesichts der Vielgestaltigkeit der von der Richtlinie 77/187/EWG erfassten möglichen Lebenssachverhalte ein schwieriges Unterfangen ist. Die nationalen Gerichte dagegen sollten den Gestaltungsspielraum, den ihnen der EuGH einräumt, auch nutzen und die durch den EuGH herausgebildeten Kriterien anwenden. Ständige Vorlagen, die kein wirklich neues Auslegungsproblem betreffen, ersetzen nicht die Anwendung des durch den EuGH konkretisierten Rechts.

3. Die untersuchten Entscheidungen haben gezeigt, dass die **Formulierung der Vorlagefrage** und die **Begründung des Vorlagebeschlusses** die Qualität der jeweiligen Entscheidung maßgeblich beeinflussen. Unklare Vorlagefragen und Vorlagebeschlüsse führen dazu, dass der EuGH bei seiner Entscheidung wichtige Aspekte außer Acht lässt und die Vorlagefrage in einer Art und Weise beantwortet, die zwangsläufig Folgeprobleme aufwirft. Für die nationalen Gerichte lässt sich daraus das Erfordernis ableiten, dem EuGH das Auslegungsproblem mit allen relevanten Details zu vermitteln, um die Entscheidung des EuGH positiv zu beeinflussen. Dabei sollten die nationalen Gerichte bei der Formulierung des Vorlagebeschlusses auch den Bezug zur nationalen Rechtsordnung herstellen, damit der EuGH bei seiner Entscheidung die Einordnung und Bedeutung des Auslegungsproblems besser verstehen kann.

4. Die nach einigen Entscheidungen aufgetretene Beeinträchtigung der Sicherheit und Kalkulierbarkeit des Rechts liegt in der Praxis des EuGH begründet, nicht entsprechend der Theorie über eine abstrakte Auslegungsfrage zu entscheiden, sondern seine Rechtsprechung von **Einzelfall zu Einzelfall** fortzuentwickeln. Aus den Entscheidungen kann sich daher zunächst kein abgeschlossenes Gedankengebäude ergeben. Orientiert sich der EuGH bei der Beantwortung der Vorlagefrage weitgehend an den Besonderheiten des zu entscheidenden Einzelfalls, können die in dem Urteil enthaltenen Rechtsausführungen auch nicht ohne weiteres auf ähnliche Fälle übertragen werden. Dies führt dazu, dass nationale Gerichte vergleichbare Fälle ebenfalls einem Vorabentscheidungsverfahren unterziehen.

5. Die auftretenden Verständigungsprobleme bei der Kooperation der Gerichte lassen sich auf die mitunter außerordentlich knapp gehaltenen **Entscheidungsbegründungen** der Vorabentscheidungsurteile zurückführen. Die teilweise nur vagen Begründungen bildeten in der Vergangenheit die Grundlage für die aufgekommene Rechtsunsicherheit. Durch eine ausführlichere Erörterung und Auseinandersetzung mit den Einwendungen der unterlegenen Partei in den Entscheidungsgründen könnten das Verständnis des Ergebnisses und damit die Akzeptanz der Entscheidung gesteigert werden. Zumindest in Entscheidungen, in denen der EuGH von den Schlussanträgen des Generalanwalts abweicht, könnten durch eine stärker argumentativ geprägte Entscheidungsbegründung mögliche Überinterpretationen eines Urteils eingeschränkt werden.

6. Unklare Vorlagebeschlüsse der nationalen Gerichte und missverständliche, knappe Urteilsbegründungen des EuGH haben in den untersuchten Entschei-

dungen nicht selten dazu geführt, dass der EuGH zu ein und derselben Frage mehrmals angerufen werden musste. Probleme entstehen dann, wenn sich durch Rechtsprechungsklarstellungen bzw. Rechtsprechungskorrekturen des EuGH und die dadurch notwendig werdenden Umsetzungsakte der nationalen Gerichte immer neue Auslegungsprobleme ergeben, die zwangsläufig ebenfalls das Gemeinschaftsrecht berühren und somit die Gefahr eines „endlosen Hin und Her“ bzw. einer „endlosen Schleife“ zwischen EuGH und nationalem Gericht begründen. Eine Einschränkung der Zahl **wiederholter Vorlagen** kann nur bei einer hinreichend konkretisierten Auslegung des Gemeinschaftsrechts durch den EuGH erreicht werden. Den nationalen Gerichten obliegt es durch ergänzende Feststellungen, die sich nicht unmittelbar aus der Rechtsprechung des EuGH ergeben, das gemeinschaftlich determinierte Recht weiter auszugestalten und somit den erforderlichen Mut bei der Anwendung des durch den EuGH konkretisierten Gemeinschaftsrechts aufzubringen und nicht bei jeder noch so unbedeutenden Auslegungsfrage, den EuGH zu bemühen. Zumal das nationale Gericht von einer erneuten Vorlage an den EuGH absehen kann, soweit es sich bei der Entscheidung des konkreten Sachverhalts im Rahmen der vom EuGH vorgegebenen Auslegung bewegt. Gerade im Bereich der Arbeitsgerichtsbarkeit mag man angesichts der zahlreichen wiederholten Vorlagen schon von einer Vorlagejustiz sprechen, die sich in dieser Form der eigenständigen Anwendung des Gemeinschaftsrechts entzieht.

7. Eine **Flut von Vorabentscheidungen**, insbesondere wenn sie ähnliche Rechtsfragen betreffen, konterkariert das eigentliche Ziel des Vorabentscheidungsverfahrens, die Wahrung der Rechtseinheit, indem die Qualität, die Kohärenz und die Zugänglichkeit der Entscheidungen beeinträchtigt wird. Viele Folgevorlageverfahren werden von den nationalen Gerichten trotz zwischenzeitlicher Klärung der Rechtsfrage durch den EuGH weiterbetrieben. Der EuGH hat auch diese Verfahren bis jetzt immer wieder zur Entscheidung angenommen. Eine Änderung dieser Praxis scheint angesichts der Überlastung des EuGH unumgänglich.

8. Zur Überwindung der praktischen Probleme des Vorabentscheidungsverfahrens überzeugt der bereits vom *GA Jacobs* vertretene **Lösungsansatz,** der darin besteht, dass sich die nationalen Gerichte und der Gerichtshof in Vorabentscheidungsverfahren stärker zurückhalten. Zurückhaltung bedeutet für ein zur Vorlage berechtigtes Gericht, dass es sein Vorlageermessen strikt an dem Sinn und Zweck des Art. 234 EG (Wahrung der Rechtseinheit) ausrichtet. Für ein zur Vorlage verpflichtetes Gericht bedeutet dies eine Beschränkung der Vorlagepflicht auf Rechtsfragen von allgemeiner Bedeutung. Der

EuGH muss in Fällen, in denen eine Lösung über die in früheren Entscheidungen entwickelten Auslegungsgrundsätze möglich erscheint, die nationalen Gerichte anhalten, die Fragen selbst zu beantworten. Dieser Ansatz, der im Ergebnis auf eine **Korrektur** der Maßgaben der ***C.I.L.F.I.T*** – **Entscheidung** hinausläuft, hat im Vergleich zu anderen Reformvorschlägen den grundsätzlichen Vorteil, dass er ohne Vertragsänderungen zeitnah umgesetzt werden kann.
Bei den Lösungsansätzen für eine Reform des Vorabentscheidungsverfahrens, die eine Schaffung neuer gerichtlicher Einrichtungen zum Gegenstand haben, erscheint die Verlagerung von Vorabentscheidungsverfahren auf Gerichte der Mitgliedstaaten als bedenkenswerter Ansatz. Die Vorteile einer solchen **Dezentralisierung** liegen vor allem in der Sachnähe solcher nationalen gerichtlichen Instanzen. Um die Rechtseinheit in der Gemeinschaft zu gewährleisten, müsste allerdings gegen Entscheidungen der dezentralen Auslegungsgerichte ein Rechtsmittel zum EuGH sowie ein Vorlagerecht dieser Instanz gegeben sein.

II. Ausblick

Die praktischen Auswirkungen der richterlichen Vorlagen an den EuGH in dem exemplarisch herausgegriffenen Themenbereich des Arbeitnehmerschutzes bei Betriebsübergang waren und sind erheblich. Die Vorlageverfahren innerstaatlicher Gerichte gerade auch unterer Instanzen haben zu positiven Klärungen des Gemeinschaftsrechts durch den EuGH geführt. Ein wesentlicher Teil des bundesdeutschen Rechts wäre ohne den Zwang der Anwendung des Gemeinschaftsrechts in der Auslegung des EuGH nicht denkbar. Im Prozess einer sich verdichtenden europäischen Integration bilden die Vorabentscheidungen einen wesentlichen Bestandteil der rechtsgestaltenden Aufgabe des Gerichtshofes. Auch in der Zukunft werden gerade durch neue Richtlinien bzw. Richtlinienänderungen eine Vielzahl von Verfahren auf die nationalen Gerichte zukommen, in denen ein Ergebnis nicht ohne Klärung von Auslegungsfragen durch den EuGH möglich sein wird. Dass in dem Spannungsfeld von nationaler Gesetzgebungskompetenz und Gemeinschaftsrecht diese Entscheidungen nicht immer von allen Seiten Zustimmung erfahren werden, liegt auf der Hand.
Damit der EuGH überhaupt seine Funktion als Wahrer der Einheit der Gemeinschaftsrechtsordnung fortsetzen kann, bedarf es allerdings einer weitergehenden Reform des Vorabentscheidungsverfahrens. Insbesondere die Zunahme der Verfahrensdauer und die Flut der Entscheidungen stehen zunehmend dieser Aufgabe entgegen. Es liegt damit letztlich am Gemeinschaftsgesetzgeber durch eine ra-

sche Umsetzung der aufgezeigten Lösungsansätze die Bedeutung des Verfahrens für das Funktionieren des Binnenmarktes auch für die Zukunft zu gewährleisten.

ANHANG 1

Hinweise des EuGH zur Vorlage von Vorabentscheidungsersuchen durch die innerstaatlichen Gerichte

Die Entwicklung der Rechtsordnung der Gemeinschaft ist zu einem großen Teil das Ergebnis der Zusammenarbeit zwischen dem EuGH und den innerstaatlichen Gerichten im Rahmen des Vorabentscheidungsverfahrens nach Art. 177 EGV und den entsprechenden Bestimmungen des EGKS- und des EAG-Vertrags.

Um diese Zusammenarbeit noch fruchtbarer zu gestalten und so den Erwartungen der innerstaatlichen Gerichte durch sachdienliche Antworten auf die Vorabentscheidungsfragen bestmöglich gerecht zu werden, gibt der Gerichtshof den Beteiligten, insbesondere den innerstaatlichen Gerichten, folgende Hinweise.

Diese dienen ausschließlich der Information: sie haben keinerlei Normcharakter und legen die Bestimmungen über das Vorabentscheidungsverfahren nicht aus. Es handelt sich lediglich um praktische Hinweise, die angesichts der im Vorabentscheidungsverfahren gesammelten Erfahrungen nützlich sein können, um Schwierigkeiten zu vermeiden, denen sich der Gerichtshof bisweilen gegenüber gesehen hat.

1. Jedes Gericht eines Mitgliedstaats kann den Gerichtshof ersuchen, eine Norm der Verträge oder des abgeleiteten Gemeinschaftsrechts auszulegen, wenn es dies zur Entscheidung eines bei ihm anhängigen Rechtsstreits für erforderlich hält. Die Gerichte, deren Entscheidungen nicht mehr mit Rechtsmitteln des innerstaatlichen Rechts angefochten werden können, sind verpflichtet, dem Gerichtshof die vor ihnen aufgeworfenen Auslegungsfragen vorzulegen, es sei denn, es liegt bereits eine einschlägige Rechtsprechung vor oder die richtige Anwendung des Gemeinschaftsrechts ist offenkundig.

2. Der Gerichtshof entscheidet über die Gültigkeit der Handlungen der Gemeinschaftsorgane. Die innerstaatlichen Gerichte haben die Möglichkeit, die vor ihnen geltend gemachten Ungültigkeitsgründe zurückzuweisen. Dagegen muss jedes innerstaatliche Gericht, auch wenn seine Entscheidungen noch mit einem Rechtsmittel angefochten werden können, den Gerichtshof anrufen, wenn es die Gültigkeit einer Gemeinschaftshandlung in Frage stellen

will. Gleichwohl kann das innerstaatliche Gericht, wenn es ernsthafte Zweifel an der Gültigkeit eines Rechtsaktes der Gemeinschaft hat, auf den eine innerstaatliche Maßnahme gestützt ist, ausnahmsweise die Anwendung dieses Rechtsaktes vorläufig aussetzen oder insoweit sonstige einstweilige Maßnahmen treffen. In diesem Fall ist das Gericht verpflichtet, die Gültigkeitsfrage dem Gerichtshof vorzulegen und dabei die Gründe anzugeben, aus denen es den Gemeinschaftsrechtsakt für ungültig hält.

3. Die Vorabentscheidungsfrage ist auf die Auslegung oder die Gültigkeit einer Gemeinschaftsnorm zu beschränken, da die Auslegung des nationalen Rechts und die Prüfung seiner Gültigkeit nicht in die Zuständigkeit des Gerichtshofes fallen. Für die Anwendung der Gemeinschaftsnormen in dem ihm unterbreiteten konkreten Fall ist das vorlegende Gericht zuständig.

4. Die Form des Vorabentscheidungsersuchens (im folgenden »Vorlage«) richtet sich nach den Verfahrensregeln des innerstaatlichen Rechts. Das innerstaatliche Verfahren ist in der Regel bis zur Entscheidung des Gerichtshofes auszusetzen, doch entscheidet hierüber allein das innerstaatliche Gericht im Einklang mit seinem nationalen Recht.

5. Die Vorlage muss von den Dienststellen des Gerichtshofes in die anderen Amtssprachen der Gemeinschaft übersetzt werden. Da Fragen der Auslegung oder der Gültigkeit des Gemeinschaftsrechts meist von allgemeinem Interesse sind, haben die Mitgliedstaaten und die Gemeinschaftsorgane das Recht, sich hierzu zu äußern. Die Vorlage sollte daher so klar und genau wie möglich abgefasst sein.

6. Die Vorlage sollte knapp, aber so umfassend begründet werden, dass der Gerichtshof wie auch die Stellen, denen sie zu übermitteln ist (Mitgliedstaaten, Kommission sowie gegebenenfalls Rat und Europäisches Parlament), den tatsächlichen und rechtlichen Rahmen des Ausgangsverfahrens richtig erfassen können. Sie muss eine Schilderung des Sachverhalts, dessen Kenntnis für das Verständnis der rechtlichen Bedeutung des Ausgangsverfahrens unerlässlich ist, eine Darstellung der eventuell einschlägigen rechtlichen Gesichtspunkte, eine Darstellung der Gründe, die das innerstaatliche Gericht zur Vorlage der Frage veranlasst haben und gegebenenfalls eine Darstellung des Vorbringens der Parteien enthalten; diese Informationen sollen den Gerichtshof in die La-

ge versetzen, dem innerstaatlichen Gericht eine sachdienliche Antwort zu geben.

Ferner sollten die Akten sowie etwaige für das Verständnis des Rechtsstreits nötige Unterlagen vorgelegt und die einschlägigen innerstaatlichen Rechtsvorschriften im Wortlaut mitgeteilt werden.

Da die der Vorlage beigefügten Akten oder Unterlagen nicht immer vollständig in die verschiedenen Amtssprachen der Gemeinschaft übersetzt werden, sollte das vorlegende Gericht darauf achten, dass sein Vorlagebeschluss alle relevanten Informationen enthält.

7. Das innerstaatliche Gericht kann dem Gerichtshof eine Frage zur Vorabentscheidung vorlegen, wenn es für die Entscheidung des Rechtsstreits auf die Auslegung oder die Gültigkeit des Gemeinschaftsrechts ankommt. Der Gerichtshof entscheidet weder über streitige Sachverhaltsfragen des Ausgangsverfahrens noch über die Auslegung oder die Anwendung des innerstaatlichen Rechts. Die Vorlage sollte daher erst in einem Stadium des innerstaatlichen Verfahrens ergehen, indem das Gericht in der Lage ist, den tatsächlichen und rechtlichen Rahmen des Problems, und sei es auch nur hypothetisch, zu bestimmen und darzulegen. Es kann im Interesse einer geordneten Rechtspflege liegen, die Vorabentscheidungsfrage erst nach streitiger Verhandlung vorzulegen.

8. Die Vorlage und die relevanten Unterlagen sind vom innerstaatlichen Gericht per Einschreiben unmittelbar an den Gerichtshof/Kanzlei des Gerichtshofes der Europäischen L-2925 Luxemburg, Tel.-Nr. ++352-43031) zu senden. Bis zur Verkündung des Urteils bleibt die Kanzlei des Gerichtshofes in Verbindung mit dem innerstaatlichen Gericht und übermittelt ihm Kopien der anfallenden Verfahrensschriftstücke (schriftliche Erklärungen, Sitzungsbericht und Schlussanträge des Generalanwalts). Der Gerichtshof übermittelt dem vorlegenden Gericht auch das Urteil. Er würde es begrüßen, wenn ihn das innerstaatliche Gericht im weiteren darüber informiert, wie es die Vorabentscheidung im Ausgangsverfahren berücksichtigt hat, und wenn es ihm gegebenenfalls seine Endentscheidung zusendet.

9. Das Vorabentscheidungsverfahren ist gerichtskostenfrei: der Gerichtshof entscheidet nicht über die Kosten der Parteien des Ausgangsverfahrens. Die nationalen Gerichte sind auch ohne einen Antrag der Parteien, also von Amts wegen zur Vorlage einer entscheidungserheblichen Frage des Gemeinschafts-

rechts verpflichtet. Es ist jedoch primär Sache der Prozessanwälte, eine derartige Vorlage zu beantragen. Dies sollte in einem Schriftsatz geschehen, der Vorlagefrage und Begründung formuliert.

ANHANG 2

Richtlinie des Rates
vom 14.Februar 1977
zur Angleichung der Rechtsvorschriften der Mitgliedstaaten über die Wahrung von Ansprüchen der Arbeitnehmer beim Übergang von Unternehmen. Betrieben oder Betriebsteilen
(77/187 EWG)

DER RAT DER EUROPÄISCHEN GEMEINSCHAFTEN -

gestützt auf den Vertrag zur Gründung der Europäischen Wirtschaftsgemeinschaft. insbesondere auf Artikel 100,

auf Vorschlag der Kommission,

nach Stellungnahme des Europäischen Parlaments[746],

nach Stellungnahme des Wirtschafts- und Sozialausschusses[747]

in Erwägung nachstehender Gründe:

Die wirtschaftliche Entwicklung führt auf einzelstaatlicher und gemeinschaftlicher Ebene zu Änderungen in den Unternehmensstrukturen. die sich unter anderem aus dem Übergang von Unternehmen, Betrieben oder Betriebsteilen auf einen anderen Inhaber durch vertragliche Übertragung oder durch Verschmelzung ergeben.

Es sind Bestimmungen notwendig, die die Arbeitnehmer bei einem Inhaberwechsel schützen und insbesondere die Wahrung ihrer Ansprüche gewährleisten.

Diese Unterschiede können sich auf das Funktionieren des Gemeinsamen Marktes unmittelbar auswirken.

Daher muss auf die Angleichung der Rechtsvorschriften in diesem Bereich auf dem Wege des Fortschritts im Sinne des Artikels 117 des Vertrages hingewirkt werden.

---

746 ABl. Nr. C 95 vom 28.4.1975, S.17.
747 ABl. Nr. C 255 vom 7.11.1975, S.25.

- HAT FOLGENDE RICHTLINIE ERLASSEN:

Teil I

Anwendungsbereich und Begriffsbestimmungen

Artikel 1

(1) Diese Richtlinie ist auf den Übergang von Unternehmen, Betrieben oder Betriebsteilen auf einen anderen Inhaber durch vertragliche Übertragung oder durch Verschmelzung anwendbar.

(2) Diese Richtlinie ist anwendbar, wenn und soweit sich das Unternehmen, der Betrieb oder der Betriebsteil, das bzw. der übergeht, innerhalb des territorialen Geltungsbereichs des Vertrages befindet.

(3) Diese Richtlinie gilt nicht für Seeschiffe.

Artikel 2

Im Sinne dieser Richtlinie gelten folgende Begriffsbestimmungen:

a) Veräußerer ist jede natürliche oder juristische Person, die auf Grund eines Übergangs im Sinne des Artikels 1 Absatz 1 als Inhaber aus dem Unternehmen, Betrieb oder Betriebsteil ausscheidet.

b) Erwerber ist jede natürliche oder juristische Person, die auf Grund eines Übergangs im Sinne des Artikels 1 Absatz 1 als Inhaber in das Unternehmen, den Betrieb oder Betriebsteil eintritt.

c) Vertreter der Arbeitnehmer sind die Arbeitnehmervertreter nach den Rechtsvorschriften oder der Praxis der Mitgliedstaaten mit Ausnahme der Mitglieder der Verwaltungs-, Leitungs- oder Aufsichtsorgane von Gesellschaften, die diesen Organen in bestimmten Mitgliedstaaten als Arbeitnehmervertreter angehören.

Teil II

Wahrung der Ansprüche der Arbeitnehmer

Artikel 3

(1) Die Rechte und Pflichten des Veräußerer aus einem zum Zeitpunkt des Übergangs im Sinne des Artikels 1 Absatz 1 bestehenden Arbeitsvertrag oder Arbeitsverhältnis gehen auf Grund des Übergangs auf den Erwerber über.
Die Mitgliedstaaten können vorsehen, dass der Veräußerer auch nach dem Übergang im Sinne des Artikels 1 Absatz 1 neben dem Erwerber für Pflichten aus einem Arbeitsvertrag oder Arbeitsverhältnis einzustehen hat.

(2) Nach dem Übergang im Sinne des Artikels 1 Absatz 1 erhält der Erwerber die in einem Kollektivvertrag vereinbarten Arbeitsbedingungen bis zu der Kündigung oder dem Ablauf des Kollektivvertrags bzw. bis zum Inkrafttreten oder bis zu der Anwendung eines anderen Kollektivvertrags in dem gleichen Maße aufrecht, wie sie in dem Kollektivvertrag für den Veräußerer vorgesehen waren.

Die Mitgliedstaaten können den Zeitraum der Aufrechterhaltung der Arbeitsbedingungen begrenzen, sofern dieser nicht weniger als ein Jahr beträgt.

(3) Die Absätze 1 und 2 gelten nicht für die Rechte der Arbeitnehmer auf Leistungen bei Alter, bei Invalidität oder für Hinterbliebene aus betrieblichen oder überbetrieblichen Zusatzversorgungseinrichtungen außerhalb der gesetzlichen Systeme der sozialen Sicherheit der Mitgliedstaaten.

Die Mitgliedstaaten treffen die notwendigen Maßnahmen zum Schutz der Interessen der Arbeitnehmer sowie der Personen, die zum Zeitpunkt des Übergangs im Sinne des Artikels 1 Absatz 1 bereits aus dem Betrieb des Veräußerers ausgeschieden sind, hinsichtlich ihrer Rechte oder Anwartschaftsrechte auf Leistungen bei Alter, einschließlich Leistungen für Hinterbliebene, aus den in Unterabsatz 1 genannten Zusatzversorgungseinrichtungen.

Artikel 4

(1) Der Übergang eines Unternehmens, Betriebes oder Betriebsteils stellt als solcher für den Veräußerer oder den Erwerber keinen Grund zur Kündigung dar. Diese Bestimmung steht etwaigen Kündigungen aus wirtschaftlichen, technischen oder organisatorischen Gründen, die Änderungen im Bereich der Beschäftigung mit sich bringen, nicht entgegen.

Die Mitgliedstaaten können vorsehen, dass Unterabsatz 1 auf einige abgegrenzte Gruppen von Arbeitnehmern, auf die sich die Rechtsvorschriften oder die Praxis der Mitgliedstaaten auf dem Gebiet des Kündigungsschutzes nicht erstrecken, keine Anwendung findet.

(2) Kommt es zu einer Beendigung des Arbeitsvertrags oder Arbeitsverhältnisses, weil der Übergang im Sinne des Artikels 1 Absatz 1 eine wesentliche Änderung der Arbeitsbedingungen zum Nachteil des Arbeitnehmers zur Folge hat, so ist davon auszugehen, dass die Beendigung des Arbeitsvertrags oder Arbeitsverhältnisses durch den Arbeitgeber erfolgt ist.

Artikel 5

(1) Sofern der Betrieb seine Selbständigkeit behält, bleiben die Rechtsstellung und die Funktion der Vertreter oder der Vertretung der vom Übergang im Sinne des Artikels 1 Absatz 1 betroffenen Arbeitnehmer erhalten, wie sie in den Rechts- und Verwaltungsvorschriften der Mitgliedstaaten vorgesehen sind.

Unterabsatz 1 findet keine Anwendung, wenn gemäß den Rechts- und Verwaltungsvorschriften oder der Praxis der Mitgliedstaaten die Bedingungen für die Neubestellung der Vertreter der Arbeitnehmer oder die Neubildung der Vertretung der Arbeitnehmer erfüllt sind.

(2) Erlischt das Mandat der Vertreter der vom Übergang im Sinne des Artikels 1 Absatz 1 betroffenen Arbeitnehmer auf Grund des Übergangs, so gelten für diese Vertreter weiterhin die nach den Rechts- und Verwaltungsvorschriften oder der Praxis der Mitgliedstaaten vorgesehenen Schutzmaßnahmen.

Teil III

Information und Konsultation

Artikel 6

(1) Der Veräußerer und der Erwerber sind verpflichtet, die Vertreter der jeweiligen von einem Übergang im Sinne des Artikels 1 Absatz 1 betroffenen Arbeitnehmer über folgendes zu informieren:

- den Grund für den Übergang,

- die rechtlichen, wirtschaftlichen und sozialen Folgen des Übergangs für die Arbeitnehmer,

- die hinsichtlich der Arbeitnehmer in Aussicht genommenen Maßnahmen.

Der Veräußerer ist verpflichtet, den Vertretern seiner Arbeitnehmer diese Informationen rechtzeitig vor dem Vollzug des Übergangs zu übermitteln.

Der Erwerber ist verpflichtet, den Vertretern seiner Arbeitnehmer diese Informationen rechtzeitig zu übermitteln, auf jeden Fall aber bevor diese Arbeitnehmer von dem Übergang hinsichtlich ihrer Beschäftigungs- und Arbeitsbedingungen unmittelbar betroffen werden.

(2) Ziehen der Veräußerer bzw. der Erwerber Maßnahmen hinsichtlich ihrer jeweiligen Arbeitnehmer in Betracht, so sind sie verpflichtet, die Vertreter ihrer jeweiligen Arbeitnehmer rechtzeitig zu diesen Maßnahmen zu konsultieren, um eine Übereinkunft anzustreben.

(3) Die Mitgliedstaaten, deren Rechts- und Verwaltungsvorschriften vorsehen, dass die Vertreter der Arbeitnehmer eine Schiedsstelle anrufen können, um eine Entscheidung über hinsichtlich der Arbeitnehmer zu treffende Maßnahmen zu erhalten, können die Verpflichtungen gemäß den Absätzen 1 und 2 auf den Fall beschränken, in dem der vollzogene Übergang eine Betriebsänderung hervorruft, die wesentliche Nachteile für einen erheblichen Teil der Arbeitnehmer zur Folge haben kann.

Die Information und die Konsultation müssen sich zumindest auf die hinsichtlich der Arbeitnehmer in Aussicht genommenen Maßnahmen erstrecken.

Die Information und die Konsultation müssen rechtzeitig vor dem Vollzug der in Unterabsatz 1 genannten Betriebsänderung erfolgen.

(4) Die Mitgliedstaaten können die in den Absätzen 1, 2 und 3 vorgesehenen Verpflichtungen auf Unternehmen oder Betriebe beschränken, die hinsichtlich der Zahl der beschäftigten Arbeitnehmer die Voraussetzungen für die Wahl oder Bestellung eines Kollegiums als Arbeitnehmervertretung erfüllen.

(5) Die Mitgliedstaaten können vorsehen, dass die betreffenden Arbeitnehmer für den Fall, dass es in einem Unternehmen oder in einem Betrieb keine Vertreter der Arbeitnehmer gibt, vorher über den unmittelbar bevorstehenden Übergang im Sinne des Artikels 1 Absatz 1 zu informieren sind.

Teil IV

Schlussbestimmungen

Artikel 7
Diese Richtlinie schränkt nicht die Möglichkeit der Mitgliedstaaten ein, für die Arbeitnehmer günstigere Rechts- oder Verwaltungsvorschriften anzuwenden oder zu erlassen.

Artikel 8
(1) Die Mitgliedstaaten setzen die erforderlichen Rechts- und Verwaltungsvorschriften in Kraft, um dieser Richtlinie binnen zwei Jahren nach ihrer Bekanntgabe nachzukommen, und unterrichten hiervon unverzüglich die Kommission.

(2) Die Mitgliedstaaten teilen der Kommission den Wortlaut der Rechts- und Verwaltungsvorschriften mit, die sie auf dem unter diese Richtlinie fallenden Gebiet erlassen.

Artikel 9
Innerhalb von zwei Jahren nach Ablauf der in Artikel 8 genannten Frist von zwei Jahren übermitteln die Mitgliedstaaten der Kommission alle zweckdienlichen Angaben, damit die Kommission für den Rat einen Bericht über die Anwendung dieser Richtlinie erstellen kann.

Artikel 10
Diese Richtlinie ist an die Mitgliedstaaten gerichtet.

Geschehen zu Brüssel am 14. Februar 1977.
Im Namen des Rates
Der Präsident
J. SILKIN

ANHANG 3

Richtlinie 98/50/EG des Rates vom 29. Juni 1998 zur Änderung der Richtlinie 77/187/EWG zur Angleichung der Rechtsvorschriften der Mitgliedstaaten über die Wahrung von Ansprüchen der Arbeitnehmer beim Übergang von Unternehmen, Betrieben oder Betriebsteilen

DER RAT DER EUROPÄISCHEN UNION
- gestützt auf den Vertrag zur Gründung der Europäischen Gemeinschaft, insbesondere auf Artikel 100,

auf Vorschlag der Kommission[748],
nach Stellungnahme des Europäischen Parlaments[749],
nach Stellungnahme des Wirtschafts- und Sozialausschusses[750],
nach Stellungnahme des Ausschusses der Regionen[751],

in Erwägung nachstehender Gründe:

(1) In der am 9. Dezember 1989 verabschiedeten Gemeinschaftscharta der sozialen Grundrechte der Arbeitnehmer (Sozialcharta) wird unter Nummer 7, Nummer 17 und Nummer 18 insbesondere folgendes festgestellt: "Die Verwirklichung des Binnenmarktes muss zu einer Verbesserung der Lebens- und Arbeitsbedingungen der Arbeitnehmer in der Europäischen Gemeinschaft führen. Diese Verbesserung muss, soweit nötig, dazu führen, dass bestimmte Bereiche des Arbeitsrechts, wie die Verfahren bei Massenentlassungen oder bei Konkursen, ausgestattet werden. Unterrichtung, Anhörung und Mitwirkung der Arbeitnehmer müssen in geeigneter Weise, unter Berücksichtigung der in den verschiedenen Mitgliedstaaten herrschenden Gepflogenheiten, weiterentwickelt werden. Unterrichtung, Anhörung und Mitwirkung sind rechtzeitig vorzusehen, vor allem bei der Umstrukturierung oder Verschmelzung von Unternehmen, wenn dadurch die Beschäftigung der Arbeitnehmer berührt wird."

(2) In der Richtlinie 77/187/EWG[752] wird auf eine Harmonisierung der einschlägigen nationalen Rechtsvorschriften hinsichtlich der Wahrung der Ansprüche

---

748 ABl. C 274 vom 1. 10. 1994, S. 10.
749 ABl. C 33 vom 3. 2. 1997, S. 81.
750 ABl. C 133 vom 31. 5. 1995, S. 13.
751 ABl. C 100 vom 2. 4. 1996, S. 25.
752 ABl. L 61 vom 5. 3. 1977, S. 26.

und Rechte der Arbeitnehmer hingewirkt; Veräußerer und Erwerber werden aufgefordert, die Vertreter der Arbeitnehmer rechtzeitig zu unterrichten und anzuhören.

(3) Ziel der vorliegenden Richtlinie ist die Überarbeitung der Richtlinie 77/187/EWG unter Berücksichtigung der Auswirkungen des Binnenmarktes, der Tendenzen in der Gesetzgebung der Mitgliedstaaten hinsichtlich der Sanierung von Unternehmen in wirtschaftlichen Schwierigkeiten, der Rechtsprechung des Gerichtshofs der Europäischen Gemeinschaften, der Richtlinie 75/129/EWG des Rates vom 17. Februar 1975 zur Angleichung der Rechtsvorschriften der Mitgliedstaaten über Massenentlassungen[753] sowie der bereits in den meisten Mitgliedstaaten geltenden gesetzlichen Normen.

(4) Aus Gründen der Rechtssicherheit und Transparenz ist es erforderlich, den juristischen Begriff des Übergangs unter Berücksichtigung der Rechtsprechung des Gerichtshofs zu klären. Durch diese Klärung wird der Anwendungsbereich der Richtlinie 77/187/EWG gemäß der Auslegung durch den Gerichtshof nicht geändert.

(5) Rechtssicherheit und Transparenz verlangen außerdem, dass im Lichte der Rechtsprechung des Gerichtshofs ausdrücklich vorgesehen wird, dass die Richtlinie 77/187/EWG für private und öffentliche Unternehmen, die Wirtschaftstätigkeiten ausüben, unabhängig davon gilt, ob sie Erwerbszwecke verfolgen oder nicht.

(6) Eine Klärung des Begriffs "Arbeitnehmer" ist im Lichte der Rechtsprechung des Gerichtshofs erforderlich.

(7) Im Hinblick auf die Sicherstellung des Überlebens zahlungsunfähiger Unternehmen ist den Mitgliedstaaten ausdrücklich zu gestatten, bei Übergängen im Rahmen eines Liquidationsverfahrens die Artikel 3 und 4 der Richtlinie 77/187/EWG nicht anzuwenden. Bestimmte Abweichungen von den allgemeinen Bestimmungen dieser Richtlinie sind im Fall von Übergängen zu gestatten, die im Rahmen von Verfahren wegen Zahlungsunfähigkeit erfolgen.

(8) Diese Abweichungen sollten auch einem Mitgliedstaat mit speziellen Verfahren zur Förderung des wirtschaftlichen Überlebens von Unternehmen gestat-

---

753 ABl. L 48 vom 22. 2. 1975, S. 29. Richtlinie geändert durch die Richtlinie 92/56/EWG (ABl. L 245 vom 26. 8. 1992, S. 3).

tet werden, denen das Bestehen einer schwierigen wirtschaftlichen Lage bescheinigt wird.

(9) Es ist zu klären, unter welchen Umständen Funktion und Rechtsstellung der Vertreter der Arbeitnehmer zu wahren sind.

(10) Damit ähnliche Situationen in gleicher Weise behandelt werden, ist sicherzustellen, dass die in der Richtlinie 77/187/EWG festgelegten Verpflichtungen hinsichtlich der Unterrichtung und Anhörung unabhängig davon erfüllt werden, ob die zum Übergang führende Entscheidung vom Arbeitgeber oder von einem den Arbeitgeber beherrschenden Unternehmen getroffen wurde.

(11) Es sollte klargestellt werden, dass - wenn die Mitgliedstaaten Maßnahmen ergreifen, um sicherzustellen, dass der Erwerber über alle zu übertragenden Rechte und Pflichten unterrichtet wird - die Unterlassung dieser Unterrichtung die Übertragung der betreffenden Rechte und Pflichten nicht beeinträchtigt.

(12) Es ist zu präzisieren, unter welchen Umständen die Arbeitnehmer zu informieren sind, wenn es keine Arbeitnehmervertreter gibt.

(13) In der Sozialcharta wird die Bedeutung des Kampfes gegen alle Formen der Diskriminierung, insbesondere aufgrund von
Geschlecht, Hautfarbe, Rasse, Meinung oder Glauben, gewürdigt -

HAT FOLGENDE RICHTLINIE ERLASSEN:

Artikel 1
Die Richtlinie 77/187/EWG wird wie folgt geändert:

1. Der Titel erhält folgende Fassung:
"Richtlinie 77/187/EWG des Rates vom 14. Februar 1977 zur Angleichung der Rechtsvorschriften der Mitgliedstaaten über die Wahrung von Ansprüchen der Arbeitnehmer beim Übergang von Unternehmen, Betrieben oder Unternehmens- oder Betriebsteilen".

2. Die Artikel 1 bis 7 erhalten folgende Fassung:

„ Teil 1 - Anwendungsbereich und Definitionen

Artikel 1

(1) a) Diese Richtlinie ist auf den Übergang von Unternehmen, Betrieben oder Unternehmens- bzw. Betriebsteilen auf einen anderen Inhaber durch vertragliche Übertragung oder durch Verschmelzung anwendbar.

b) Vorbehaltlich Buchstabe a) und der nachstehenden Bestimmungen dieses Artikels gilt als Übergang im Sinne dieser Richtlinie der Übergang einer ihre Identität bewahrenden wirtschaftlichen Einheit im Sinne einer organisierten Zusammenfassung von Ressourcen zur Verfolgung einer wirtschaftlichen Haupt- oder Nebentätigkeit.

c) Diese Richtlinie gilt für öffentliche und private Unternehmen, die eine wirtschaftliche Tätigkeit ausüben, unabhängig davon, ob sie Erwerbszwecke verfolgen oder nicht. Bei der Übertragung von Aufgaben im Zuge einer Umstrukturierung von Verwaltungsbehörden oder bei der Übertragung von Verwaltungsaufgaben von einer Behörde auf eine andere handelt es sich nicht um einen Übergang im Sinne dieser Richtlinie.

(2) Diese Richtlinie ist anwendbar, wenn und soweit sich das Unternehmen, der Betrieb oder der Unternehmens- bzw. Betriebsteil, das bzw. der übergeht, innerhalb des räumlichen Geltungsbereichs des Vertrages befindet.

(3) Diese Richtlinie gilt nicht für Seeschiffe.

Artikel 2

(1) Im Sinne dieser Richtlinie gelten folgende Begriffsbestimmungen:

a) "Veräußerer" ist jede natürliche oder juristische Person, die aufgrund eines Übergangs im Sinne von Artikel 1 Absatz 1
als Inhaber aus dem Unternehmen, dem Betrieb oder dem Unternehmens- bzw. Betriebsteil ausscheidet.

b) "Erwerber" ist jede natürliche oder juristische Person, die aufgrund eines Übergangs im Sinne von Artikel 1 Absatz 1 als Inhaber in das Unternehmen, den Betrieb oder den Unternehmens- bzw. Betriebsteil eintritt.

c) "Vertreter der Arbeitnehmer" oder ein entsprechender Ausdruck bezeichnet die Vertreter der Arbeitnehmer nach den Rechtsvorschriften oder der Praxis der Mitgliedstaaten.

d) "Arbeitnehmer" ist jede Person, die in dem betreffenden Mitgliedstaat aufgrund des einzelstaatlichen Arbeitsrechts geschützt ist.

(2) Diese Richtlinie lässt das einzelstaatliche Recht in bezug auf die Begriffsbestimmung des Arbeitsvertrags oder des Arbeitsverhältnisses unberührt.
Die Mitgliedstaaten können jedoch vom Anwendungsbereich der Richtlinie Arbeitsverträge und Arbeitsverhältnisse nicht allein deshalb ausschließen, weil

a) nur eine bestimmte Anzahl von Arbeitsstunden geleistet wird oder zu leisten ist,

b) es sich um Arbeitsverhältnisse aufgrund eines befristeten Arbeitsvertrags im Sinne von Artikel 1 Nummer 1 der Richtlinie 91/383/EWG des Rates vom 25. Juni 1991 zur Ergänzung der Maßnahmen zur Verbesserung der Sicherheit und des Gesundheitsschutzes von Arbeitnehmern mit befristetem Arbeitsverhältnis oder Leiharbeitsverhältnis* handelt,

c) es sich um Leiharbeitsverhältnisse im Sinne von Artikel 1 Nummer 2 der Richtlinie 91/383/EWG und bei dem übertragenen Unternehmen oder dem übertragenen Betrieb oder Unternehmens- bzw. Betriebsteil als Verleihunternehmen oder Teil eines Verleihunternehmens um den Arbeitgeber handelt.

Teil 2 - Wahrung der Ansprüche und Rechte der Arbeitnehmer

Artikel 3

(1) Die Rechte und Pflichten des Veräußerers aus einem zum Zeitpunkt des Übergangs bestehenden Arbeitsvertrag oder Arbeitsverhältnis gehen aufgrund des Übergangs auf den Erwerber über.
Die Mitgliedstaaten können vorsehen, dass der Veräußerer und der Erwerber nach dem Zeitpunkt des Übergangs gesamtschuldnerisch für die Verpflichtungen haften, die vor dem Zeitpunkt des Übergangs durch einen Arbeitsvertrag oder ein Arbeitsverhältnis entstanden sind, der bzw. das zum Zeitpunkt des Übergangs bestand.

(2) Die Mitgliedstaaten können geeignete Maßnahmen ergreifen, um zu gewährleisten, dass der Veräußerer den Erwerber über alle Rechte und Pflichten unterrichtet, die nach diesem Artikel auf den Erwerber übergehen, soweit diese

---

* ABl. L 206 vom 29. 7. 1991, S. 19.

dem Veräußerer zum Zeitpunkt des Übergangs bekannt waren oder bekannt sein mussten. Unterlässt der Veräußerer diese Unterrichtung des Erwerbers, so berührt diese Unterlassung weder den Übergang solcher Rechte und Pflichten noch die Ansprüche von Arbeitnehmern gegenüber dem Erwerber und/oder Veräußerer in bezug auf diese Rechte und Pflichten.

(3) Nach dem Übergang erhält der Erwerber die in einem Kollektivvertrag vereinbarten Arbeitsbedingungen bis zur Kündigung oder zum Ablauf des Kollektivvertrags bzw. bis zum Inkrafttreten oder bis zur Anwendung eines anderen Kollektivvertrags in dem gleichen Masse aufrecht, wie sie in dem Kollektivvertrag für den Veräußerer vorgesehen waren.

Die Mitgliedstaaten können den Zeitraum der Aufrechterhaltung der Arbeitsbedingungen begrenzen, allerdings darf dieser nicht weniger als ein Jahr betragen.

(4) a) Sofern die Mitgliedstaaten nicht anderes vorsehen, gelten die Absätze 1 und 3 nicht für die Rechte der Arbeitnehmer auf Leistungen bei Alter, Invalidität oder für Hinterbliebene aus betrieblichen oder überbetrieblichen Zusatzversorgungseinrichtungen außerhalb der gesetzlichen Systeme der sozialen Sicherheit der Mitgliedstaaten.

b) Die Mitgliedstaaten treffen auch dann, wenn sie gemäss Buchstabe a) nicht vorsehen, dass die Absätze 1 und 3 für die unter Buchstabe a) genannten Rechte gelten, die notwendigen Maßnahmen zum Schutz der Interessen der Arbeitnehmer sowie der Personen, die zum Zeitpunkt des Übergangs bereits aus dem Betrieb des Veräußerers ausgeschieden sind, hinsichtlich ihrer Rechte oder Anwartschaftsrechte auf Leistungen bei Alter, einschließlich Leistungen für Hinterbliebene, aus den unter Buchstabe a) genannten Zusatzversorgungseinrichtungen.

Artikel 4

(1) Der Übergang eines Unternehmens, Betriebs oder Unternehmens bzw. Betriebsteils stellt als solcher für den Veräußerer oder den Erwerber keinen Grund zur Kündigung dar. Diese Bestimmung steht etwaigen Kündigungen aus wirtschaftlichen, technischen oder organisatorischen Gründen, die Änderungen im Bereich der Beschäftigung mit sich bringen, nicht entgegen.

Die Mitgliedstaaten können vorsehen, dass Unterabsatz 1 auf einige abgegrenzte Gruppen von Arbeitnehmern, auf die sich die Rechtsvorschriften oder die Praxis der Mitgliedstaaten auf dem Gebiet des Kündigungsschutzes nicht erstrecken, keine Anwendung findet.

(2) Kommt es zu einer Beendigung des Arbeitsvertrags oder Arbeitsverhältnisses, weil der Übergang eine wesentliche Änderung der Arbeitsbedingungen zum Nachteil des Arbeitnehmers zur Folge hat, so ist davon auszugehen, dass die Beendigung des Arbeitsvertrags oder Arbeitsverhältnisses durch den Arbeitgeber erfolgt ist.

Artikel 4a

(1) Sofern die Mitgliedstaaten nichts anderes vorsehen, gelten die Artikel 3 und 4 nicht für Übergänge von Unternehmen, Betrieben oder Unternehmens- bzw. Betriebsteilen, bei denen gegen den Veräußerer unter der Aufsicht einer zuständigen öffentlichen Stelle (worunter auch ein von einer zuständigen Behörde ermächtigter Insolvenzverwalter verstanden werden kann) ein Konkursverfahren oder ein entsprechendes Verfahren mit dem Ziel der Auflösung des Vermögens des Veräußerers eröffnet wurde.

(2) Wenn die Artikel 3 und 4 für einen Übergang während eines Zahlungsunfähigkeitsverfahrens gegen den Veräußerer (unabhängig davon, ob dieses Verfahren zur Auflösung seines Vermögens eingeleitet wurde) gelten und dieses Verfahren unter der Aufsicht einer zuständigen öffentlichen Stelle (worunter auch ein nach dem innerstaatlichen Recht bestimmter Insolvenzverwalter verstanden werden kann) steht, kann ein Mitgliedstaat vorsehen, dass

a) ungeachtet des Artikels 3 Absatz 1 die vor dem Übergang bzw. vor der Eröffnung des Zahlungsunfähigkeitsverfahrens fälligen Verbindlichkeiten des Veräußerers aufgrund von Arbeitsverträgen oder Arbeitsverhältnissen nicht auf den Erwerber übergehen, sofern dieses Verfahren nach dem Recht des betreffenden Mitgliedstaats einen Schutz gewährt, der dem von der Richtlinie 80/987/EWG des Rates vom 20. Oktober 1980 zur Angleichung der Rechtsvorschriften der Mitgliedstaaten über den Schutz der Arbeitnehmer bei Zahlungsunfähigkeit des Arbeitgebers[**] vorgesehenen Schutz zumindest gleichwertig ist,
und/oder
b) der Erwerber, der Veräußerer oder die seine Befugnisse ausübenden Personen auf der einen Seite und die Vertreter der Arbeitnehmer auf der anderen Seite

---

** ABl. L 283 vom 20. 10. 1980, S. 23. Richtlinie geändert durch die Richtlinie 87/164/EWG (ABl. L 66 vom 11. 3. 1987, S.11).

Änderungen der Arbeitsbedingungen der Arbeitnehmer, insoweit das geltende Recht oder die geltende Praxis dies zulassen, vereinbaren können, die den Fortbestand des Unternehmens, Betriebs oder Unternehmens- bzw. Betriebsteils sichern und dadurch der Erhaltung von Arbeitsplätzen dienen.

(3) Die Mitgliedstaaten können Absatz 2 Buchstabe b) auf Übergänge anwenden, bei denen sich der Veräußerer nach dem einzelstaatlichen Recht in einer schwierigen wirtschaftlichen Lage befindet, sofern das Bestehen einer solchen Notlage von einer zuständigen öffentlichen Stelle bescheinigt wird und die Möglichkeit einer gerichtlichen Aufsicht gegeben ist, falls das innerstaatliche Recht solche Bestimmungen am 17. Juli 1998 bereits enthält.

Die Kommission legt vor dem 17. Juli 2003 einen Bericht über die Auswirkungen dieser Bestimmung vor und unterbreitet dem Rat erforderlichenfalls entsprechende Vorschläge.

(4) Die Mitgliedstaaten treffen die erforderlichen Maßnahmen, damit Zahlungsunfähigkeitsverfahren nicht in missbräuchlicher Weise in Anspruch genommen werden, um den Arbeitnehmern die in dieser Richtlinie vorgesehenen Rechte vorzuenthalten.

Artikel 5

(1) Sofern das Unternehmen, der Betrieb oder der Unternehmens- bzw. Betriebsteil seine Selbständigkeit behält, bleiben die Rechtsstellung und die Funktion der Vertreter oder der Vertretung der vom Übergang betroffenen Arbeitnehmer unter den gleichen Bedingungen erhalten, wie sie vor dem Zeitpunkt des Übergangs aufgrund von Rechts- und Verwaltungsvorschriften oder aufgrund einer Vereinbarung bestanden haben, sofern die Bedingungen für die Bildung der Arbeitnehmervertretung erfüllt sind.

Unterabsatz 1 findet keine Anwendung, wenn gemäß den Rechts- und Verwaltungsvorschriften oder der Praxis der Mitgliedstaaten oder durch Vereinbarung mit den Vertretern der betroffenen Arbeitnehmer die Bedingungen für die Neubestellung der Vertreter der Arbeitnehmer oder die Neubildung der Vertretung der Arbeitnehmer erfüllt sind.

Wurde gegen den Veräußerer unter der Aufsicht einer zuständigen öffentlichen Stelle (worunter auch ein von einer zuständigen Behörde ermächtigter Insolvenzverwalter verstanden werden kann) ein Konkursverfahren oder ein entsprechendes Zahlungsunfähigkeitsverfahren mit dem Ziel der Auflösung des Vermögens des Veräußerers eröffnet, können die Mitgliedstaaten die erforderlichen Maßnahmen ergreifen, um sicherzustellen, dass die vom Übergang betroffenen Arbeitnehmer bis zur Neuwahl oder Benennung von Arbeitnehmervertretern angemessen vertreten sind.

Behält das Unternehmen, der Betrieb oder der Unternehmens- bzw. Betriebsteil seine Selbständigkeit nicht, so treffen die Mitgliedstaaten die erforderlichen Maßnahmen, damit die vom Übergang betroffenen Arbeitnehmer, die vor dem Übergang vertreten wurden, während des Zeitraums, der für die Neubildung oder Neubenennung der Arbeitnehmervertretung erforderlich ist, im Einklang mit dem Recht oder der Praxis der Mitgliedstaaten weiterhin angemessen vertreten werden.

(2) Erlischt das Mandat der Vertreter der vom Übergang betroffenen Arbeitnehmer aufgrund des Übergangs, so gelten für diese Vertreter weiterhin die nach den Rechts- und Verwaltungsvorschriften oder der Praxis der Mitgliedstaaten vorgesehenen Schutzmaßnahmen.

Teil 3 - Information und Konsultation

Artikel 6

(1) Der Veräußerer und der Erwerber sind verpflichtet, die Vertreter ihrer jeweiligen von einem Übergang betroffenen Arbeitnehmer über folgendes zu informieren:
- den Zeitpunkt bzw. den geplanten Zeitpunkt des Übergangs,
- den Grund für den Übergang,
- die rechtlichen, wirtschaftlichen und sozialen Folgen des Übergangs für die Arbeitnehmer,
- die hinsichtlich der Arbeitnehmer in Aussicht genommenen Maßnahmen.

Der Veräußerer ist verpflichtet, den Vertretern seiner Arbeitnehmer diese Information rechtzeitig vor dem Vollzug des Übergangs zu übermitteln.

Der Erwerber ist verpflichtet, den Vertretern seiner Arbeitnehmer diese Informationen rechtzeitig zu übermitteln, auf jeden Fall aber bevor diese Arbeitnehmer von dem Übergang hinsichtlich ihrer Beschäftigungs- und Arbeitsbedingungen unmittelbar betroffen werden.

(2) Zieht der Veräußerer bzw. der Erwerber Maßnahmen hinsichtlich seiner Arbeitnehmer in Betracht, so ist es verpflichtet, die Vertreter seiner Arbeitnehmer rechtzeitig zu diesen Maßnahmen zu konsultieren, um eine Übereinkunft anzustreben.

(3) Die Mitgliedstaaten, deren Rechts- und Verwaltungsvorschriften vorsehen, dass die Vertreter der Arbeitnehmer eine Schiedsstelle anrufen können, um eine Entscheidung über hinsichtlich der Arbeitnehmer zu treffende Maßnahmen zu erhalten, können die Verpflichtungen gemäß den Absätzen 1 und 2 auf den Fall beschränken, in dem der vollzogene Übergang eine Betriebsänderung hervorruft, die wesentliche Nachteile für einen erheblichen Teil der Arbeitnehmer zur Folge haben kann.

Die Information und die Konsultation müssen sich zumindest auf die hinsichtlich der Arbeitnehmer in Aussicht genommenen Maßnahmen erstrecken.

Die Information und die Konsultation müssen rechtzeitig vor dem Vollzug der in Unterabsatz 1 genannten Betriebsänderung erfolgen.

(4) Die in diesem Artikel vorgesehenen Verpflichtungen gelten unabhängig davon, ob die zum Übergang führende Entscheidung vom Arbeitgeber oder von einem den Arbeitgeber beherrschenden Unternehmen getroffen wird.

Hinsichtlich angeblicher Verstöße gegen die in dieser Richtlinie vorgesehenen Informations- und Konsultationspflicht findet der Einwand, der Verstoß gehe darauf zurück, dass die Information von einem den Arbeitgeber kontrollierenden Unternehmen nicht übermittelt worden sei, keine Berücksichtigung.

(5) Die Mitgliedstaaten können die in den Absätzen 1, 2 und 3 vorgesehenen Verpflichtungen auf Unternehmen oder Betriebe beschränken, die hinsichtlich der Zahl der beschäftigten Arbeitnehmer die Voraussetzungen für die Wahl oder Bestellung eines Kollegiums als Arbeitnehmervertretung erfüllen.

(6) Die Mitgliedstaaten sehen vor, dass die betreffenden Arbeitnehmer für den Fall, dass es unabhängig von ihrem Willen in einem Unternehmen oder in einem Betrieb keine Vertreter der Arbeitnehmer gibt, vorher zu informieren sind über
- den Zeitpunkt bzw. den geplanten Zeitpunkt des Übergangs,
- den Grund für den Übergang,
- die rechtlichen, wirtschaftlichen und sozialen Folgen des Übergangs für die Arbeitnehmer,
- die hinsichtlich der Arbeitnehmer in Aussicht genommenen Maßnahmen.

Teil IV - Schlussbestimmungen

Artikel 7

Diese Richtlinie schränkt die Möglichkeit der Mitgliedstaaten nicht ein, für die Arbeitnehmer günstigere Rechts- oder Verwaltungsvorschriften anzuwenden oder zu erlassen oder für die Arbeitnehmer günstigere Kollektivverträge und andere zwischen den Sozialpartnern abgeschlossene Vereinbarungen, die für die Arbeitnehmer günstiger sind, zu fördern oder zuzulassen.

Artikel 7a

Die Mitgliedstaaten nehmen in ihre innerstaatlichen Rechtssysteme die erforderlichen Bestimmungen auf, um allen Arbeitnehmern und Vertretern der Arbeitnehmer, die ihrer Ansicht nach durch die Nichtbeachtung der sich aus dieser Richtlinie ergebenden
Verpflichtungen benachteiligt sind, die Möglichkeit zu geben, ihre Forderungen durch Gerichtsverfahren einzuklagen, nachdem sie gegebenenfalls andere zuständige Stellen damit befasst haben.

Artikel 7b
Die Kommission unterbreitet dem Rat vor dem 17. Juli 2006 einen Bericht, in dem die Auswirkungen der Bestimmungen dieser
Richtlinie untersucht werden. Sie legt gegebenenfalls die erforderlichen Änderungsvorschläge vor."

Artikel 2

(1) Die Mitgliedstaaten verabschieden vor dem 17. Juli 2001 die erforderlichen Rechts- und Verwaltungsvorschriften, um dieser Richtlinie nachzukommen, oder stellen spätestens zu diesem Zeitpunkt sicher, dass die Sozialpartner die erforderlichen Vorschriften durch Vereinbarung einführen; die Mitgliedstaaten sind verpflichtet, die erforderlichen Schritte zu unternehmen, damit sie jederzeit die von dieser Richtlinie vorgeschriebenen Ergebnisse gewährleisten können.

(2) Wenn die Mitgliedstaaten Vorschriften nach Absatz 1 erlassen, nehmen sie in den Vorschriften selbst oder durch einen Hinweis bei der amtlichen Veröffentlichung auf diese Richtlinie Bezug. Die Mitgliedstaaten regeln die Einzelheiten der Bezugnahme.

Die Mitgliedstaaten setzen die Kommission unverzüglich über die Maßnahmen in Kenntnis, die sie zur Durchführung dieser Richtlinie verabschieden.

Artikel 3

Diese Richtlinie tritt am Tag ihrer Veröffentlichung im Amtsblatt der Europäischen Gemeinschaften in Kraft.

Artikel 4

Diese Richtlinie ist an die Mitgliedstaaten gerichtet.

Geschehen zu Luxemburg am 29. Juni 1998.
Im Namen des Rates
Der Präsident
R. COOK

ANHANG 4

Verzeichnis der im Text erwähnten EuGH-Entscheidungen

(Die hervorgehobenen Ziffern verweisen auf die Seitenzahlen dieses Werkes)

Urt. v. 14.06.1962, verb. Rs. 31/62 u. 33/62, Slg. 1962, 965 – *Woehrmannn u.a.*, **S. 43.**

Urt. v. 05.02.1963, Rs. 26/62 , Slg. 1963, 25 – *Van Gend & Loos*, **S. 22, 35, 157.**

Urt. v. 15.07.1964, Rs. 6/64 , Slg. 1964, 1251 – *Costa/ENEL,* **S. 55, 157.**

Urt. v. 01.12.1965, Rs. 16/65, Slg. 1965, 1152 – *Schwarze,* **S. 29.**

Urt. v. 01.03.1966, Rs. 48/65, Slg. 1966, 257 – *Lütticke,* **S. 157**.

Urt. v. 30.06.1966, Rs. 61/65, Slg. 1966, 583 – *Vaasen-Göbbels,* **S. 29.**

Urt. v. 24.06.1969, Rs. 29/68, Slg. 1969, 165 – *Milch-, Fett- und Eierkontor*, **S. 48.**

Urt. v. 12.11.1969, Rs. 29/69, Slg. 1969, 419 – *Stauder*, **S. 157.**

Beschl. v. 16.061970, Rs. 31/68, Slg. 1970, 403 – *Chanel*, **S. 44.**

Urt. v. 06.10.1970, Rs. 9/70, Slg. 1970, 825 – *Grad („Leberpfennig“)*, **S. 55, 157.**

Urt. v. 17.12.1970, Rs. 11/70, Slg. 1970, 1125 – *Internationale Handelsgesellschaft*, **S. 34.**

Urt. v.26.01.1974, Rs. 166/77, Slg. 1974, 38, **S. 21.**

Urt. v. 04.12.1974, Rs. 41/74, Slg. 1974, 1337 – *Van Duyn*, **S. 32.**

Urt. v. 08.04.1976, Rs.43/75, Slg. 1976, 455 – *Defrenne,* **S. 49 f.**

Urt. v. 09.06.1977, Rs. 90/76, Slg. 1977, 1091 – *Van Ameyde*, **S. 30.**

Urt. v. 05.03.1978, Rs. 106/77 , Slg. 1978, 629 – *Simmenthal II*, **S. 20, 157.**

Urt. v. 10.10. 1978, Rs. 148/77, Slg. 1978, 1787 ff., 1806 – *Hansen & Balle*, **S. 56.**

Urt. v. 29.11.1978 Rs. 83/78, Slg. 1978, 2347 – *Pigs Marketing Board*, **S. 35.**

Urt. v.13.05.1981, Rs. 66/80, Slg. 1981, 1191 – *International Chemical Corporation*, **S. 48.**

Urt. v. 15.10.1980, Rs. 145/79, Slg. 1980, 2917 – *Roquette,* **S. 49.**

Urt. v. 16.06.1981 Rs. 126/80, Slg. 1981, 1563, – *Salonia*, **S. 35.**

Urt. v. 06.10.1982, Rs. 283/81, Slg. 1982, 3425 - *C.I.L.F.I.T.,* **S. 39 ff., 158 ff.**

Urt. v. 17.10.1982, verb. Rs. 35 und 36/82, Slg. 1982, 3723 – *Morson und Jhanjan*, **S. 36.**

Urt. v. 05.03.1986, Rs. 69/85, Slg. 1986, 947 – *Wünsche Handelsgesellschaft*, **S. 49**

Urt. v. 21.05.1987, Rs. 133-136/85, Slg. 1987, 2289 – *Rau u.a.*, **S. 34.**

Urt. v. 30.09.1987, Rs. 12/86, Slg. 1987, 3719 – *Demirel,* **S. 30, 73.**

Urt. v. 22.10.1987, Rs. C 314/85, Slg. 1987, 4199 – *Foto Frost*, **S. 36.**

Urt. v. 02.02.1988, Rs. 24/86, Slg. 1988, 379 – *Blaizot*, **S. 49.**

Urt. v. 21.04.1988, Rs. 338/85, Slg. 1988, 2041 – *Pardini,* **S. 35.**

Urt. v. 28.04.1988, Rs. 170/86, Slg. 1988, 2355 – *v. Deetzen,* **S. 157.**

Urt. v. 14.02.1989,Rs. 247/87, Slg. 1989, 291 – *Star Fruit Company*, **S. 40.**

Urt. v. 23.11.1989, Rs. C-150/88, Slg. 1989, 3891 – *4711*, **S. 31.**

Beschl. v. 26.01.1990, Rs. C-286/88, Slg. 1990, I-191 – *Falciola*, **S. 35.**

Urt. v. 17.05.1990, Rs. C-262/88, Slg. 1990, I-1889 – *Barber*, **S. 50, 147.**

Urt. v. 08.11.1990, Rs. C-231/89, Slg. 1990, I-4003, **S. 31.**

Urt. v. 21.02.1991, Rs. C-143/88, Slg. 1991, I-415 – *Zuckerfabrik Süderdithmarschen AG* **S. 36 f.**

Urt. v. 19.11.1991, verb. Rs. C – 6/90 u. C – 9/90, Slg. 1991, I-2466 – *Frankovich und Bonifaci*, **S. 52, 59 ff, 157.**

Urt. v. 31.03.1992, Rs. C-200/90, Slg. 1992, I-2217 – *Dansk Denkavit*, **S. 50.**

Urt. v. 16.07.1992, Rs. C-224/89, Slg. 1992, I-4625 – *Legros*, **S. 50.**

Urt. v. 16.07.1992, Rs. C-83/91, Slg. 1992, I-4871, **S. 35.**

Urt. v. 26.01.1993, Rs. C-320/90 bis C-322/90, Slg. 1993, I-393 – *Telemarsicabruzzo u. a.*, **S. 44.**

Beschl. v. 26.04.1993, Rs. C-386/92, Slg. 1993, I-2049 – *Monin Automobiles*, **S. 44.**

Urt. v. 20.10.1993, Rs. C-297/92 , Slg. 1993, I-5211 – *Baglieri*, **S. 66.**

Urt. v. 24.11.1993, Rs. C-267/91, Slg. 1993, I-6097 – *Keck und Mithouarad*, **S. 64.**

Urt. v. 17.05.1994, Rs. C-18/93, Slg. 1994, I-1783 – *Corsica Ferries Italia*, **S. 35.**

Urt. v. 09.08.1994, Rs. 25/70, Slg. 1970, 1161 – *Köster*, **S. 62.**

Urt. v. 07.04.1995, Rs. C-167/96, Slg. 1995, I-1023, **S. 27.**

Urt. v. 15.06.1995, verb. Rs. C-422/93, Rs. C-423/93 u. Rs. 424/93, Slg.1995, I-1567, **S 37.**

Urt. v. 07.12.1995, Rs. C-449/93, Slg. 1995, I-4291 – *Rockfon*, **S. 55.**

Urt. v. 15.12.1995, Rs. C-415/93, Slg. 1995, I-4921 – *Bosman*, **S. 50.**

Urt. v. 29.02.1996, Rs. C-122/94, Slg. 1996, I-881, **S. 74.**

Urt. v. 26.03.1996, Rs. C-392/93, Slg. 1996, I-1631 – *British Telecommunications*, **S. 23.**

Urt. v. 08.10.1996, verb. Rs. C-178/94 u.a., Slg. 1996, I-4845 – *Dillenkofer*, **S. 22.**

Urt. v. 30.01.1997, Rs. C-178/95, Slg. 1997, I-585 – *Wiljo NV*, **S. 34.**

Urt. v. 10.07.1997, Rs. C-261/95, Slg. 1997, I-4037 – *Palmisani*, **S. 35.**

Urt. v. 17.07.1997, Rs. C-344/95, Slg. 1997, I-4517 – *Krüger*, **S. 30.**

Urt. v. 17.09.1997, Rs. C-54/97, Slg. 1997, I-4961 – *Dorsch Consult*, **S. 29.**

Beschl. v. 28.04.1998, Rs. C-116/96 REV, Slg. 1998, I-1889 – *Reisebüro Binder*, **S. 49.**

Beschl. v. 08.07.1998, Rs. C-9/98, Slg. 1998, 4263 – *Agostini*, **S. 144.**

Zur Richtlinie 77/187/EWG:

Urt. v. 07.02.1985, Rs. 135/83, Slg. 1985, 469 – *Abels*, **S. 137 ff..**

Urt. v.11.05.1985, Rs. 105/84, Slg. 1985, 2639 – *Danmols Inventar*, **S. 121.**

Urt. v. 18.03.1986, Rs. 24/85, Slg. 1986, 1119 – *Spijkers*; **S. 84, 89.**

Urt. v. 17.12.1987, Rs. 287/86, Slg. 1987, 5465 – *Ny Mølle Kro*, **S. 110.**

Urt. v.10. 02.1988, Rs. 324/86, Slg. 1988, 739 –*Tellerup („Daddy's Dance Hall")*, **S. 105, 110.**

Literaturverzeichnis

Alvensleben, Constantin von: Die Rechte der Arbeitnehmer bei Betriebsübergang im europäischen Gemeinschaftsrecht, Baden-Baden, 1992.

Annuß, Georg: Der Betriebsübergang in der neusten Rechtsprechung des Bundesarbeitsgerichts, BB 1998, S. 1582 ff.

ders.: Der Betriebsübergang nach „Ayse Süzen", NZA 1998, S. 70 ff.

ders. / Willemsen, Heinz-Josef: Neue Betriebsübergangsrichtlinie - Anpassungsbedarf im deutschen Recht?, NJW 1999, S. 2073 ff.

Arndt, Hans-Wolfgang: Europarecht, 4. Auflage 1999.

Ascheid, Reiner: Richtlinie 77/187/EWG: Harmonisierung europäischen und deutschen Richterrechts, in: *Hanau / Heither / Kühling* (Hrsg.), Richterliches Arbeitsrecht, Festschrift für Thomas Dietrich zum 65. Geburtstag, München, 1999.

Baeck, Ulrich / Lingenmann, Stefan: Auftragsübergang als Betriebsübergang? – Neues vom EuGH, NJW 1997, 2492 ff.

Baudenbacher, Carl: Auftragsnachfolge und Betriebsübergang im europäischen Recht, DB 1996, S. 2177 ff.

Bauer, Jobst-Hubertus: Outsourcing out?, BB 1994,1433 ff.

ders.: Kein Widerspruchsrecht der Arbeitnehmer bei Betriebsübergang, NZA 1990,S. 881 ff.

ders. / Diller, Martin: Recht und Taktik des arbeitsrechtlichen EuGH-Vorabentscheidungs-verfahrens, NZA 1996, S. 169 ff.

ders. / Lingemann, Stefan: Das neue Umwandlungsrecht und seine arbeitsrechtlichen Auswirkungen, NZA 1994, S. 1057ff.

Beisse, Heinrich: Funktion und praktische Auswirkung der richterlichen Vorlagen an den Europäischen Gerichtshof aus der Sicht des Bundesfinanzhofs, in: Deutsche Sektion der Internationalen Juristen-Kommission (Hrsg.), Das Zusammenwirken der europäische und nationalen Gerichtsbarkeit, Heidelberg 1989, S. 39 ff.

Bercusson, Brian: Maastricht: a fundamental change in European labour law, Industrial Relations Journal 1992, 177.

Bernscheid, Ernst-Dieter: Personalabbau in der Insolvenz unter Berücksichtigung des Betriebsüberganges, AnwBl. 1995, 8 ff.

ders.: Interessensausgleich mit Namensliste – Wiedereinstellungsanspruch bei Betriebsveräußerung im Konkurs - , MDR 1998, S. 1129 ff.

ders.: Probleme der Massenentlassung und Sozialauswahl nach dem neuem Insolvenzrecht und bei „Übertragender" Sanierung, S. 1043 ff., in: Arbeitskreis für Insolvenz- und Schiedsgerichtswesen e.V., Köln (Hrsg.), Kölner Schrift zur Insolvenzordnung: das neue Insolvenzrecht in der Praxis, Herne/Berlin, 1997

Bergwitz, Christoph: Betriebsübergang und Insolvenz nach der neuen EG-Richtlinie zur Änderung der Betriebsübergangsrichtlinie, DB 1999, S. 2005 ff.

Bertelsmann, Klaus: Vorabentscheidungen der Arbeitsgerichtsbarkeit zum Europäischen Gerichtshof, NZA 1993, S. 775 ff.

Blomeyer, Wolfgang: Der Einfluss der Rechtsprechung des EuGH auf das deutsche Arbeitsrecht, NZA 1994, S. 633 ff.

Bogandy, Armin von: Rechtsfortbildung mit Art. 5 EG-Vertrag, S. 17 ff., in: *Randelzhofer / Scholz / Wilke* (Hrsg): Gedächtnisschrift für Eberhard Grabitz, München,1995.

Borchardt, Klaus-Dieter: Der Gerichtshof der EG als Ersatzgesetzgeber? in: *Eichendorfer, Eberhard / Zuleeg, Manfred* (Hrsg.): Die Rechtsprechung des Europäischen Gerichtshofs im Streit, Köln, 1995

ders.: Nachthemden und Vorabentscheidung, EuZW, S. 257

ders.: Richterrecht durch den Gerichtshof der Europäischen Gemeinschaften, in: *Randelzhofer / Scholz / Wilke* (Hrsg): Gedächtnisschrift für Eberhard Grabitz, München,1995, S. 29 ff.

Borchmann, Michael, Regierungskonferenz 2000 – Länder nesteln an der „Notbremse“, EuZW 2000, S. 161.

ders.: Was kommt nach Amsterdam?, EuZW 1998, S. 641.

Buchner, Herbert: Die Rolle des Europäischen Gerichtshofes bei der Entwicklung des Arbeitsrechts, ZfA 1993, S. 275 ff.

ders.: Lösung der Kontroverse um den Betriebsübergang - Eine konsensfähige Entscheidung des EuGH, NZA 1997, 408 ff.

ders.: Verlagerung betrieblicher Aufgaben als Betriebsübergang i.S. von § 613 a BGB, DB 1994, S. 1417 ff.

Britz, Gabriele / Schmidt, Marlene: Die institutionalisierte Mitwirkung der Sozialpartner an der Rechtsetzung der Europäischen Gemeinschaft – Herausforderung des gemeinschaftsrechtlichen Demokratieprinzips -, EuR 1999, S. 467 ff.

Canaris, Claus-Wilhelm: Der EuGH als zukünftige privatrechtliche Superrevisionsinstanz?, EuZW 1994, S. 417.

Claasen, Claus Dieter: Wie viele Wege führen zur Gleichberechtigung von Männern und Frauen? -Gemeinsamkeiten und Unterschiede von deutschem und europäischem Recht, JZ 1996, S. 921 ff.

Clever, Peter: Grundsätzliche Bemerkungen zur Rechtsprechung des EuGH, DangVers 1993, S. 71ff.

Dänzer-Vanotti, Wolfgang: Unzulässige Rechtsfortbildung des Europäischen Gerichtshofs, RIW 1992, S. 733 ff..

Dauses, Manfred A.: Das Vorabentscheidungsverfahren nach Art. 177 EGV, München 1995.

ders.: Empfiehlt es sich das System des Rechtsschutzes und der Gerichtsbarkeit in der Europäischen Gemeinschaft, insbesondere die Aufgaben der Gemeinschaftsgerichte und der nationalen Gerichte, weiterzuentwickeln?, Gutachten D für den 60. Deutschen Juristentag, München 1994.

ders. (Hrsg.): Handbuch des EU-Wirtschaftsrechts, Stand: November 1999.

von Danwitz, Thomas: Die Eigenverantwortung der Mitgliedstaaten für die Durchführung von Gemeinschaftsrecht, DVBl. 1998, S. 421 ff

ders.: Die gemeinschaftsrechtliche Staatshaftung der Mitgliedstaaten, DVBl. 1997, S. 1 ff.

Debong, Bernhard: Die EG-Richtlinie über die Wahrung der Arbeitnehmeransprüche beim Betriebsübergang - Ein Vergleich ihrer Umsetzung in der Bundesrepublik Deutschland und Frankreich, Pfaffenweiler, 1988.

Düwell, Franz Josef: Änderung der europäischen Betriebsübergangs-Richtlinie, FA 1998, S. 282 f.

Dieterich, Thomas: Die Arbeitsgerichte zwischen Bundesverfassungsgericht und Europäischem Gerichtshof, NZA 1996, S. 673 ff.

Dietrich, Thomas / Hanau, Peter / Schaub, Günter (Hrsg.): Erfurter Kommentar zum Arbeitsrecht, München, 1998.

Dillenburger, Peter / Pauly, Holger: Die Problematik des Betriebsübergangs nach § 613 a BGB, JA 1995, S. 463 ff.

Ehricke, Ulrich: Die richtlinienkonforme Auslegung nationalen Rechts vor Ende der Umsetzungsfrist einer Richtlinie, EuZW 1999, S. 553 ff.

Eichendorfer, Eberhard / Zuleeg, Manfred (Hrsg.): Die Rechtsprechung des Europäischen Gerichtshofs im Streit, Köln, 1995

Eichmann, Dieter u. a.: Heidelberger Kommentar zur Insolvenzordung, Heidelberg 1999.

Everling, Ulrich: Das Vorabentscheidungsverfahren vor dem Gerichtshof der Europäischen Gemeinschaften, Praxis und Rechtsprechung, Baden-Baden, 1986.

ders.: Die Zukunft der europäischen Gerichtsbarkeit in einer erweiterten Union, EuR 1997, 398 ff.

ders.: Zur Begründung der Urteile des Gerichtshofs der Europäischen Gemeinschaften, EuR 1994, S. 127 ff.

Fitting, Karl / Kaiser, Heinrich / Heither Friedrich / Engels, Gerd: Betriebsverfassungsgesetz: Handkommentar, München 1998.

Franzen, Martin: Betriebsstillegung durch Konkursverwalter, AP NR. 154 zu § 613 a BGB

ders.: Entwicklungstendenzen im europäischen und nationalen Recht des Betriebsübergangs, DZWir 1996, S. 397 ff.

Feudner, Bernd: Übergangs- und Restmandate des Betriebsrats, BB 1996, S.1937ff.

Gaul, Björn: Aktuelle Entwicklungen im Europäischen Arbeitsrecht, NZA 1997, S. 1022 ff.

ders.: Kehrtwende der Rechtsprechung zum Betriebsübergang im Dienstleistungsbereich, Klarstellung zum Anwendungsbereich von § 613 a BGB bei Outsourcing und Auftragsnachfolge, ZTR 1998, S. 1 ff.

ders.: Die neue EG-Richtlinie zum Betriebs- und Unternehmensübergang, BB 1999, S. 526 ff. und S. 582 ff.

Geiger, Rudolf: EG-Vertrag (Kommentar), 2. Auflage, München 1995.

Grabitz, Eberhard / Hilf, Meinhard (Hrsg.): Kommentar zur Europäischen Union, Stand: 13. Ergänzungslieferung 1999.

Grévisse, Fernand: A propos de quelques institutions, Revue du marché commun, 1998, 569 ff.

Groeben, Hans von der / Thiesing, Jochen / Ehlermann, Claus-Dieter (Hrsg.): Kommentar zum EWG-Vertrag, 5. Auflage 1995

Hakenberg, Waltraud: Rechtsstellung und Tätigkeit des Europäischen Gerichtshofes, Mitteilungen der deutschen Patentanwälte1997, S. 329

dies.: Das Vorabentscheidungsverfahren vor dem Europäischen Gerichtshof, ZIP 1995, S. 1865ff.

dies. / Stix-Hackel, Christine: Handbuch zum Verfahren vor dem Europäischen Gerichtshof, Wien 1996, S. 17 ff.

Hanau, Peter: Perversion und Prävention bei § 613 a BGB, ZIP 1998, S. 1817 ff.

Hanau, Peter / Heither, Friedrich / Kühling, Jürgen (Hrsg.): Richterliches Arbeitsrecht, Festschrift für Thomas Dietrich zum 65. Geburtstag, München, 1999.

Hanau, Peter / Lorenz, Egon / Matthes, Hans-Christoph: Festschrift für Günther Wiese zum 70. Geburtstag, Neuwied, Kriftel, 1998.

Heinze, Meinhard: Der Betriebsübergang in der Rechtsprechung des EuGH, DB 1997, S. 677 f.

ders.: Europa und das nationale Arbeits- und Sozialrecht – Maastricht und die Konsequenzen, in: *Heinze / Söllner* (Hrsg.), Festschrift für Kissel, München 1994.

ders.: Europäische Einflüsse auf das nationale Arbeitsrecht, RdA, 1994, S. 1 ff.

Heither, Friedrich: Zum Widerspruchsrecht der Arbeitnehmer bei Betriebsübergang, NZA 1991, S. 136 ff.

ders.: Verfahrenskoordination bei der EG-Richtlinie über den Betriebsübergang, RdA 1996, S. 96 ff.

Hergenröder, Curt Wolfgang: Richtlinienwidriges Gesetz und richterliche Rechtsfortbildung, in: *Lieb / Westermann / Noack* (Hrsg.), Festschrift für Wolfgang Zöllner zum 70. Geburtstag, Köln, 1999

Hess, Harald: Die eingeschränkte Anwendbarkeit des § 613 a BGB in der Insolvenz, in: *Schmidt* (Hrsg.), Arbeitsrecht und Arbeitsgerichtsbarkeit, Festschrift zum 50 – jährigen Bestehen der Arbeitsgerichtsbarkeit in Rheinland – Pfalz, Neuwied / Kriftel 1999, S. 485 ff.

Hillgruber, Chris: Grenzen der Rechtsfortbildung durch den EuGH – Hat Europarecht Methode? in *von Danwitz / Heinzen / Jestaedt / Korioth / Reinhard* (Hrsg.), Auf dem Weg zu einer europäischen Staatlichkeit, 1993, S. 31 ff.

Hirsch, Günter: Dezentralisierung des Gerichtssystems der Europäischen Union?, ZRP 2000, S. 57.

ders: Der Europäische Gerichtshof – Eine Ansicht von innen –, MDR 1999, S. 1 ff.

ders.: Europäischer Gerichtshof und Bundesverfassungsgericht – Kooperation oder Konfrontation?, NJW 1996, S. 2463 ff.

ders.: Kompetenzverteilung zwischen EuGH und nationaler Gerichtsbarkeit, NVwZ 1998, S. 907 ff.

ders.: Wichtige Einflüsse der EuGH – Rechtsprechung auf das deutsche Steuerrecht, DStZ 1998, S. 489 ff.

Hitzfeld, Ulrike: § 613 a BGB im System der europäischen Rechtsprechung, BB 1991, S. 199 ff.

Huff, Martin W.: Nachdenken über das Gerichtssystem beim Europäischen Gerichtshof und beim Europäischen Gericht erster Instanz, EuZW 2000, S. 97.

Hummer, Waldemar / Obwexer, Walter: Vom „Gesetzesstaat zum Richterstaat" und wieder Retour?, Reflexionen über das britische Memorandum über den EuGH vom 23.07.1996 zur Frage der „korrigierenden Kodifikation" von Richterrecht des EuGH, EuZW 1997, S.295.

Jarass, Hans D.: Grundfragen der innerstaatlichen Bedeutung des EG-Rechts, Köln 1994.

Jöst, Andreas: Inhaber im Sinne des § 3 Abs. 1 AVRAG und des Art. 1 Abs. 1 der Betriebsübergangsrichtlinie - Arbeitgeber und Betriebsinhaber

Joost, Detlev: Der Betriebsübergang nach § 613 a BGB, EWiR 1998, S. 687 f.

Junker, Abbo: Der EuGH im Arbeitsrecht – Die schwarze Serie geht weiter, NJW 1994, S. 2527 ff.

ders.: Systembildung und Systemlücken im harmonisierten Arbeitsvertragsrecht, NZA 1999, S. 2 ff.

Kania, Thomas: Arbeitsrecht in Konkurs und Insolvenz, DStR, S. 832 ff.

Kiendl, Doris: Jüngste Entwicklungen in der Rechtsprechung des EuGH zur Betriebsübergangsrichtlinie, Wbl 1997, S. 57 ff.

Kirschner, Heinrich / Klüpfel, Karin: Das Gericht erster Instanz der Europäischen Gemeinschaften: Aufbau, Zuständigkeit, Verfahren, Köln 1998.

Kohte, Wolfhard: Betriebsübergang im öffentlichen Dienst, BB 1997, S. 1738 ff.

König, Christian / Haratsch, Andreas: Europarecht, Tübingen 1998.

König, Christian / Sander, Peter: Einführung in das EG-Prozessrecht, Tübingen, 1997

Krause, Rüdiger: Das Übergangsmandat des Betriebsrats im Lichte der novellierten Betriebsübergangsrichtlinie, NZA 1998, S. 1201 ff.

Larenz, Karl / Canaris, Claus-Wilhelm: Methodenlehre der Rechtswissenschaft, Berlin, 1995.

Lenz, Otto: EG-Vertrag Kommentar, 2. Auflage, Köln 1999.

ders.: Firnis oder Rechtsgemeinschaft - Einschränkung des Vorlagerechts nach Art. 177 EWGV auf letztinstanzliche Gerichte?, NJW 1993, 2664.

ders.: Die Rolle und der Wirkungsmechanismus des Vorabentscheidungsverfahren, DRiZ 1995, S. 213 ff.

Lipp, Volker: Entwicklung und Zukunft der europäischen Gerichtsbarkeit, JZ 1997, S. 326 ff.

Löw, Friederike: Die Betriebsveräußerung im europäischen Arbeitsrecht, Frankfurt am Main, 1992 .

Lorenz, Frank: Neuvergabe von Dienstleistungsaufträgen kein Betriebsübergang?, ZIP 1997, S. 532 ff.

Maschmann, Frank: Vorabentscheidungsersuchen deutscher Arbeitsgerichte zum Europäischen Gerichtshof und Rechte der Parteien, NZA 1995, S. 920 ff.

Meilicke, Wienand: Widerspruchsrecht des Arbeitnehmers bei Betriebsübergang – Wirkung des Europarechts, DB 1991, S. 1326ff.

Meyer, Peter: Die Grundsätze der Auslegung im europäischen Gemeinschaftsrecht, Jura 1994, S. 455 ff.

Möllers, Thomas M.J.: Doppelte Rechtsfortbildung contra legem? Zur Umgestaltung des Bürgerlichen Gesetzbuches durch den EuGH und nationale Gerichte, EuR 1998, S. 20 ff.

Mönning, Rolf-Dieter: Veräußerung eines in wirtschaftlicher Krise befindlichen Unternehmens – Anwendung der EWGRL 187/77, EWiR 1069-1070.

Montag, Frank: Die Entwicklung des Gemeinschaftsrechts, NJW 2000, S. 32 ff.

Müller-Eiselt, Klaus: Trendwende beim Vorabentscheidungsverfahren (Art. 177 EGV), ZfZ 1997, S. 417 ff.

Müller-Glöge, Rudi: Bestandsschutz beim Betriebsübergang nach § 613 a BGB, NZA 1999, S. 449 ff.

Müller-Graf, Peter-Christian/Riedel, Eibe (Hrsg.): Gemeinsames Verfassungsrecht in der Europäischen Union, Baden-Baden, 1998.

Oetker, Hartmut: Die Vorgaben der Betriebsübergangsrichtlinie für die Beteiligungsrechte des Betriebsrates, NZA 1998, S. 1193 ff.

ders.: Das Widerspruchsrecht der Arbeitnehmer beim Betriebsübergang und die Rechtsprechung des EuGH, NZA 1991, S. 137ff.

Oppermann, Thomas: Die Dritte Gewalt der Europäischen Union, DVBl. 1994, 901 ff.

ders.: Europarecht, 2.Auflage, München 1999.

Ossenbühl, Fritz: Der gemeinschaftsrechtliche Staatshaftungsanspruch, DVBl. 1992, 993 ff.

Pernice, Ingolf: Die Dritte Gewalt im europäischen Verfassungsverbund, EuR, 1996, 27.

Pescatore, Pierre: Die Gemeinschaftsverträge als Verfassungsrecht – ein Kapitel Verfassungsgeschichte in der Perspektive des europäischen Gerichtshofs, systematisch geordnet, in: *Grewe*, Wilhelm G. u.a. (Hrsg.), Festschrift für Hans Kutscher, Baden – Baden 1981, S. 319 ff.

ders.: The Doctrine of „Direct Effect“: An infant Disease of Community Law, ELR 1983, S. 155 ff.

Pfeiffer, Thomas: Keine Beschwerde gegen EuGH-Vorlagen?, NJW 1994, S. 1996 ff.

Preis, Ulrich: Entwicklungslinien in der Rechtsprechung des EuGH zum Arbeitsrecht, ZIP 1995, S. 891 ff.

ders. / Steffan, Ralf: Neue Konzepte des BAG zum Betriebsübergang nach § 613 a BGB, DB 1998, S. 309 ff.

ders.: Neuorientierung in der arbeitsrechtlichen Gesetzgebung, NZA 2000, S. 9 ff.

Rabe, Hans-Jürgen: Zur Reform des Gerichtssystems der Europäischen Gemeinschaften, EuR 2000, S. 811 ff.

Randelzhofer, Albert / Scholz, Rupert / Wilke, Dieter(Hrsg): Gedächtnisschrift für Eberhard Grabitz, München,1995.

Resch, Reinhard: Betriebsübergang und Auslagerung staatlicher Aufgaben, AuR 2000, S. 87 ff.

Reiche, Klaus: Kompetenzwidrige EuGH- Rechtsprechung zu Art. 177 EGV?, EuZW 1997, S. 517 ff.

Reichel, Christian: Die Kompetenzabgrenzung zwischen Europäischem und Nationalem Arbeitsrecht, Sinzheim, 1995.

Riedel, Eibe: Der gemeineuropäische Bestand von Verfassungsprinzipien zur Begründung von Hoheitsgewalt - Legitimation und Souveränitat - in: *Müller-*

Graf/Riedel (Hrsg.): Gemeinsames Verfassungsrecht in der Europäischen Union, Baden-Baden, 1998.

Rittner, Fritz: Wieviel Europa braucht Europa?, EuR 1998, S. 3.

Roeder, Gerhard / Baeck, Ulrich: EuGH – Funktionsnachfolge als Betriebsübergang, NZA 1994, S. 542 ff.

Rösler, Hannes: Zur Zukunft des Gerichtssystems der EU, ZRP 2000, S. 52 ff.

Röthel, Anne: Europäische Rechtsetzng im Dialog, NZA 2000, S. 65 ff.

Sack, Jörn: Einige einfache Gedanken zur Reform des Gerichtshofs der Europäischen Gemeinschaften im Hinblick auf neue Erweiterungen der Europäischen Union, EuR 1999, S. 571 ff.

Sander, Gerald G.: Der Europäische Gerichtshof als Förderer und Hüter der Integration, Berlin, 1998

ders.: Europäischer Gerichtshof und nationale Verfassungsgerichtsbarkeit, DÖV 2000, S. 588 ff.

Schaub, Günther: Arbeits- und Sozialrecht auf dem Weg nach Europa, in: *Hanau / Heither / Kühling* (Hrsg.), Richterliches Arbeitsrecht, Festschrift für Thomas Dietrich zum 65. Geburtstag, München, 1999.

ders.: Europäisierung des deutschen Arbeitsrechts, NZA 1994, S. 769 ff.

ders.: Der Rechtsschutz im Arbeitsrecht vor dem Gerichtshof der Europäischen Gemeinschaften, NJW 1994, S. 81 ff.

Schiefer, Bernd: Auswirkungen der Rechtsprechung des Europäischen Gerichthofs auf das nationale Arbeitsrecht, DB 1993, S. 38 ff.

ders.: Europäisches Arbeitsrecht, NJW 1995, S. 160 ff.

ders.: Outsourcing, Auftragsvergabe, Betriebsübergang – nach geänderter Rechtsprechung, NZA 1998, S. 1095 ff.

Schiek, Dagmar: Europäisches Arbeitsrecht, Baden-Baden, 1997.

Schipp, Johannes: Zur Anwendbarkeit der Betriebsübergangsrichtlinie im Rahmen des Geltungsbereichs der InsO, EWiR 1998, S. 941 ff.

Schmitt, Thomas: Richtervorlagen in Eilverfahren?: ein Beitrag zum Verhältnis verfassungsgerichtlicher konkreter Normenkontrollverfahren und „Vorabentscheidungs-verfahren" nach Art. 177 EG-Vertrag zu Verfahren des vorläufigen verwaltungsgerichtlichen Rechtsschutzes nach VwGO, Berlin 1997.

Schockweiler, Fernand: Zur Kontrolle der Zuständigkeitsgrenzen der Gemeinschaft, EuR 1996, S. 123 ff.

Schroeder, Werner: Zu eingebildeten und realen Gefahren durch kompetenzüberschreitende Rechtsakte der Europäischen Gemeinschaft, EuR, 1999, S. 452 ff.

Schulte, Bernd: Konfliktfelder im Verhältnis zwischen mitgliedstaatlichem und europäischem Recht, in: *Eichendorfer, Eberhard/Zuleeg, Manfred (Hrsg.),* Die Rechtsprechung des Europäischen Gerichtshofs im Streit, Köln, 1995

Schwarze, Jürgen: Europapolitik unter deutschem Verfassungsgerichtsvorbehalt, Neue Justiz, S. 1 (3)

Scorey, David W. J.: A new model for the Communities judical architecture in the new Union, ELR 1996, 224 ff.

Seidel, Martin: A Europe-minded Action – a British one, Zum Vorabentscheidungsersuchen des High Court of Justice, EuZW 1999, S. 369 ff.

Selmayr, Martin/Prowald, Nicola: Abschied von den Solange-Vorbehalten, DVBl. 1999, S. 271 ff.

Sowka, Hans-Harald: Mittelbare Frauendiskriminierung – ausgewählte Probleme, DB 1992, S. 2030 ff.

Stein, Torsten: „Bananen Split" - Entzweien sich BVerfG und EuGH über den Bananenstreit? EuZW 1998, S. 261

ders.: Richterrecht wie anderswo auch? Der Gerichtshof der Europäischen Gemeinschaften als „Integrationsmotor", in: Richterliche Rechtsfortbildung, FS der Juristischen Fakultät zur 600-Jahr-Feier der Universität Heidelberg, 1986, S. 619

ff., in: Richterliche Rechtsfortbildung, Festschrift für Universität Heidelberg, 1986, S. 619 ff..

Streinz, *Rudolf:* Anmerkungen zu dem EuGH Urteil *Brasserie du Pêcheur*, EuZW 1996, S. 201 ff.

ders.: Der „effet utile" in der Rechtsprechung des Gerichtshofs der Europäischen Gemeinschaften, Festschrift für Everling, 1995, S. 1491 ff.

ders.: Europarecht, 4. Auflage 1998

Tinhofer, *Andreas:* Reinigungskräfte beschäftigen weiter den EuGH, RdW 1999, S. 33 ff.

Tomuschat, *Christian*: Die Europäische Union unter der Aufsicht des Bundesverfassungsgerichts, EuGRZ 1993, S. 489 ff.

Trittin, Wolfgang: Der EuGH bestätigt die umstrittene Christel Schmidt-Entscheidung, DB 1997, S. 1333.

Ukrow, Jörg: Richterliche Rechtsfortbildung durch den EuGH, Baden-Baden, 1995.

Voß, Reiner: Trendwende beim Vorabentscheidungsverfahren (Art. 177 EGV)? Eine Entgegnung auf Dr. Klaus Müller Eiselt, ZfZ 1998, S.116 ff.

Wank, Rolf: Anmerkung zu: Betriebsstillegung durch Konkursverwalter – Betriebsübergang bei Neuvergabe eines Reinigungsauftrages, SAE, S. 209 ff.

Waas, Bernd / Johanns, Anke: Die Änderung der Richtlinie zum Betriebsübergang, EuZW 1999, S. 458 ff.

Wägenbaur, Betrand: Stolpersteine des Vorabentscheidungsverfahrens, EuZW 2000, S. 37 ff.

Weber, Romana: Arbeiternehmerschutz contra Sanierung?, EuZW 1998, S. 583 ff.

Weiß, Wirkung von Richtlinien vor Ablauf der Umsetzungsfrist, DVBl. 1998, 568 ff

Weiss, Manfred: Zur künftigen Rolle der Europäischen Union im Arbeitrsrecht, FS für Günther Wiese zum 70. Geburtstag, 1998, 633.

Weiß, Wolfgang: Die Einschränkungen der zeitlichen Wirkungen von Vorabentscheidungen nach Art. 177 EGV, EuR 1995, S. 377 ff

Weth, Stephan / Kerwer, Christof: Der Einfluss des Europäischen Rechts auf das nationale Arbeitsrecht, JuS 2000, S. 425 ff.

Wetter, Irmgard: Die Grundrechtscharta des Europäischen Gerichtshofes: Die Konkretisierung der gemeinschaftsrechtlichen Grundrechte durch die Rechtsprechung des EuGH zu den allgemeinen Rechtsgrundsätzen, Frankfurt am Main,1998.

Willemsen, Josef: Aktuelle Tendenzen zur Abgrenzung des Betriebsübergangs – Die Zeit nach „Christel Schmidt" – , DB 1995, S. 924 ff.

ders./Annuß, Georg: Neue Betriebsübergangsrichtlinie - Anpassungsbedarf im deutschen Recht?, NJW 1999, S. 2073 ff.

Zöller, Richard: Zivilprozessordnung (Kommentar), 21. Auflage, Köln 1999.

Zuleeg, Manfred: Europäischer Gerichtshof und nationale Arbeitsgerichte aus europarechtlicher Sicht, RdA 1996, S. 71 ff.

ders.: Die Rolle der rechtsprechenden Gewalt in der europäischen Integration, JZ 1994, S. 1 ff.

Zuck, Rüdiger / Lenz, Christofer: Verfassungsgerichtlicher Rechtsschutz gegen Europa, NJW 1997, 1196.

Zwanziger, Bertram: Die Rechtsprechung des EuGH – Ein Sprengsatz für das nationale Arbeitsrechtssystem?, BB 1995, S. 1404 ff.

ders.: Vom Reinigungsvertrag zur Krise der Europäischen Union?, DB 1194, S. 2621 ff.

Dokumente:

Bericht des Gerichtshofes über bestimmte Aspekte der Anwendung des Vertrages über die Europäische Union, Luxemburg, Mai 1995.

EU – Richtlinienvorschlag zum Betriebsübergang – Vorschlag der EU – Kommission vom 08.09.1994 für eine Richtlinie des Rates zur Angleichung der Rechtsvorschriften der Mitgliedstaaten über die Wahrung von Ansprüchen der Arbeitnehmer beim Übergang von Unternehmen, Betrieben oder Betriebsteilen - , DB 1994, S. 1979 ff.

Memorandum der EU-Kommission zu den erworbenen Ansprüchen der Arbeitnehmer beim Übergang von Unternehmen – mit einer Einführung von Rechtsanwalt Dr. Jobst-Hubertus Bauer, Stuttgart – , DB 1997, S. 1030 ff.

Memorandum des Vereinigten Königreichs über den Europäischen Gerichtshof vom 23.07.1996, CONF 3883/96.

Reflexionspapier des EuGH und des EuG vom 28.05.1999: Die Zukunft des Gerichtssystems der Europäische Union. Abgedruckt: EuZW 1999, S. 750 ff., EuGRZ 2000, S. 101 ff.

Bericht der (von der Europäischen Kommission eingerichteten) Reflexionsgruppe über die Zukunft des Gerichtssystems der Europäischen Gemeinschaften. Abgedruckt als Sonderbeilage zu NJW Heft 19/2000 und EuZW Heft 9/2000.

Studien zum Internationalen, Europäischen und Öffentlichen Recht

Herausgegeben von Eibe Riedel

Band 1 Christian Jutzi: Das Brandwaffenprotokoll. Regelungen und Verbindlichkeit. 1997.

Band 2 Jutta Schumann: Faktische Gleichberechtigung. Die Grundgesetzerweiterung des Art. 3 II S. 2. 1997.

Band 3 Christian Keim: Der institutionelle Rahmen im Wettbewerbsrecht der Europäischen Union und mögliche Reformmodelle. Eine Darstellung des europäischen institutionellen Gefüges und eine Entwicklung eines neuen Modells durch Vergleich mit dem institutionellen Rahmen in den USA, Deutschland, Großbritannien und Frankreich. 1998.

Band 4 Andreas Torka: Nichtnavigatorische Wassernutzungen. Mechanismen der Internationalen Zusammenarbeit. Von der Konfrontation über die Kooperation zu koadministrativen Formen der Zusammenarbeit. 1999.

Band 5 Markus Reimann: Die nicht-navigatorische Nutzung internationaler Süßwasserressourcen im Umweltvölkerrecht. 1999.

Band 6 Felix William Stoecker: NGOs und die UNO. Die Einbindung von Nichtregierungsorganisationen (NGOs) in die Strukturen der Vereinten Nationen. 2000.

Band 7 Torsten Weigt: Die ökologische Aktion zur Vermeidung und Bekämpfung transnationaler Umweltkatastrophen. Ein Beitrag zu Möglichkeiten und Problemen der Durchsetzung umweltschützender Verpflichtungen im Völkerrecht. 2000.

Band 8 Markus Tjaden: Genanalyse als Verfassungsproblem. Zulässigkeit genanalytischer Anwendungen im Lichte von Menschenwürde und genetischem Selbstbestimmungsrecht. 2001.

Band 9 Thorsten Wagner: Funktion und praktische Auswirkungen der richterlichen Vorlagen an den Gerichtshof der Europäischen Gemeinschaften. Dargestellt an Beispielen aus der Rechtsprechung zur Anwendung und Auslegung der Richtlinie 77/187/EWG und deren Einfluss auf das deutsche Recht. 2001.

FSC
www.fsc.org
MIX
Papier | Fördert gute Waldnutzung
FSC® C083411

Kolibri 360 GmbH
Ferdinand-Jühlke-Straße 7
99095 Erfurt, Deutschland
produktsicherheit@kolibri360.de

Druck:
CPI Druckdienstleistungen GmbH
im Auftrag der
Kolibri 360 GmbH
Ferdinand-Jühlke-Str. 7
99095 Erfurt